AF403961

A. MIRONNEAU

Choix de LECTURES

COURS MOYEN (1er Degré)

LIBRAIRIE ARMAND COLIN

Prix : 1 fr. 45.

MÉTHODE

DE

LANGUE FRANÇAISE

Grammaire — Vocabulaire — Langage — Lecture
Récitation — Composition — Exercices — Écriture

PAR MM.

BRUNOT   et   BONY

Professeur d'Histoire de la langue
française à la Sorbonne

Inspecteur
de l'Enseignement primaire.

Premier Livre. Un volume in-8° écu de
116 pages, 76 gravures, cart. . . . . . . **60 cent.**

Le même. LIVRE DU MAITRE. In-8° écu, cart. . . 1 fr. 20

Deuxième Livre (*Premier Degré*). Un volume
in-8° écu de 174 pages, 60 gravures, cart.. **80 cent.**

Le même. LIVRE DU MAITRE. In-8° écu, cart . . 1 fr. 80

Deuxième Livre (*Second Degré*). Un volume
in-8° écu de 224 pages, 70 gravures, cart.. **90 cent.**

Le même. LIVRE DU MAITRE. In-8° écu, cart. . . 1 fr. 80

Troisième Livre. Un volume in-8° écu de
370 pages, 60 gravures, cart.. . . . . . . 1 fr. 60

Le même. LIVRE DU MAITRE. In-8° écu, cart. . . 3 fr. 50

5287. — Paris. — Imp. Hemmerlé et Cⁱᵉ. 2-17.   (N° 936)

Choix

de

LECTURES

—

COURS MOYEN (1er Degré)

LIBRAIRIE ARMAND COLIN

A. MIRONNEAU

Ancien Directeur de l'École normale d'Instituteurs de Lyon,
Inspecteur de l'Enseignement primaire de la Seine.

Choix de
LECTURES

Nombreuses Gravures d'après
José Roy, Lecoultre, Robida, Comte, Christophe, Smid, etc.,
Ornementations par Fraipont, Comte,
Mlles M. May et I. Tairraz.

COURS MOYEN (1er Degré)

LIBRAIRIE ARMAND COLIN

103, Boulevard Saint-Michel, PARIS

1917

PRÉFACE

Ce livre est spécialement destiné à la première année du cours moyen des écoles à plusieurs classes, mais il a aussi sa place marquée dans les écoles de moindre effectif et particulièrement dans les écoles rurales. Partout où les études sont gênées par une fréquentation irrégulière, il peut suivre les élèves jusqu'à l'examen du certificat d'études.

LE CHOIX DES TEXTES a été l'objet de soins minutieux ; les lectures ne dépassent pas le développement moyen des enfants de 10 à 11 ans ; elles sont variées, attrayantes et susceptibles de faire éclore et de développer les meilleurs sentiments. J'espère qu'elles plairont aux élèves.

La grande guerre qui couvre l'Europe de deuils et qui remplit le cœur de la France de douloureuse fierté ne pouvait manquer d'avoir son écho dans un ouvrage nouveau destiné aux petits Français.... 16 lectures choisies racontent des épisodes héroïques de la guerre ou des actions glorieuses accomplies par nos soldats ou par nos alliés.

Comme dans les ouvrages déjà parus, un certain nombre de lectures apportent un utile complément aux autres leçons de l'école : ces textes sont classés de manière à suivre d'aussi près que possible le déroulement des programmes et le rythme même de la vie scolaire. Ainsi la leçon de lecture devient une sorte d'enseignement central qui rayonne sur les autres enseignements et qui les complète.

DISPOSITION PÉDAGOGIQUE. — Les textes sont présentés par groupes de cinq comprenant au moins une poésie et un long récit, conte ou nouvelle, destiné à incliner le goût de l'élève vers les bonnes lectures.

Les *mots difficiles* sont expliqués ; des questions obligent l'élève à prouver qu'il a retenu les *idées* essentielles et qu'il en a saisi l'enchaînement. Aux « *explications et questions* » sur les mots et les idées s'ajoutent des *exercices de grammaire ou de vocabulaire* portant sur le texte lu. La suite de ces exercices constitue non un cours, mais une sorte de revision des principales questions grammaticales avec exercices d'application tirés du texte. Je n'ai pas cru pouvoir aller au delà, désirant avant tout garder à l'ouvrage son caractère de livre de lecture.

Un *sujet de rédaction* qui s'inspire à des degrés divers du texte ou de la gravure est proposé à l'élève. Le grand nombre et la variété de ces sujets permet aux maîtres un choix facile. Les sujets qui ne donneront pas lieu à un devoir écrit pourront toujours être traités oralement, soit immédiatement à la suite de la leçon de lecture, soit à la leçon suivante après préparation.

RÉCITATION ET DICTION. — Le présent ouvrage contient un certain nombre de textes en prose qui peuvent être utilement proposés comme morceaux de récitation, et *25 poésies* qui n'ont point encore paru dans les recueils scolaires.

A la suite de chaque poésie on trouvera quelques brèves indications sur les règles à observer pour obtenir une *diction* satisfaisante. Ces indications ne prétendent pas remplacer les conseils du maître mais simplement les rappeler à l'élève.

ILLUSTRATION ET ORNEMENTATION. — Les 23 grandes gravures sur bois, les nombreuses vignettes, les têtes-de-chapitre et les culs-de-lampe forment un ensemble décoratif qui sera d'autant plus apprécié qu'il a été exécuté spécialement pour cet ouvrage. C'est dire l'étroit lien qui existe entre le texte et l'illustration.

Les artistes se sont appliqués à mettre leurs œuvres à la portée des enfants tout en leur gardant un caractère très artistique.

Tel est l'ouvrage présenté.

L'unique désir de l'auteur est que ce livre soit utile aux maîtres, qu'il plaise aux élèves et qu'il trouve auprès de tous l'accueil si bienveillant qui a été réservé aux autres volumes du même cours déjà parus.

CHOIX DE LECTURES

MON ENTRÉE A L'ÉCOLE

Un jour, après midi de l'année 1848, jour de printemps, car j'avais, le matin, quitté mes sabots d'hiver pour chausser des souliers, et, plus leste, je courais et sautais dans la rue ; ma grand'mère m'appela et, me prenant par la main, me dit :

« Veux-tu venir avec moi faire une commission ? »

Je voulus bien.

Nous descendîmes la rue et nous tournâmes le coin de gauche. Après une centaine de pas, ma grand'mère s'arrêta devant une maison que je connaissais, mais où je n'étais jamais entré ; sa main serra la mienne qu'elle sentait vouloir s'échapper :

« Nous allons crier bonjour à Mlle Adèle en passant », me dit-elle.

Je fis un effort pour me dégager ; la main de ma grand'-mère serra davantage et m'entraîna jusqu'au seuil [1].

. Nous entrâmes ; Mlle Adèle, la fille du maître d'école, une vieille fille, leva les bras en l'air et cria :

« Te voilà ! Te voilà ! »

C'était la première fois que je la voyais de près ; elle

Te voilà ! Te voilà, cria Mlle Adèle.

était borgne[2] ; son œil mort m'intéressa, et mes larmes, qui étaient en chemin, s'arrêtèrent. Elle me prit par la main, ouvrit une porte et me poussa doucement de l'autre côté. J'étais dans l'école....

Le maître vint au-devant de moi ; il me prit par la main, — tout le monde me prenait par la main, ce jour-là — et me conduisit au bout de la classe, près de sa table, l'unique table, de l'école.

Pendant cette première classe, je regardai travailler les autres. Ils étaient une vingtaine, que je connaissais tous, bien entendu. Ensemble, nous jouions sous la halle à tous les jeux où l'on se bat et où l'on crie.

A l'école, mes camarades, assis et silencieux, me paraissaient devenus d'autres personnes, et, moi-même, je me trouvais tout changé.

A quatre heures, nous sortîmes.

J'avais l'habitude d'aller goûter chez ma grand'mère, dont la maison touchait à la nôtre. Mais, ce jour-là, mon amour-propre offensé me portait à la bouderie [3], et je serais rentré tout droit chez nous, si ma grand'mère, qui se méfiait, ne m'avait attendu sur le pas de sa porte, tenant à la main une tartine qu'elle me montra ; j'allai vers la tartine [4]. Je suppose que la bonne vieille me fît voir que le pain était beurré jusque dans les trous.

Elle ne me parla pas de l'école ; je ne lui en parlai pas non plus ; je voyais bien qu'elle avait un air de malice, mais je ne fis semblant de rien.

Quand j'arrivai chez mes parents, mordant le talon de ma tartine, ils m'accueillirent en souriant :

« Te voilà grand garçon », me dit ma mère : « tu as été à l'école ! »

Le compliment et la tartine adoucirent ma rancune, légère d'ailleurs. Les enfants savent de bonne heure que « faut ce que faut », comme disent les paysans.

ERNEST LAVISSE [5].
[Souvenirs. Calmann-Lévy, édit.]

Explications et questions.

Les mots. — 1. *seuil :* pierre qui est placée en travers, au bas de l'ouverture d'une porte.

2. *borgne :* qui a perdu un œil.

3. *bouderie :* action de celui qui

laisse voir sa mauvaise humeur en restant silencieux ou en s'écartant des autres.

4. *j'allai vers la tartine* : c'est-à-dire que la tartine *seule* l'attira.

5. *Ernest Lavisse* : écrivain contemporain et historien de grand talent ; il a composé de petits traités d'histoire pour les écoliers français.

Les idées. — 1. A quelle époque se passe cette histoire (année et saison)?

2. Comment s'y prit la grand'mère pour conduire ce petit garçon à l'école?... Pourquoi s'y prit-elle ainsi?

3. Pourquoi essaya-t-il de retirer sa main de celle de sa grand'-mère?

4. « Tout le monde me prenait par la main ce jour-là, » remarque le petit garçon... Pourquoi?

5. Pourquoi ses camarades lui paraissent-ils changés?... Et lui, a-t-il comme avant envie de crier et de sauter...? Pourquoi?

6. Ira-t-il goûter chez sa grand'mère comme il en avait l'habitude?... Pourquoi?...

7. Quel a été le rôle de la tartine?... Quel compliment lui fait sa mère?... Pourquoi?

Exercice et sujet de devoir.

Exercice grammatical. — *Phrases, mots, lettres : Combien la 2e phrase du texte contient-elle de mots?... Combien de mots dans la 3e? Combien chacun des mots de la 3e phrase contient-il de lettres? Pouvez-vous dire ce que c'est qu'une phrase?... un mot? ... une lettre?*

Sujet de devoir. — *Relisez le texte avec attention et notez les détails qui prouvent que ce petit garçon désirait ne pas aller à l'école.*

MA MÈRE

L'élève Gilles est en vacances depuis peu ; il a souffert d'être longtemps séparé de sa mère. Maintenant il éprouve un grand bonheur à se trouver auprès d'elle.

Par sa seule présence, ma mère, toute soucieuse[1] qu'elle fût, me donnai. le bonheur.

Dès le matin, je la rejoignais au jardin où elle s'installait[2] à broder, en robe claire.

Près d'elle, je goûtais[3] l'oubli de toutes les atteintes[4] ;

je trouvais le calme à son côté, la fraîcheur dans son ombre, et, quand tout ce qui peut menacer un enfant se fût rué[5] dans l'enclos[6], je n'en aurais conçu[7] aucun trouble en mon âme, dans l'assurance où j'étais que toutes les puissances mauvaises[8] n'eussent pu dépasser le cercle tracé par son regard.

Assis près d'elle, sur une chaise basse ou par terre quelquefois, je contemplais[9] son profil[10] attentif, le geste dont elle piquait l'aiguille dans la toile tendue ; ses manches s arrêtaient au coude par un volant[11] que le bras levé faisait onduler[12]. Si une feuille détachée des marronniers se posait sur son ouvrage, elle l'enlevait doucement et son regard, détourné de la besogne, me souriait.

André Lafon[13].
[*L'Élève Gilles.* Perrin et Cie, édit.]

Explications et questions.

Les mots. — 1. *soucieuse :* qui a des préoccupations pénibles, des *soucis.* Cette maman est rendue soucieuse par la mauvaise santé de son mari.

2. *s'installer :* se placer, s'établir en quelque endroit. *Sens propre :* établir solennellement quelqu'un dans la *stalle* correspondant à sa fonction.

3. *goûter : sens figuré,* signifie : jouir de ; cet enfant éprouve une jouissance à oublier les souvenirs pénibles.

4. *atteintes :* les peines qu'il a éprouvées au collège ; ce qui l'a *atteint.*

5. *se ruer :* se jeter avec violence contre quelque obstacle.

6. *enclos :* terrain entouré de murs, de haies…, d'une *clôture.*

7. *conçu :* aucun trouble ne se serait *formé* dans son esprit.

8. *puissances mauvaises :* tout ce qui paraît un danger à l'imagination de l'enfant.

9. *contempler :* regarder avec un sentiment d'admiration.

10. *profil :* ce qu'on voit du visage lorsqu'on le regarde de côté.

11. *volant :* garniture légère en dentelle ou en étoffe (qui orne ici l'ouverture de la manche).

12. *onduler :* mouvement qui rappelle celui de la surface de l'eau en mouvement (*onde*).

13. *André Lafon :* jeune écrivain français de beaucoup de talent, mort pour la France, pendant la guerre, 1914-1917.

Les idées. — 1. Où cet enfant rejoint-il sa mère, le matin ?
2. Que fait la mère ?… Comment est-elle habillée ?
3. Quelles joies trouve-t-il à être près d'elle ?

4. Croyez-vous qu'il soit heureux de voir sa mère lui sourire?... Pourquoi?

Exercice et sujet de devoir.

Exercice de grammaire. — Syllabes : *Écrivez les deux premières phrases de la lecture et : 1° Soulignez d'un trait les mots formés d'une seule syllabe ; 2° Soulignez de deux traits les mots de deux syllabes ; 3° Séparez les syllabes des mots : mauvaises, menacer, assurance, marronniers.*

Sujet de devoir. — *Lisez le texte avec soin et relevez les détails qui indiquent que ce petit garçon aime sa mère. — Dites ensuite comment la mère laisse voir qu'elle aime son petit garçon ?*

UNE PERRUCHE EXTRAORDINAIRE

Puisque vous voulez avoir quelques détails sur cette curieuse perruche, je veux bien vous satisfaire, mais je me bornerai à raconter ce que j'ai vu moi-même et dont je puis garantir l'exactitude.

La première fois que je l'entendis, j'étais sur l'escalier à donner quelques ordres à la bonne, qui se nomme Babet : Il me sembla qu'un enfant appelait à l'étage au-dessous de moi. « Babet, Babet, disait la voix, je me sens mal [1], bien mal ! » Lorsque je demandai qui était cet enfant et pourquoi il gémissait ainsi : « Eh ! ce n'est que la perruche, répondit la bonne ; elle n'en fait pas d'autres dès que je la laisse seule. » Cela se trouva juste ; dès que la domestique parut dans la chambre, Margot se tut et commença à rire d'un air à la fois moqueur et sournois [2].

Elle est fort habile pour imiter toute sorte de bruits. Elle aboie de façon à mettre en rumeur [3] tous les chiens du quartier. Elle révolutionne [4] toute la basse-cour par sa manière de chanter comme le coq, de caqueter et de glousser comme les poules et les dindons.

Elle appelle le chat d'une voix claire : « Minet ! Minet ! » puis se répond à elle-même : « Miaou, Miaou ! »

Lorsque Margot chante une chanson de sa petite voix d'enfant, elle la met juste sur l'air. Mais elle est surtout fort drôle, quand elle fait une fausse note. Aussitôt elle se reprend en disant : « Holà ! ho ! quelle grosse faute ! » Puis elle se moque et recommence de plus belle sur un autre ton[5].

Un jour que les enfants avaient joué avec elle, et qu'ils s'empressaient de raconter ensuite toutes les belles choses qu'elle avait dites et faites : « Il n'y a pas un mot de vrai ! » s'écria Margot d'un ton grave en les interrompant.

Mais ce qui me paraît encore le plus amusant, c'est sa façon de rire surtout, lorsqu'au beau milieu de ses éclats elle s'interrompt en criant : « Ne me faites pas rire comme cela... j'en mourrai ! j'en mourrai ! » Et alors elle recommence des éclats plus bruyants encore. Si vous lui dites : « Eh bien ! Margot, qu'y a-t-il, ma chère ? » Elle vous répond : « Ah ! ça va mal, ça va mal ! j'ai attrapé un rhume, la grippe !... » Alors elle gémit, elle tousse ; puis, faisant un bruit qui ressemble à un long et profond soupir : « Cela commence à aller mieux, » reprend-elle ; et elle se remet à rire.

Vous voyez bien que Margot est une perruche véritablement extraordinaire[6].

[D'après le *Magasin pittoresque*[7].]

Explications et questions.

Les mots. — 1. *je me sens mal :* je me sens malade.

2. *sournois :* qui dissimule, qui manque de franchise.

3. *en rumeur :* état d'une foule qui pousse des cris et qui menace.

4. *révolutionner :* signifie bouleverser, mettre en alarme.

5. *sur un autre ton* : d'une voix plus haute ou plus grave.

6. *extraordinaire :* formé de deux mots : *ordinaire :* qui est conforme à ce qu'on voit, à ce qui se fait d'habitude et *extra :* qui signifie en dehors. *Extraordinaire :* qui est en *dehors* de ce qu'on voit d'ordinaire.

7. *Le Magasin pittoresque :* la plus ancienne de nos revues illustrées ; elle fut fondée en 1833 par Edouard Charton.

Les idées. — 1. Que va raconter celui qui parle?

2. Pourquoi la perruche criait-elle : « Babet, je me sens mal?»

3. Et pourquoi ensuite prenait-elle un air moqueur et sournois?

4. Croyez-vous que, pour répondre avec tant d'à-propos, la perruche comprend ce que l'on dit? — *(Évidemment non. On ne fait pas attention à son bavardage ordinaire qui ne signifie rien; mais quand la réponse tombe juste, on la remarque et on la rapporte.)*

Exercices et sujet de devoir.

Exercices de grammaire. — Voyelles et consonnes : *1° Écrivez les mots :* perruche, raconter, exactitude, révolutionne, bruyants, *et barrez les voyelles. Exemple :* perrüche*... 2° Écrivez les mots :* chambre, Margot, quartier, répond, chanter, *et barrez les consonnes.*

Sujet de devoir. — *1° Si vous avez vu un perroquet, dites où vous l'avez vu, comment il était et ce qu'il a fait.*

2° Voudriez-vous avoir une perruche semblable à Margot? Si vous l'aviez, dites comment vous joueriez avec elle?

LES PETITES FUMÉES

Lorsque la paix du soir [1] dans sa splendeur éteinte [2]
Berce le son lointain de la cloche qui tinte
    En chuchotement d'oraisons [3],

Graves, des hameaux bleus, parmi les frondaisons [4],
Sur le rêve étoilé des brumeux horizons [5],
    Montent les petites fumées [6].

Toutes, vers la même heure ensemble ranimées,
Pieusement, au fond des demeures aimées,
    Dressent le signal du retour.

Elles disent : « Quittez le sillon du labour !
Hommes, reposez-vous, à l'exemple du jour
    Las de travail et de lumière. [7]

Rentrez au gîte sûr où la bonne fermière
Trempe pour votre faim la soupe coutumière
    Sur les brasiers étincelants. »

Et la frêle fumée, éparse sur les flancs
Des noirs coteaux, exhale en minces filets blancs
    L'encens des vertus patientes [8]...

        GUSTAVE ZIDLER [9].
      [*La Terre divine*. Lecène et Oudin, édit.]

Explications et questions.

Les mots. — 1. *la paix du soir :* le silence qui se fait quand le soir arrive (le bruit des travaux, les chants ou les cris des hommes et des animaux, tout se tait).

2. *splendeur éteinte :* le soleil a disparu, mais les riches couleurs du couchant brillent encore en *s'éteignant* peu à peu.

3. *en chuchotement d'oraisons :* le son lointain de la cloche qui tinte l'angélus, s'entend comme le murmure d'une prière.

4. *frondaisons :* les masses des verdures.

5. *sur le rêve étoilé :* sur le fond brumeux et incertain de l'horizon, les premières lampes s'allument et apparaissent comme dans un rêve.

6. *petites fumées :* les minces filets qui s'échappent des cheminées des chaumières quand se prépare le repas du soir.

7. *las de travail et de lumière :* Lorsque vient le soir, il semble que les hommes soient, comme le jour, las de travail et de lumière ; ils ont besoin du repos de la nuit.

8. *l'encens des vertus patientes :* ces minces filets de fumée, qui s'élèvent doucement au-dessus des hameaux, symbolisent les vertus patientes du foyer : labeur, persévérance, résignation....

9. *Gustave Zidler,* poète français contemporain.

Les idées. — 1. Faites disparaître l'inversion des deux premières strophes (Exemple, pour la 1re strophe : *La paix du soir berce le son lointain de la cloche dans la splendeur du couchant. L'idée est très poétique mais un peu flottante.*)

2. Résumez en peu de mots l'idée exprimée par cette 1re strophe (*Lorsque vient le soir...*).

3. Comment les petites fumées donnent-elles le signal du retour ?

4. Que disent-elles au travailleur des champs ? (4e et 5e strophes).

5. Que signifient-elles pour le poète (dernière strophe).

6. Remarquez l'opposition de deux mots dans l'avant-dernier vers. — Pourquoi les petites fumées se détachent-elles bien dans le paysage ?

Conseils pour la lecture et la récitation.

Pour jouir de la délicate beauté de cette poésie, représentez-vous fortement le spectacle qu'elle décrit.

Faites ressortir la musique des vers qui chantent partout et l'harmonie imitative de la 1re strophe, où le son lointain de la cloche qui tinte s'entend comme un murmure de prières.

Marquez bien l'impératif : Quittez,... reposez-vous,... Rentrez... (4e et 5e strophes).

Dites très simplement la dernière strophe qui arrive comme une conclusion.

Évitez l'arrêt à la fin des vers où nulle ponctuation n'indique une pause. Lisez : Tinte en chuchotement ; jour las de travail ; la fermière trempe... coutumière sur les brasiers... flancs des noirs coteaux...

LA DERNIÈRE FILLETTE DE LOUIS XI

« Qu'on aille me chercher Moutardon ! » Et pendant qu'on exécutait cet ordre donné d'un ton sec, Louis XI se replongea dans la lecture du mémoire de son menuisier. Arrivé à la fin de la page il repoussa brusquement le papier :

« Moutardon me trompe, dit-il. Cet odieux menuisier veut me faire prendre du mauvais sapin pour de l'excellent bois de chêne. Mais Pâques-Dieu ! il n'en sera pas le bon marchand [1]. Le traître ! moi qui croyais à son honnêteté.

— A qui en avez-vous donc, Sire, dit tout à coup à ses côtés une voix gouailleuse. Ce n'est pas au Téméraire je suppose, il est maintenant tranquille pour longtemps, votre excellent cousin. »

Louis XI tressaillit à ce souvenir, mais il se remit de suite en reconnaissant Moutardon.

« Ah ! c'est toi, Moutardon, je t'ai fait venir pour...

— Pour régler mon mémoire, interrompit le menuisier qui vivait à l'ordinaire sur un certain pied d'intimité avec le roi.

— Parlons peu, mais parlons bien, mon gros compère [2]. Si vieille que soit ma peau, je n'aime pas qu'on m'écorche [3].

— Tout de suite les gros mots, dit Moutardon avec un geste de découragement. Je ne vous ai pas surfait [4] d'un denier et ce que je vous donne est toujours trop bon, ça ne s'use pas. Voyons, la potence que je vous ai livrée il y a trois mois, est-ce qu'elle a bougé d'une ligne [5] ? Et pourtant, sans reproche, elle n'a pas chômé depuis. A-t-elle fléchi ? Non, elle est solide au poste comme Votre Majesté.

— La potence est bonne et ce n'est pas d'elle qu'il s'agit à cette heure, mais de la dernière cage que tu m'as faite et que tu as placée toi-même dans le souterrain pendant que j'étais à Paris. Suis-moi !

— Où donc, Sire ! s'écria Moutardon qui cette fois ne riait plus. »

Il avait en effet, un peu triché sur la qualité du bois, contrairement à ses habitudes, comptant bien que le roi dont les facultés baissaient à vue d'œil, n'y ferait aucune attention.

Fatale erreur ! Le vieux renard devenait en vieillissant plus méfiant et plus tracassier.

Et c'est les jambes tremblantes, le corps tout entier secoué par la maladie que Louis XI se leva de son siège, souleva le rideau qui servait de porte et appela La Hure, le capitaine de ses gardes.

« La clef du souterrain, commanda le roi. »

Malgré son inquiétude, Moutardon, une chandelle au poing, s'engagea, avec le roi, dans l'escalier qui descendait au souterrain.

L'obscurité du lieu, les plaintes vagues qui semblaient, à chaque étage sortir de l'ombre, les bruits de chaînes qui s'agitaient derrière les portes, tout cela augmentait de minute en minute l'anxiété du menuisier.

Enfin, à force de descendre, de tourner, de glisser sur les marches humides, d'essuyer les murs gluants on arriva à destination.

« Approche la chandelle mon compère, dit le roi, approche pour qu'on puisse voir ton œuvre. Voilà donc, ma fillette » dit-il en regardant la cage, ma dernière fillette sans doute, car je suis malade, bien malade.

— Sans doute, Sire, se hâta de dire le menuisier, votre

D'un coup de serpette, il entama l'un des barreaux.
« Tiens, tiens, tiens, dit-il, je crois que j'avais raison. »

médecin sait mieux que personne votre état et vous vous rappelez qu'il vous a défendu de descendre ici.

— C'est bien là-dessus que tu avais compté pour me voler impunément ! s'écria Louis XI, et une lueur de colère passait dans ses yeux jaunes. »

Puis il déplia le mémoire et lut :

Une cage en bois de chêne de deux toises quatre pieds deux pouces[7] de longueur sur une toise de largeur et quatre pieds de hauteur,............ 196 livres tournois 5 sous 6 deniers[8].

« Oh ! le bourreau, il m'écorche vif, 196 livres 5 sous 6 deniers et pour du sapin encore !

— Du chêne, affirma Moutardon, du chêne français, du chêne naturel et national.

— Et moi, s'écria le roi, je te dis que c'est du sapin, du mauvais sapin. Tu ne connais pas ton roi, Moutardon.

— Si, répliqua le menuisier, décidé à payer d'audace jusqu'au bout. Je connais mon roi et je sais que c'est le plus grand monarque de la terre. Mais je sais aussi que le proverbe dit : chacun son métier. Savez-vous seulement, Sire, ce que c'est qu'une plinthe[9] ? Non, n'est-ce pas ? Et une lambourde[10], Sire, savez-vous ce que c'est ?

— Compère, dit Louis XI, tu parles trop : donc, tu as tort ; d'ailleurs nous allons voir, nous allons voir. »

Il tira de la poche de son vieux pourpoint de cuir une sorte de serpette de vigneron et gratta soigneusement la peinture encore fraîche.

« C'est du brou de noix Moutardon. Je ne sais pas ce que c'est qu'une plinthe, ni une lambourde, mais je connais le brou de noix... »

D'un coup de serpette, il entama l'un des barreaux.

« Tiens ! tiens ! tiens ! dit-il, je crois que j'avais raison. »

Moutardon ne s'approcha même pas pour voir. Il savait bien à quoi s'en tenir. Hélas, le fait n'était que trop évident: le prétendu chêne national, n'était que du vulgaire sapin.

« Je te ferai pendre, Moutardon, » dit Louis XI.

Il était difficile en temps ordinaire d'exaspérer Moutardon ; mais enfin la patience d'un menuisier qui tient à son cou a des limites. Il y avait trop de pendus accrochés aux arbres qui entouraient Plessis-les-Tours pour que le menuisier prît cette parole pour une simple plaisanterie.

Le roi, qui était entré dans la cage ouverte, tailladait l'un après l'autre les barreaux, ne pensant pas que cet homme qu'il menaçait pût être dangereux.

« Je te ferai pendre, Moutardon, je te ferai pendre, dit encore le roi. Pense à ton salut, compère, il n'est que temps, pense à ton salut.

— Pense d'abord au tien! » hurla Moutardon en jetant la chandelle à terre et en lançant la porte à toute volée sur la cage.

Le ressort joua et la porte se referma avec un claquement sec sur le roi qui s'apprêtait à sortir et qui fut rejeté violemment au fond par le choc. Louis XI était pris au piège comme un vulgaire renard.

Et Moutardon s'enfuit à grandes enjambées.....

Quelques heures plus tard, le capitaine des gardes inquiet de ne pas voir le roi, descendit au souterrain. Il trouva le roi évanoui dans la cage. On remonta Louis XI dans sa chambre avec mille précautions. Mais il mourut quelques semaines après sans avoir jamais paru se souvenir de ce qui s'était passé.

Ch. NORMAND [1].

[Les Amusettes de l'histoire. Librairie A. Colin.]

Explications et questions.

Les mots. — 1. *le bon marchand :* celui qui tire profit de son commerce. Moutardon ne gagnera rien à cette tromperie. 2. *compère :* terme employé autrefois entre gens qui avaient entre eux des relations familières: féminin : commère.

3. *écorcher :* employé ici au sens figuré, faire payer au delà du prix raisonnable.

4. *surfaire :* (faire le prix au-dessus) fixer un prix trop élevé.

5. *ligne :* ancienne mesure de longueur, valant environ $0^m,002$.

6. *fillette :* Louis XI appelait ainsi les cages où il enfermait les prisonniers d'un rang élevé.

7. *toise, pied, pouce, ligne :* anciennes mesures de longueur. La toise valait six pieds ou 2 mètres, le pied douze pouces et le pouce douze lignes.

8. *livre, sou, denier :* anciennes monnaies, dont la valeur a changé d'une époque à l'autre. La livre valait environ vingt sous et le sou douze deniers.

9. *plinthe :* planchette placée dans les appartements, au bas des murs et au ras du parquet.

10. *lambourde :* solive qui soutient les lames du parquet.

11. *Ch. Normand :* historien contemporain.

Les idées. — 1. Comment Moutardon a-t-il trompé Louis XI?

2. Sur quoi avait-il compté pour espérer que sa tromperie resterait inaperçue.

3. Pourquoi Moutardon parle-t-il de plinthe et de lambourde ?

4. Pourquoi conseille-t-il au roi de ne pas rester dans le souterrain?... Est-ce le vrai motif?

5. Pourquoi ne s'approche-t-il pas pour voir si la cage est en chêne ou en sapin ?

6. Moutardon méritait-il d'être puni?... Pourquoi?

Exercices et sujet de devoir.

Exercices de grammaire. — 1° Les quatre sortes d'e : Trouvez dans le texte un exemple de chacune des quatre sortes d'e.

2° Les sons de c et de g: *Relevez dans la 2° page trois mots ayant un c se prononçant comme k; un c se prononçant comme ss ; un g avec le son gue et un g avec le son j.*

Sujet de devoir. — *A quoi devait penser Moutardon en descendant l'escalier du souterrain ?*

Louis XI.

AU BORD DE L'OCÉAN

Hier, le vent d'ouest soufflait avec furie. J'ai vu l'Océan agité.... C'était une immense bataille dans les plaines humides[1].

L'entrée de la baie est comme défendue par une chaîne d'îlots de granit : il fallait voir les lames[2] courir à l'assaut et se lancer follement contre ces masses avec des clameurs[3] effroyables : il fallait les voir prendre leur course et lutter à qui franchirait le mieux la tête noire des écueils[4]. Les plus hardies ou les plus lestes sautaient de l'autre côté en poussant un grand cri ; les autres plus lourdes ou plus maladroites, se brisaient contre le roc en jetant des écumes d'une éblouissante blancheur, et se retiraient avec un grondement sourd et profond, comme les dogues repoussés par le bâton du voyageur.

Nous étions témoins de ces luttes étranges du haut d'une falaise[5] où nous avions peine à tenir contre les furies du vent. Nous étions là, le corps incliné et les jambes écartées pour résister avec plus d'avantage, et les deux mains cramponnées à nos chapeaux pour les assurer sur nos têtes.

Le tumulte immense de la mer, la course bruyante des vagues, celle non moins rapide, mais silencieuse, des nuages, les oiseaux de mer qui flottaient dans le ciel et balançaient leurs corps grêles [6] entre deux ailes arquées [7], tout cet ensemble formait quelque chose d'étrange et d'admirable.

Répandu sur la falaise un troupeau paissait tranquillement, et, à quelques pas de nous, deux petits bergers étaient assis au pied d'un rocher à l'abri du vent.

Maurice de Guérin [8].

Explications et questions.

Les mots. — 1. *plaines humides* : il s'agit de la surface de la mer.

2. *lames* : mis pour vagues.

3. *clameur* : grand bruit tumultueux produit ordinairement par les cris d'une foule, ici par les vagues qui se brisent.

4. *écueil* : rocher à fleur d'eau.

5. *falaise* : partie de la côte à pic sur la mer.

6. *grêle* : signifie long et menu.

7. *arquées* : courbées comme un *arc*.

8. *Maurice de Guérin* : écrivain français, 1810-1839.

Les idées. — 1. De quoi l'auteur parle t-il ?... Trouvez cinq parties dans la description.

2. Comment est la baie ?... Que faisaient les lames ?

3. Rappelez ce qu'ont *vu* les spectateurs.

4. Rappelez ce qu'ils ont *entendu*.

5. Où étaient-ils placés ?

6. Pourquoi ont-ils de la peine à se tenir debout ?

7. Quelle différence y a-t-il entre la course des vagues et celle des nuages ?

8. Montrez que le dernier paragraphe s'oppose aux trois autres.

Exercice et sujet de devoir.

Exercice de grammaire. — h muette et h aspirée : *Distinguez les h muettes et les h aspirées des quatre mots de la lecture commençant par h ; Dites comment vous distinguez l'h muette et l'h aspirée.*

Sujet de devoir. — *Définissez, en vous servant au besoin de votre géographie, les mots : Océan, mer, écueil, vague, ouest, baie, îlots, falaise.*

LA CHASSE AU HÉRON

Le pont-levis du manoir féodal s'abaisse, et de l'ogive[1] pratiquée dans la maîtresse tour[2] débouche[3] un brillant

La cavalcade contourne l'étang... On a décapuchonné les faucons.

cortège. Le châtelain et la châtelaine sortent, portant sur le poing leurs faucons encapuchonnés[4], suivis de leurs pages, d'écuyers et de valets de chiens.

Arrivée dans la plaine, la cavalcade[5] contourne l'étang

ou suit la chaussée destinée à contenir les eaux. A ce bruit insolite[6], lointain encore, qui vient troubler le silence de sa retraite, le héron inquiet redresse son long col pour examiner, fait claquer son bec, pose à terre la patte qu'il tenait repliée sous son ventre et brasse[7] l'air sous ses ailes comme pour se préparer au vol.

Décidément c'est à lui qu'on en veut ; il l'a compris et prend l'essor[8]. Il faut essayer de la fuite avant de risquer le combat. Son vol est lent d'abord. Le héron n'est pas rapide, mais peu à peu il s'élève et paraît à une grande hauteur. Sa découpure noire a déjà beaucoup décru[9] sur le gris brumeux du ciel ; ses pattes tendues en arrière et son long bec pointu en avant se distinguent à peine.

On a décapuchonné les faucons. Éblouis un instant du grand jour, ils promènent autour d'eux le rigide regard[10] de leurs prunelles d'or, comme pour se reconnaître. Puis, hérissant leurs plumes, secouant leurs ailes, obéissant à l'impulsion[11] du poing qui les envoie en l'air, ils s'élancent et partent à la poursuite de la proie.

Ils montent, ils montent pour dominer le héron et se laisser tomber dessus, à pic, du haut de l'air ; mais l'oiseau poursuivi a deviné cette tactique. Il rabat son vol, replie son col et présente son bec aigu comme une épée à la descente impétueuse du faucon, qui, parfois, s'enferre et se tue lui-même.

Mais un autre faucon reprend la place, et il faut bien que la victime succombe.

THÉOPHILE GAUTIER[12].
[La Nature chez elle. Fasquelle, édit.]

Explications et questions.

Les mots. — 1. *ogive :* est mis pour la porte en forme d'ogive, c'est-à-dire que le haut est formé par deux arcs qui se coupent.

2. *maîtresse tour :* la plus grosse, ou la plus forte.

3. *déboucher :* sens spécial, sortir d'un passage resserré.

4. *faucons encapuchonnés* : le faucon était alors employé pour la chasse ; on le portait sur le poing, la tête couverte d'un capuchon.

5. *cavalcade* : cortège de cavaliers.

6. *insolite* : qui n'est pas habituel, qui étonne par sa nouveauté.

7. *brasser* : agiter à force de bras, rapprocher de *brasseur*.

8. *prendre l'essor* : prendre le vol.

9. *décru* : participe de *décroître* qui signifie : diminuer, rapetisser.

10. *regard rigide* : regard dur.

11. *impulsion du poing* : la *poussée* du poing qui les lançait en l'air.

12. *Théophile Gautier* : poète et prosateur français du xix⁰ siècle, 1811-1872.

Les idées. — 1. Comment apparaît le cortège ?... (décrivez-le d'après la gravure.)

2. Quels mouvements fait le héron en entendant au loin la cavalcade ?

3. Dites comment il s'enfuit.

4. Comment lance-t-on les faucons ?

5. Racontez l'attaque du faucon et la défense du héron.

6. Essayez de donner un titre à chacun des alinéas.

Exercice et sujet de devoir.

Exercice de grammaire. — Les noms communs : *Trouvez dans le texte : trois mots nommant des personnes ; trois mots nommant des animaux ; trois mots nommant des choses... A quelle espèce de mots appartiennent-ils ?... Pourquoi ?... Qu'est-ce qu'un nom commun ?*

Sujet de devoir. — *Que voyez-vous sur la gravure ?... Quel est le moment de la chasse qui est représenté ?*

L'ENTERREMENT D'UNE FOURMI

Les fourmis sont en grand émoi[1] ;
L'âme du nid, la reine est morte !
Au bas d'une très vieille porte[2],
Sous un chêne, va le convoi[3].

Le vent cingle[4] sur le sol froid
La nombreuse et fragile escorte.
Les fourmis sont en grand émoi :
L'âme du nid, la reine est morte !

Un tout petit je ne sais quoi[5]
Glisse, tiré par la plus forte ;
C'est le corbillard qui transporte
La défunte au caveau[6] du roi.

Les fourmis sont en grand émo.[1]

MAURICE ROLLINAT[7].
[*Le livre de la Nature.* Ch. Delagrave, édit.]

Explications et questions.

Les mots. — 1. *émoi :* signifie ici émotion, trouble.

2. *porte :* sans doute une vieille porte abandonnée sous un chêne.

3. *convoi :* l'ensemble de ceux qui conduisent un mort au cimetière.

4. *cingler :* frapper avec quelque chose de souple, lanière, fouet ; ici, c'est le vent qui fouette.

5. *un tout petit je ne sais quoi :* quelque chose qui ne sert qu'aux fourmis et n'a pas de nom dans le langage des hommes.

6. *caveau :* le lieu souterrain où l'on place les cercueils.

7. *Maurice Rollinat :* poète français, 1846-1903.

Les idées. — Cette gracieuse poésie est ciselée comme un bijou précieux. Elle ne présente que quelques idées qui font images : l'émoi des fourmis causé par la mort de la reine ; le défilé du long cortège que précède le « tout petit je ne sais quoi » sur lequel la morte est portée au tombeau des rois.

Conseils pour la lecture et la récitation.

Poésie simple et gracieuse qui doit être dite avec grâce et simplicité. Il faut garder une certaine gravité de ton, mais sans exagérer car ce n'est qu'un enterrement de fourmi.

Faire remarquer aux élèves que toute la poésie est faite sur deux seules rimes oi et orte et que le premier et le second vers se répètent comme un glas funèbre à la fin de la seconde et de la troisième strophe.

Dans la 1ʳᵉ strophe, mettre en plein relief : Les fourmis, grand émoi, la reine. *Après le mot reine, marquer une légère pause pour faire attendre un peu...* est morte.

Dans la 3ᵉ strophe, un tout petit je ne sais quoi *doit bien ressortir également : bien détacher les mots,* un tout petit. *Dire avec une sorte de solennité :* au caveau du roi.

Le dernier vers rappelle le 1ᵉʳ, mais il s'y ajoute cette fois la vision de cette funèbre cérémonie où tout un peuple, en grand émoi, suit le convoi de sa reine défunte. Essayez de bien marquer la différence.

LE RETOUR DU PERE

Le papa de Trott est officier de marine.

Après une absence, qui a duré deux ans, il revient en congé. Maman qui est allée l'attendre à Toulon, va arriver avec lui dans quelques instants. Trott est venu à la gare, avec sa bonne Jane.

Trott et Jane traversent les salles d'attente et ressortent de l'autre côté sur le quai[1] où tout à l'heure les wagons vont venir se ranger.

Oh! que ce train est lent à venir. Ça fait mal à Trott d'attendre.

Voici un homme avec une casquette qui passe.

« Est-ce que le train va bientôt arriver, monsieur?

— Quel train?

— Le train de papa....

— D'où vient-il votre papa?

— De Toulon...

— Le train entrera en gare dans cinq minutes. »

Cinq minutes, vous croyez que ce n'est pas bien long? Eh bien! vous vous trompez. Elles n'en finissent pas, ces cinq malheureuses minutes. Trott va, vient, regarde l'horloge avec défiance, pose mille questions saugrenues[2] à Jane.

Tout à coup, au-dessus du bois de pins, là-bas, une petite fumée se dresse....

« Voyez-vous la fumée de la locomotive?

— C'est elle. C'est lui. C'est eux. » Jane maintient de toutes ses forces Trott qui se démène comme un possédé[3].

Au tournant de la voie, une grosse locomotive surgit, crachant et soufflant. Elle grandit, grossit avec un grondement énorme. La voilà. Un bruit de tonnerre passe

devant Trott ahuri [4]. « Est-ce que le train ne s'arrête pas ?
Ah! enfin! »

...Les yeux de papa ne quittent pas la figure de Trott.

Aux fenêtres, voilà des têtes qui paraissent.... Où
sont-ils donc ?

« Regardez, monsieur Trott ! regardez donc par là.

— Où ça ? » Trott a la tête perdue [5]. Il ne voit plus rien.
Et ce n'est que quand il est au bas d'un wagon que

tout à coup, en levant les yeux, il aperçoit un monsieur à barbe brune et à casquette bleu et or qui se penche hors de la portière et essaye de l'ouvrir, mais qui est très maladroit, parce qu'en même temps ses yeux ne quittent pas la figure de Trott.

Qui est ce monsieur? Le cœur de Trott bat comme une horloge. Il y a une espèce de brouillard devant ses yeux....

Le monsieur saute en bas du wagon, s'empare de Trott, le soulève de terre comme une plume. Une barbe piquante lui écorche plusieurs fois la figure. Comme c'est bon! Une voix lui parle. Il ne répond pas. Il a oublié les belles phrases qu'il voulait dire. D'autres bras l'enlèvent. Une peau plus douce se frotte contre la sienne. Maman rit et pleure à la fois.

ANDRÉ LICHTENBERGER[6].
[*Mon petit Trott*. Plon-Nourrit et Cie, édit.]

Explications et questions.

Les mots. — 1. *quai*: dans les gares, trottoir élevé qui aide à monter dans les wagons ou qui permet d'en descendre facilement.

2. *sangrenu*: qui est bizarre et ridicule.

3. *possédé*: on croyait autrefois que certains malades très agités étaient *possédés* du démon.

4. *ahuri*: stupéfait et qui paraît ne savoir plus ce qu'il fait.

5. *tête perdue: au figuré*; il agissait comme s'il avait perdu la tête, comme s'il ne pensait plus

6. *A. Lichtenberger*: romancier français contemporain.

Les idées. — 1. Pourquoi Trott va-t-il à la gare?

2. Pourquoi trouve-t-il que le train est lent à venir?

3. Que pensez-vous de cette indication: *le train de papa?*

4. Expliquez: Trott regarde l'horloge avec défiance.

5. Qui est le monsieur à casquette bleu et or?

6. Pourquoi le papa de Trott a-t-il de la peine à ouvrir la porte du wagon?

7. Et Trott a-t-il du plaisir à revoir son papa?... Quels sont les mots qui le disent?

Exercices et sujet de devoir.

Exercices de grammaire. — 1° Les noms propres: *Trouvez dans le texte trois noms propres... Citez trois autres noms propres à votre choix. Qu'est-ce qu'un nom propre?*

2• **L'adjectif qualificatif:** *Quel est le mot qui nous dit comment sont les questions de Trott?... la fumée?... la locomotive?... le grondement? la barbe du papa?... les phrases que Trott voulait dire?*

Comment se nomment les mots qui indiquent comment est la personne ou la chose que le nom représente?

Sujet de devoir. — *Vous êtes sur le quai de la gare, un train arrive, Dites: 1° ce que vous voyez (voir la gravure); 2° ce que vous entendez.*

Lecture du Samedi

PAUVRE MÈRE !

Le bateau-transport la Saône vient d'arriver sur rade. Incapable de résister à son impatience, la mère du quartier-maître Jean Berny se fait conduire à bord afin de pouvoir embrasser son fils quelques heures plus tôt. Or, Jean Berny est mort pendant la traversée.

.....Tout à coup Pierre Joal, la figure glacée comme s'il avait aperçu un spectre[1], se rejeta en dedans du navire, tirant les autres par le bras pour les faire se sauver aussi : « La mère de Jean !!!... » Et tous les cinq, comme des garçons affolés de peur, se baissèrent d'abord pour se cacher derrière le bastingage[2], puis se reculèrent, tout courbés, jusqu'au centre où on ne pouvait plus les voir.

La mère de Jean ! oui, c'était elle, qui arrivait et qui était déjà là tout près, les yeux interrogateurs, les yeux grands ouverts, moitié de joie et moitié d'impatience inquiète; parmi toutes ces têtes qui souriaient au-dessus du bastingage de la *Saône,* elle cherchait son fils et ne trouvait pas, ne trouvait pas encore...

PAUVRE MÈRE

« Jean Berny, vous savez bien, Jean Berny! », insistait la pauvre voix, maintenant étranglée d'angoisse.

Ce matin, quand un vieux guetteur, chargé depuis plusieurs jours de ce soin, était venu l'avertir que la *Saône* était signalée aux sémaphores[3] et mouillerait[4] sur rade[5] dans deux heures, elle avait fiévreusement mis tout en ordre, acheté des bouquets pour les vases, loué une femme pour leur faire et leur servir le dîner de ce soir...

Quand le batelier qui l'amenait lui avait montré, au sortir du port, ce navire à peine mouillé là-bas, en lui disant : « La voilà, votre *Saône* ! » un tremblement subit lui était venu, avec un peu de vertige[6]...

Comment allait-il être, quelle mine rapporterait-il de là-bas, son Jean ? Elle ne se sentirait rassurée qu'après l'avoir bien regardé... Cette dysenterie et ces fièvres de Cochinchine, dont il lui avait avoué être un peu atteint, lui causaient tout à coup un effroi plus grand ; elle songeait maintenant à ceux qu'elle avait vus revenir, si blêmes, et qui, les entrailles perdues, déclinaient lentement malgré les soins des mères. Et, à mesure que cette *Saône* se rapprochait, grandissait, grandissait sur la rade houleuse, la joie, l'anxiété de le revoir, alternativement, lui revenaient au cœur, toujours plus poignantes ; mais c'était encore la joie qui dominait, avec une impatience tremblante, de le tenir et de l'embrasser...

Pour la seconde fois, elle venait de passer en revue, de l'avant à l'arrière, ces têtes qui apparaissaient partout. Pourquoi ne se tenait-il pas sur le pont, son fils, comme tant d'autres ?... Une angoisse lui venait, là, tout de suite déchirante, tout de suite affreuse, rien que pour ne pas l'avoir déjà vu, ce qui était pourtant si naturel, comme elle cherchait à se l'expliquer à elle-même, puisqu'il pouvait être de quart[7], de service en bas dans les faux-ponts[8]... La tête un peu perdue, elle commandait au batelier de s'approcher, malgré les gestes du factionnaire de « coupée[9] », un tout jeune, un petit Breton tout sauvage qui, d'une main, serrait ferme son fusil, de l'autre leur faisait signe : « Au large ! faut pas accoster ! C'est pas encore permis [10] ! »

A bord, les amis de Jean, réfugiés tous les cinq au pied d'un mât, tenaient conseil rapide, à voix basse et effarée. Que faire ? Prévenir l'officier, proposait Marec ; c'était précisément M. Tanguy qui était de quart, un bon, celui-là, qui viendrait lui parler, très doucement... — « Ah ! ouatte, répondit Pierre Joal, — pour la chose qu'on va lui dire, va, doucement ou fort, c'est bien tout comme ! »

Mon Dieu ! et la *Santé* [11] qui arrivait aussi, qui était près d'accoster ! Alors on allait la laisser monter à bord, cette mère, comme les autres ; d'ailleurs elle devait être là, cramponnée sans doute à l'échelle, puisqu'on entendait à présent sa voix, sa voix qui commençait à être changée et haletante, demander à ce factionnaire où était Jean Berny... Et ce tout jeune et tout sauvage, qui avait pourtant compris du premier coup que c'était la mère, restait là, perché sur sa « coupée » ; figé par le devoir à son poste, devenu rouge jusqu'au front, feignant de ne pas comprendre ce qu'on lui demandait d'en bas, détournant la tête, les regardant, eux qui avaient été les amis du défunt, avec un air de les appeler à son secours, et vite...

« Jean Berny, vous savez bien, Jean Berny... quartier-maître [12] de manœuvre,... » insistait la pauvre voix, maintenant tout étranglée d'angoisse...

Alors, dans sa frayeur folle de la voir monter à bord, Pierre prit une décision brusque et brutale. Au crayon, d'une grosse écriture mal assurée, il écrivit sur son carnet d'appel : « Jean Berny est décédé à la mer, il y a un mois, » il déchira la feuille, la plia en deux et courut la jeter au factionnaire : « Donne-lui ça, petit, donne-lui vite ! » et puis se sauva dans la cale [13], épouvanté, comme s'il l'avait égorgée, et suivi des quatre autres, qui ne voulaient pas non plus entendre le cri de cette mère...

. . . .

Quand ils remontèrent sur le pont, quelques minutes après, la pluie tombait, froide, cinglante, et le vent sifflait. Toutes les barques, sans exception, partaient ou allaient partir, effrayées d'un grain qui était venu si vite et qui avait mauvais aspect.

Timidement, ils s'approchèrent de la « coupée », pour voir où en était le canot de la mère de Jean Berny, et ils le reconnurent de suite là, finissant de hisser [14] ses voiles, à dix mètres du bord ; au fond, sur les bancs, traînait une forme humaine, qu'un des bateliers maintenait parce qu'elle avait des soubresauts comme pour se jeter dehors ; on avait étendu dessus une grosse toile d'abri comme sur un cadavre...

. . . .

« Mon Dieu, mon Dieu ! — dit Pierre Joal, — mon Dieu Seigneur !... voir des choses comme ça, tout de même !... » Il ne les vit pas longtemps, ces choses, du reste, car ses yeux devinrent troubles tout de suite ; au souvenir de sa mère à lui, son cœur se fendit tout à fait, un sanglot s'étouffa dans sa gorge, et ses larmes ruisselèrent, mêlées à la grande pluie qui inondait tout...

PIERRE LOTI [15].
[*Matelot*. Calmann-Lévy, édit.]

Explications et questions.

Les mots. — 1. *spectre* : apparition effrayante d'un mort ou revenant (est-il utile de dire que les spectres et les revenants n'existent pas).

2. *bastingage* : sorte de parapet qui protège le pont d'un navire.

3. *sémaphore* : mât élevé sur la côte pour communiquer avec les navires au moyen de signaux (*voir le cul-de-lampe ci-contre*).

4. *mouiller* : mis pour mouiller l'ancre, la jeter à la mer pour arrêter le navire.

5. *rade* : golfe ou baie qui se trouve en avant du port.

6. *vertige :* étourdissement pendant lequel il semble que les objets *tournent.*

7. *quart :* service de veille qui dure *quatre* heures.

8. *faux-pont :* pont inférieur.

9. *coupée :* ouverture pratiquée dans la muraille d'un navire et qui donne accès à l'échelle extérieure.

10. *faut pas accoster... c'est pas permis :* formes populaires mais incorrectes, mises pour il *ne faut* pas accoster... Cela *n'est pas* permis.

11. *la santé :* abréviation mise pour le *service de la santé.*

12. *quartier-maître :* dans la marine, grade correspondant à celui de caporal.

13. *cale :* partie située au fond du navire.

14. *hisser :* terme de marine signifiant *hausser, élever.*

15. *Pierre Loti :* romancier français contemporain.

Les idées. — 1. Pourquoi Joal est-il effrayé d'apercevoir la mère de Jean Berny ?

2. Pourquoi Joal et ses camarades se cachent-ils ?... Pourquoi le factionnaire refuse-t-il de répondre ?

3. Qu'est-ce qui augmente peu à peu l'inquiétude de M⁻ᵉ Berny ?

4. Qu'est-ce qui se passa quand la pauvre mère eut appris la terrible nouvelle ?

Exercice et sujet de devoir.

Exercice de grammaire. — **Les verbes :** *Pierre Joal se rejeta... La mère arrivait, la mère cherchait ; un vieux guetteur était venu : le batelier l'amenait...*

Quelles actions font Joal... la mère... le guetteur... le batelier ?.. Comment nomme-t-on les mots qui expriment l'action faite ?

Sujet de devoir. — *Dites ce que vous voyez sur la gravure (page 27) (a. l'ensemble du tableau : le gros vaisseau, la petite barque...; b. les personnages de la barque, ceux du vaisseau ; c. Sentiments exprimés par l'attitude des personnages.)*

AUX MORTS POUR LA PATRIE

Ceux qui pieusement[1] sont morts pour la patrie
Ont droit qu'à leur cercueil la foule vienne et prie.
Entre les plus beaux noms leur nom est le plus beau.
Toute gloire près d'eux passe et tombe éphémère[2];
      Et, comme ferait une mère,
La voix d'un peuple entier les berce en leur tombeau

      Gloire à notre France éternelle !
      Gloire à ceux qui sont morts pour elle !
      Aux martyrs[3] ! aux vaillants ! aux forts !
      A ceux qu'enflamme leur exemple,
      Qui veulent place dans le temple[4],
      Et qui mourront comme[5] ils sont morts !

C'est pour ces morts, dont l'ombre[6] est ici bienvenue,
Que le haut Panthéon[7] élève dans la nue,

Au-dessus de Paris, la ville aux mille tours,
La reine de nos Tyrs et de nos Babylones[8],
      Cette couronne de colonnes
Que le soleil levant redore tous les jours.

      Gloire à notre France éternelle !
      Gloire à ceux qui sont morts pour elle !
      Aux martyrs ! aux vaillants ! aux forts !
      A ceux qu'enflamme leur exemple,
      Qui veulent place dans le temple,
      Et qui mourront comme ils sont morts !

Ainsi, quand de tels morts sont couchés dans la tombe,
En vain l'oubli, nuit sombre où va tout ce qui tombe,
Passe sur leur sépulcre[10], où nous nous inclinons ;
Chaque jour, pour eux seuls se levant plus fidèle,
      La gloire, aube toujours nouvelle,
Fait luire leur mémoire et redore leurs noms.

      Gloire à notre France éternelle !
      Gloire à ceux qui sont morts pour elle !
      Aux martyrs ! aux vaillants ! aux forts !
      A ceux qu'enflamme leur exemple,
      Qui veulent place dans le temple,
      Et qui mourront comme ils sont morts !

VICTOR HUGO[11].
[Les chants du Crépuscule.]

Explications et questions.

Les mots. — 1. *pieusement :* avec un profond sentiment de ferveur et de piété patriotique.

2. *éphémère :* qui dure peu. Comparée à leur gloire immortelle, toute autre gloire dure peu.

3. *martyrs :* ceux qui ont souffert et qui sont morts, offrant, par foi patriotique, leur vie à la France.

4. *le temple :* sous-entendu : de la gloire : on songe au Panthéon.

5. *comme :* c'est-à-dire de la même manière.

6. *ombre :* mis pour l'âme ou la mémoire.

7. *Panthéon :* monument élevé à Paris « à la gloire des grands hommes par la patrie reconnaissante ».

8. *la reine de nos Tyrs et de nos Babylones : Tyr,* port autrefois célèbre sur la côte de Syrie. *Babylone,* grande ville de la région de l'Euphrate, aujourd'hui détruite. *Paris* apparaît comme la reine de « *nos* » grandes villes françaises.

9. *couronne de colonnes :* la coupole du Panthéon est soutenue tout autour par des colonnes.

10. *sépulcre :* mis pour tombeau.

11. *Victor Hugo :* le plus grand poète français du xix° siècle, 1802-1885.

Les idées. — Cette poésie qui est un hymne, c'est-à-dire un chant, ne contient que des idées très simples exprimées en un merveilleux langage. Voici les idées principales :

La *1re strophe :* Ceux qui sont morts pour la patrie ont droit à notre admiration reconnaissante, leur gloire est éternelle.

Le refrain : Gloire à la France, gloire à ceux qui sont morts pour elle ; gloire à ceux qui veulent les imiter.

La *2e strophe :* Tous ces morts glorieux doivent avoir leur place au Panthéon.

La *3e strophe* comprend sous une autre forme l'idée exprimée déjà dans la première.

Conseils pour la lecture et la récitation.

Faire remarquer comme la poésie « chante » en ces vers qui furent d'ailleurs écrits pour être chantés, mais qui doivent être dits comme une prière. Appris comme récitation ils produisent grand effet quand ils sont récités de la manière suivante : Un élève qui dit bien récite les strophes et tout le groupe d'élèves répond par le refrain.

Les strophes doivent être dites avec une émotion grave et contenue, simplement, sans rechercher l'effet. La première strophe est particulièrement expressive : mettez en valeur pieusement, ont droit *et tout le dernier vers :* Où l'on entend les voix reconnaissantes.... qui prient et qui bercent *doucement. Dans la 3e strophe faire rendre tout leur effet aux sons assourdis :* couchés, tombe, oubli, sombre, tombe. *Le refrain, surtout s'il est récité par de nombreuses voix, doit être articulé avec énergie et résolution. Bien détacher les mots :* France éternelle,... ceux qui sont morts... martyrs, vaillants, forts... mourront.

Cette poésie a été mise à cette place pour être apprise à l'occasion de la fête de nos morts glorieux.

UN NAUFRAGE PRIS SUR LE FAIT

Un des héros les plus curieux des romans de Jules Verne, le capitaine Nemo, commandant du terrible sous-marin le Nautilus,

*décrit la rencontre dramatique d'un grand navire qui a sombré
quelques heures auparavant.*

Pendant la journée du 11 décembre, j'étais occupé à lire
dans le grand salon. Ned Land et Conseil[1] observaient les

*« Un navire ! m'écriai-je.
— Oui, un bâtiment désemparé qui a coulé à pic ! »*

eaux lumineuses par les panneaux entr'ouverts. Le *Nautilus* était immobile. Ses réservoirs remplis, il se tenait à
une profondeur de mille pieds[2], région peu habitée des
océans, dans laquelle les gros poissons faisaient seuls de
rares apparitions.

Conseil vint interrompre ma lecture.

« Monsieur veut-il venir un instant? me dit-il d'une voix singulière.

— Qu'y a-t-il donc, Conseil?

— Que monsieur regarde. »

Je me levai, j'allai m'accouder devant la vitre, et je regardai.

En pleine lumière électrique, une énorme masse noirâtre, immobile, se tenait suspendue au milieu des eaux. Je l'observai attentivement, cherchant à en reconnaître la nature. Mais une pensée traversa subitement mon esprit.

« Un navire ! m'écriai-je.

— Oui, répondit le Canadien, un bâtiment désemparé qui a coulé à pic ! »

Ned Land ne se trompait pas. Nous étions en présence d'un navire, dont les haubans[3] coupés pendaient encore. La coque paraissait être en bon état, et son naufrage datait au plus de quelques heures. Trois tronçons de mâts, rasés à deux pieds au-dessus du pont, indiquaient que ce navire avait dû sacrifier sa mâture. Mais, couché sur le flanc, il s'était rempli. Triste spectacle que celui de cette carcasse perdue sous les flots, mais plus triste encor la vue de son pont, où quelques cadavres amarrés[4] par des cordes gisaient[5] encore ! J'en comptai quatre ; — quatre hommes, dont l'un se tenait debout au gouvernail, — puis une femme à demi sortie par la claire-voie de la dunette[6] et tenant un enfant dans ses bras. Cette femme était jeune. Je pus reconnaître, vivement éclairés par les feux du *Nautilus*, ses traits que l'eau n'avait pas encore décomposés. Dans un suprême effort, elle avait élevé au-dessus de sa tête son enfant, pauvre petit être dont les bras enlaçaient le cou de sa mère !

L'attitude des quatre marins me parut effrayante, tordus qu'ils étaient dans des mouvements convulsifs et morts en faisant un dernier effort pour s'arracher des cordes qui les liaient au navire. Seul, plus calme, la face nette et grave, ses cheveux grisonnants collés à son front, la main crispée à la roue du gouvernail, le timonier[7] semblait conduire son trois-mâts naufragé à travers les profondeurs de l'Océan!

Quelle scène! Nous étions muets, le cœur palpitant devant ce naufrage pris sur le fait et pour ainsi dire photographié à sa dernière minute! Et je voyais déjà s'avancer, l'œil en feu, d'énormes requins, attirés par cet appât de chair humaine!

Cependant le *Nautilus,* évoluant, tourna autour du navire submergé, et, un instant, je pus lire sur son tableau d'arrière :

Florida — Sunderland.

JULES VERNE[8].

[*Vingt mille lieues sous les mers.* Hachette et Cie, édit.[

Explications et questions.

Les mots. — 1. *Ned Land et Conseil :* le premier, marin canadien recueilli par le *Nautilus,* le deuxième valet de chambre du capitaine Nemo.

2. *1000 pieds :* environ 330^m, profondeur excessive à cause de la pression.

3. *haubans :* cordages servant à fixer les mâts.

4. *amarré :* retenu au moyen d'une *amarre* ou grosse corde.

5. *gisaient :* du verbe *gésir :* couchés, étendus.

6. *dunette :* partie surélevée du pont.

7. *timonier :* matelot chargé de manœuvrer le gouvernail au moyen d'une longue barre ou *timon.*

8. *Jules Verne :* romancier scientifique du XIXe siècle, auteur des *Voyages Extraordinaires,* 1828-1905.

Les idées. — 1. Où se passe la scène?
2. Qui est-ce qui la raconte?
3. Que voit-on à travers les panneaux vitrés du *Nautilus?*
4. Qu'est-ce qui prouve qu'il s'agit d'un navire naufragé?
5. Quels détails rendent la scène effrayante?
6. Les spectateurs sont-ils émus par ce spectacle?... Quels mots l'indiquent?

Exercice et sujet de devoir.

Exercice de grammaire. — Le sujet du verbe : *Par qui ou par* *quoi sont faites les actions :* observaient les eaux, faisaient de rares apparitions, vint interrompre, regarde, se tenait suspendue, traversa mon esprit, répondit, ne se trompait pas.

Qu'est-ce que le sujet d'un verbe ?

Comment trouvez-vous le sujet d'un verbe ?

Sujet de devoir écrit ou oral. — *Qu'est-ce qu'un sous-marin ? A quoi sert-il ?... Quels dangers le menacent ?... Voudriez-vous voyager dans un sous-marin ?,.. Pourquoi ?...*

LETTRE D'UN ENFANT A SA MÈRE

Collège de Bourg, le 5 février 1816.

Je ne savais pas pourquoi tu tardais tant à m'écrire, ma chère Maman, et je craignais que tu ne m'oublies. J'ai été très triste lorsque j'ai vu que tu avais souffert. J'espère que tes douleurs sont finies ; apprends-moi si mes espérances sont fondées.

Tu es bien bonne de t'occuper de me faire des bas. Je t'en remercie beaucoup. Je prends régulièrement mes leçons de violon, excepté le dimanche. J'ai déjà dîné une fois chez ma bonne maman et elle m'a encore invité. Adrien de Satournelle est venu me chercher, nous avons porté la tasse à ma bonne maman ; elle en a été bien contente.

Je te demande encore une fois d'essayer de m'envoyer quelques livres, ce serait un grand plaisir pour moi et je te promets que j'en aurai beaucoup de soin. Madame Goleti a été assez bonne pour me prêter des comédies qui sont bien jolies, mais je les ai déjà lues. Je te remercie de me dire les fautes que je fais dans mes lettres, je profite mieux de tes leçons que de celles de tout autre, car j'ai bien envie de te faire plaisir, et je sais que ce n'est qu'en me corrigeant de mes défauts et en m'instruisant que je peux y parvenir. Adieu, ma chère mamman, ne m'oublie pas, je t'en prie.

EDGAR QUINET[1].

Explications et questions.

Les mots. — Cette charmante lettre écrite à sa maman par un enfant de douze ans est à la fois si naturelle et si simple qu'elle ne contient aucun mot qui mérite vraiment d'être expliqué.

1. *Edgar Quinet* fut un grand historien et un de nos meilleurs écrivains du XIXe siècle (1803-1875).

Les idées. — 1. Résumez en quelques mots le 1er paragraphe.
2. Quel sous-titre pourrait-on donner au deuxième ?
3. Dans le troisième, il demande des livres. Quelle promesse fait-il ?... Pourquoi ?
4. Quel est le grand désir de cet enfant (*Remarquez avec quelle délicieuse simplicité il dit cela à sa maman.*)

Exercices et sujet de devoir.

Exercices de grammaire. — 1° Les personnes du verbe : *Quel est celui qui dit je en parlant ?... Celui à qui l'on dit tu?... Celle ou celui de qui l'on dit elle,... il?*
Trouvez dans le texte lu des exemples de 1re, de 2e et de 3e personne.
2° Forme positive et forme négative. *Quelle différence y a-t-il entre Je ne savais pas... et Je savais...*

Sujet de devoir — *Faites la réponse de la maman.*

LE DÉPART POUR L'ÉCOLE

« C'est l'heure de la classe, a dit la mère, en route ! »
Les yeux pleins de sommeil, les petits écoliers
S'habillent à tâtons[1], mettant leurs gros souliers...
Et les voilà partis, grignotant une croûte.

Qu'il fait froid, ce matin ! Les arbres, en déroute[2],
Se courbent sous le vent qui cingle les halliers[3] ;
Et la neige, poudrant[4] les sillons réguliers,
S'attarde[5] sur la terre et la recouvre toute.

Oui ! l'école est bien loin et l'hiver est bien dur !
Marchez, pourtant, marchez d'un pas vaillant et sûr⁶,
Enfants, vers le Devoir, le Travail, l'Espérance⁷...

Chacun, pour le pays, doit peiner à son tour...
Marchez vers le Savoir ; car vous serez, un jour,
Humbles petits cerveaux, le cerveau de la France⁸ !

JACQUES NORMAND⁹.
[Les Visions sincères, Calmann Lévy, édit.]

Explications et questions.

Les mots. — 1. *à tâtons :* sans y voir, et en se servant des mains pour reconnaître les objets en les *tâtant.*

2. *en déroute :* qui s'écarte du chemin prévu, de sa *route,* et qui s'enfuit... Rapprochez de *dériver, déloger, dépayser.* — Les arbres, courbés sous le vent, semblent fuir.

3. *cingle les halliers : les halliers :* broussailles touffues ; *cingler,* frapper avec quelque chose de souple comme une lanière, un fouet ; ici c'est le vent qui fouette les halliers.

4. *poudrait :* la neige couvrait la terre d'une légère couche de poussière ou *poudre* blanche.

5. *s'attarde :* la neige *tarde* à fondre, elle reste sur la terre.

6. *d'un pas vaillant et sûr :* en marchant avec courage et droit vers le but.

7. *l'Espérance :* celui qui fait son devoir et qui travaille peut compter sur l'avenir.

8. *le cerveau de la France : expression figurée :* les pensées et le savoir total de tous les Français sont en quelque sorte les pensées et le savoir de la France.

9. *Jacques Normand :* poète français contemporain.

Les idées. — 1. Pourquoi les enfants s'habillent-ils à tâtons ?
2. Quels sont les détails qui indiquent qu'il fait froid ?
3. Pourquoi le chemin de l'école paraît-il long ?
4. Comment l'écolier peut-il « peiner » lui aussi ?
5. Pourquoi les enfants doivent-ils s'instruire ?

Conseils pour la lecture et la récitation.

Récit très simple qui doit être dit simplement.

Bien marquer le ton de commandement dans le premier vers et détacher « en route ! » Ce 1ᵉʳ vers vif et alerte contraste avec les deux suivants qui se déroulent péniblement comme les actes qu'ils décrivent.

Rendre l'expression Qu'il fait froid, ce matin ! avec l'intonation convenable.

Les 2 dernières strophes doivent être dites avec la gravité d'un conseil.

Marquez bien la répétition de marchez et graduez l'effet en appuyant un peu plus fortement chaque fois. Enfin opposez ces humbles petits cerveaux, au vaste et formidable cerveau de la France !

Lecture du Samedi

LES TROIS MÉTIERS DE JEANNET

Ce soir-là, Clodoche le sabotier appela son fils Jeannet et lui tint ce langage: « J'ai beau clouer tout le jour des sabots, je ne peux arriver à gagner ma vie et la tienne. Du reste, il n'est pas juste que tu vives sans travailler. Pars donc chercher fortune à travers le monde. Je tâcherai d'oublier, au bruit de mon marteau, le chagrin de ton départ. »

Et ayant embrassé son père, Jeannet s'en alla sur la route. Il marcha plusieurs jours et au bout de ce temps, l'air retentit autour de lui d'un bruit de clairons et de tambours. C'était une armée qui allait à la guerre.

« Où vas-tu, petit homme? dit le tambour-major qui marchait en tête.

— Je cherche fortune, répondit Jeannet.

— Alors, viens avec nous. Tu verras de grandes batailles, et tu entreras derrière moi dans les villes prises. »

Jeannet apprit donc le métier de soldat. Il n'eut point trop de peine, car il était brave de son naturel. Il sut bientôt manier l'arquebuse [1] et l'épée.

Or l'armée se trouvait arrêtée par une forteresse d'une hauteur extrême. Les ennemis, cachés derrière les créneaux [2], exterminaient les assaillants. On allait livrer un dernier assaut.

« Il faudrait poser cette échelle contre la forteresse, dit le général, mais qui osera s'en approcher assez? »

Jeannet saisit l'échelle et s'élança le premier à l'assaut,

Ses compagnons le suivirent et, grâce à lui, la forteresse fut prise.

La guerre se termina : Jeannet quitta l'armée. Quand il pris congé de son général, celui-ci lui dit :

« Certes, tu as été un bon soldat, et pour te remercier, je vais te faire un cadeau. Prends cette échelle de corde en souvenir de celle qui t'a servi à monter à l'assaut de la forteresse, et mets-la sur ton dos. Un enchanteur[3] me l'a donnée pour la remettre au plus vaillant. Toutes les fois que tu la jetteras contre un mur, si haut qu'il soit, elle te permettra d'atteindre le sommet. »

Jeannet prit l'échelle, dit adieu au général et s'éloigna. Il atteignit bientôt une grande ville, et là il s'engagea comme apprenti chez un tailleur. Il travailla et apprit à faire des vêtements.

Or, le gouverneur de la ville, qui allait se marier, fit annoncer qu'il donnerait une riche récompense au maître tailleur qui lui apporterait le plus bel habit pour le jour de ses noces.

Le tailleur chez qui Jeannet était apprenti était très triste : la vieillesse avait affaibli sa vue, et il ne pouvait tenter de remporter le prix. Mais Jeannet travailla tant et si bien que l'habit qu'il cousit de ses mains fut jugé le plus beau de tous et que son maître fut vainqueur. Un an s'était écoulé ; Jeannet, las de la vie sédentaire[4], se décida à repartir. Le vieux tailleur, pour le remercier, lui donna en récompense des ciseaux.

« Garde-les précieusement, ajouta-t-il, car ils sont enchantés, et ils pourront, entre tes doigts, couper la pierre et le fer aussi facilement que la soie ou le drap. »

Jeannet mit les ciseaux dans sa poche et continua son voyage. Il passa devant un vieux château solitaire où vivait un astrologue[5] qui, justement, était devant sa porte, en train de rêver.

LES TROIS MÉTIERS DE JEANNET

Il prit ses ciseaux, et d'un seul coup il fit tomber la tête du génie.

« Arrête, dit-il à Jeannet, en le voyant passer. Veux-tu étudier avec moi la marche des astres? J'ai précisément besoin d'un élève. Je compose une carte du ciel où seront toutes les planètes : tu m'aideras. Entre : tu verras comme la science est une belle chose. »

Jeannet vécut encore là un an, et il travailla avec l'astrologue. Ce fut lui qui dressa la carte du ciel, car l'astrologue était distrait, et il confondait les étoiles les unes avec les autres.

Cependant, malgré les supplications de ce dernier, il résolut de reprendre le chemin du logis de son père. Comme il partait, pour le remercier, l'astrologue lui donna une lunette merveilleuse qui permettait de voir à une distance extraordinaire et à travers les corps opaques [6].

« Tous ces cadeaux ne font pas vivre leur homme, pensa Jeannet. Mon père ne sera guère content, quand il me verra revenir avec des ciseaux, une échelle et une lunette. »

Comme il arrivait près de la maison du sabotier, il apprit que la fille du roi avait été enlevée par un puissant génie [7], qui l'avait conduite dans une tour d'une hauteur prodigieuse, bâtie au milieu de la mer, où il la gardait nuit et jour. La main de la princesse était promise à celui qui la délivrerait.

Jeannet résolut de tenter l'aventure. Il apprit qu'une foule de gens de toute condition étaient partis dans le même but et n'étaient jamais revenus. Mais cela ne l'effraya pas ; il prit un petit bateau et se mit à ramer dans la direction qu'on lui avait indiquée.

Il rama tout un jour, et, à la tombée du soir, il aperçut au loin une ombre énorme qui se profilait dans le ciel. C'était la tour du génie.

« Jamais je n'arriverai à délivrer la malheureuse princesse, se dit-il, cette tour est trop haute ! »

Pourtant, il eut l'idée de l'examiner avec la lunette de

l'astrologue. Et il vit, à travers les pierres dont elle était construite, la fille du roi qui était très belle et très triste. Il vit aussi le génie, qui était affreux à voir et qui dormait dans la grande pièce où la princesse était enchaînée.

Jeannet rama encore, arriva au pied de la tour : il jeta son échelle contre la pierre que battaient les flots. L'échelle grandit d'elle-même et atteignit au sommet de la tour, où le jeune garçon fut en un instant. Il descendit un escalier ténébreux et pénétra dans la salle où étaient la princesse et le génie.

Celui-ci s'éveilla au bruit qu'il fit, et il allait frapper Jeannet de sa baguette, quand le héros se souvint à temps des ciseaux de son ancien maître le tailleur. Il les prit et, d'un seul coup, il fit tomber la tête du génie qu'il précipita dans la mer. Puis il trancha aussi aisément les chaînes de la princesse, et il la fit descendre dans sa barque.

Mais la mer était agitée, les ténèbres épaisses, et il fallait regagner le rivage. Tous les deux s'y employèrent de toutes leurs forces. Enfin, la barque toucha terre au lever du jour.

Le premier pêcheur qu'ils rencontrèrent connaissait la jeune fille, et il s'écria :

« Grand Dieu ! la fille du roi est délivrée ! »

Et le bruit s'en répandit si vite dans le pays qu'on sut l'aventure avant qu'ils ne fussent arrivés au palais, où le monarque fit aussitôt préparer une grande fête pour les recevoir ; tous les gentilshommes et les dames revêtirent leurs plus beaux atours.

Quelque temps après, le vieux sabotier Clodoche, revêtu d'un bel habit, sortait de chez lui plein de joie. Il allait assister aux noces de son fils Jeannet et de la princesse. Il ne devait plus jamais faire de sabots que pour se distraire.

Les aventures de Jeannet devinrent célèbres. Le peuple

se réjouit d'avoir un prince habile dans tous les métiers, qui pouvait être également soldat, savant ou tailleur.

Et les pères, contant cette histoire à leurs enfants, ajoutaient à la fin :

« Tu le vois, mon fils, quand on est actif et laborieux, on épouse toujours la fille du roi, ce qui veut dire, plus simplement, que l'on trouve toujours le bonheur en faisant bien son devoir. »

MAURICE MAGRE[8].
[*Les Métiers de Jeannet*. Hachette et Cie, édit.]

Explications et questions.

Les mots. — 1. *arquebuse :* ancienne arme à feu qui précéda le fusil.

2. *créneau :* vide laissé de distance en distance dans le parapet d'une muraille pour permettre de tirer en s'abritant.

3. *enchanteur :* sorte de magicien qu'on supposait être doué d'un pouvoir surnaturel.

4. *vie sédentaire :* peu active et qui se passe dans le même lieu.

5. *astrologue :* celui qui étudie les mouvements des *astres* pour y découvrir l'avenir. L'astrologie a préparé l'astronomie.

6. *opaque :* qui ne se laisse pas traverser par les rayons lumineux.

7. *génie :* personnage imaginaire de la famille des fées, des lutins.

8. *Maurice Magre :* poète et romancier contemporain.

Les idées. — 1. Pourquoi le vieux sabotier fut-il obligé d'envoyer Jeannet au loin ?

2. Racontez comment Jeannet fit preuve de courage à l'armée... d'habileté chez le tailleur... d'intelligence chez l'astrologue.

3. A quoi lui servit la lunette ?... l'échelle ?... les ciseaux ?

4. Comment fut-il récompensé ?

5. Quelle est la morale de ce récit ?

Exercice et sujet de devoir.

Exercice de grammaire. — Les termes de la proposition : *Distinguez les trois termes des propositions suivantes :* Clodoche était vieux. Jeannet était courageux. L'armée fut arrêtée. La mer était agitée. La fille du roi est délivrée.

Sujet de devoir écrit ou exercice oral. — 1° *Croyez-vous qu'il puisse exister des échelles, des lunettes et des ciseaux pareils à ceux dont on parle dans le récit ?... Pourquoi ?*

2° *Par quoi peut-on les remplacer dans la vie réelle ? (Courage, habileté, intelligence). Essayez de le prouver.*

BRUMAIRE

Brumaire[1] est le mois sombre où les feuilles jaunies
Jonchent en voltigeant le sentier désolé[2],
Où les clartés du ciel par les brouillards ternies
Ne luisent qu'à demi sous l'horizon voilé[3].

C'est le mois indécis[4] où souffle la tempête,
Où croasse dans l'air le lugubre corbeau[5],
Où les dernières fleurs doivent courber la tête
Sous les flocons neigeux qui leur font un tombeau.

C'est le mois précurseur[6] de l'hiver, saison dure
Où le pauvre sans feu frissonne sous son toit,
Où l'oiselet privé d'un dôme de verdure[7]
Regarde aux arbres nus son berceau vide et froid.

Et c'est le mois funèbre où les foules émues,
Vers le champ du repos qu'endeuillent les cyprès,
Vont porter leur prière aux âmes disparues,
Et leur tribut pieux de pleurs et de regrets.

Gustave FAUTRAS[9].

Explications et questions.

Les mots. — 1. *Brumaire :* ou mois des *brumes,* deuxième mois du calendrier républicain (du 22 octobre au 21 novembre). Voir page 173.

2. *sentier désolé :* triste et qui a perdu ses ombrages ; où l'on ne se promène plus.

3. *horizon voilé :* assombri par un *voile* de brume.

4. *mois indécis :* ce n'est plus l'été, ce n'est pas encore l'hiver.

5. *lugubre corbeau :* à cause de son plumage noir, couleur de deuil.

6. *précurseur :* qui *marche devant,* qui annonce.

7. *dôme de verdure :* mis pour abri de feuillage.

8. *berceau :* le nid où il est né.

9. *Gustave Fautras :* écrivain et poète français contemporain.

Les idées. — 1. Quelles sont les deux idées principales notées dans la *1re strophe ?...* les trois idées principales de la *deuxième ?...*

2. A qui doit-on penser quand l'hiver approche ? (*3e strophe*).

3. Quels souvenirs le nid abandonné rappelle-t-il à l'oiseau ?

4. A quelle fête fait allusion la dernière strophe ?

Conseils pour la lecture et la récitation.

Cette poésie est surtout descriptive : elle doit être dite avec simplicité. Bien faire sentir la répétition de r dans le 2e vers de la 2e strophe.

Exprimer la souffrance du pauvre et de l'oiseau (3e strophe) en mettant en relief : saison dure, frissonne, vide et froid.

S'efforcer de rendre la mélancolie attristée de la dernière strophe en ralentissant le débit, en baissant un peu le ton et en mettant en valeur foules émues, âmes disparues, pleurs et regrets.

GIBECIÈRE DE MALHEUR ET CASQUETTE FÉE

Fontanet me persécutait à cause d'une gibecière de forme antique et bizarre que mon oncle, homme économe, m'avait donnée pour mon malheur[1]. Elle était beaucoup trop grande pour moi et j'étais beaucoup trop petit pour elle. De plus cette gibecière ne ressemblait pas à une gibecière, par la raison que ce n'en était pas une. C'était un vieux portefeuille qui se tirait comme un accordéon et auquel le cordonnier de mon oncle avait mis une courroie...

Mais Fontanet ne pouvait la voir sur mon dos sans y

jeter des boules de neige ou des marrons d'Inde, selon la saison, et des balles élastiques toute l'année.

Dans le fait, nos camarades et Fontanet lui-même, n'avaient qu'un seul grief[2] contre ma gibecière : son étrangeté[3]. Elle n'était pas comme les autres : de là tous les

Quand j'entrais dans la cour de la pension, j'étais immédiatement assourdi par des huées.

maux qu'elle m'a causés. La gibecière de Fontanet était affreuse ; ses deux frères aînés l'ayant traînée tour à tour sur les bancs du lycée, elle ne pouvait plus être salie ; le cuir en était écorché et crevé, les boucles disparues, étaient remplacées par des ficelles ; mais, comme elle n'avait rien d'extraordinaire, Fontanet n'en éprouva jamais de désagrément.

Et moi quand j'entrais dans la cour de la pension mon portefeuille au dos, j'étais immédiatement assourdi par des huées, entouré, bousculé, renversé à plat ventre. Fontanet appelait cela me faire faire la tortue, et il montait sur ma carapace[4]. Il n'était pas bien lourd, mais j'étais humilié. Aussitôt remis debout, je sautais sur sa casquette. Je la remplissais de sable, je la jetais dans les arbres, d'où il fallait l'abattre à coups de pierre; j'en faisais un chiffon pour effacer les figures à la craie sur le tableau noir; je la jetais par un soupirail dans des caves inaccessibles[5], et, lorsqu'au sortir de la classe, l'ingénieux Fontanet parvenait à la retrouver, ce n'était plus qu'un lambeau sordide[6].

Mais une fée veillait à sa destinée, car elle reparaissait le lendemain sur la tête de Fontanet avec l'aspect imprévu[7] d'une casquette propre, honnête, presque élégante. Et cela tous les jours. Cette fée était la sœur de Fontanet.

Sa casquette était toujours neuve et ma gibecière indestructible[8], hélas !

ANATOLE FRANCE[9].
[*Le Livre de mon Ami*. Calmann Lévy, édit.]

Explications et questions.

Les mots. — 1. *pour mon malheur* : car elle me causa bien des désagréments.

2. *grief* : a ici le sens de reproche, sujet de plainte.

3. *étrangeté* : sa forme *étrange* c'est-à-dire différente de ce qui se fait ordinairement.

4. *carapace* : sorte de cuirasse cornée qui enveloppe la tortue.

5. *inaccessible* : où l'on ne peut pénétrer, dont l'*accès* est impossible.

6. *lambeau sordide* : lambeau, morceau d'étoffe déchiré; *sordide*, malpropre.

7. *imprévu* : inattendu, qu'on ne pouvait *prévoir*, en raison de l'état dans lequel elle était la veille.

8. *indestructible* : qui ne peut être *détruit*.

9. *Anatole France* : un des plus grands écrivains de notre époque.

Les idées. — 1. Comment était faite cette gibecière ?... Qu'est-ce que les autres élèves lui reprochaient ?

2. Pourquoi l'élève dit-il que cette gibecière lui fut donnée pour son malheur?(Rapprochez de : *indestructible, hélas!*... Rappelez quels ennuis elle causa à son propriétaire.)

3. Sur quoi se vengeait-il?... Comment?

4. Qu'est-ce qui remettait en état la casquette de Fontanet?

5. La gibecière avait-elle besoin de réparations?... Quel est le mot qui l'indique?

Exercices et sujet de devoir.

Exercices de grammaire. — 1° Le verbe et le nom: *Trouver un nom correspondant à chacun des verbes suivants:* donner, tirer, jeter, traîner, écorcher, entrer, entourer, bousculer, monter, danser, jeter, sortir, veiller. *Indiquer oralement le rapport qui existe entre le nom et le verbe correspondant.*

2° Singulier et pluriel des noms : *Mettre au pluriel les noms suivants et les grouper d'après la règle à laquelle ils obéissent :* gibecière, dos, casquette, mal, accordéon, tableau, grief, soupirail, lambeau, coup, travail, genou.

Sujet de devoir ou exercice d'élocution. — *Qu'auriez-vous fait si on vous avait donné une pareille gibecière ? (trouvez plusieurs manières de se tirer d'affaire plus habilement que ne le fit l'élève dont il est parlé.)*

LE JEUNE CORBEAU

C'était dans une campagne de la plantureuse[1] Norman-die, tachetée au loin par ces grandes haies d'arbres qui servent d'enclos aux fermes. A travers un champ fraîche-ment labouré, une troupe de corbeaux se livrait à la chasse des larves[2] et des vers de terre. Ils étaient tous tranquilles et tout entiers occupés à leur chasse allant de motte en motte, de sillon en sillon.

Un seul faisait exception. C'était un jeune. On le voyait, le bec obstinément ouvert, sauter à pattes jointes, autour d'un vieux corbeau que ce manège[3] semblait laisser indiffé-rent. Le jeune criait et se démenait. Tantôt il était arro-gant, impertinent[4], tantôt suppliant et lamentable.

Et le but de tout cela?

Le but était bien simple : il demandait la becquée. Il voulait que son vieux père se dérangeât pour chercher de bons morceaux tout prêts, que lui, jeune, aurait avalés d'un seul coup pour en réclamer d'autres ensuite. Il voulait continuer les habitudes du nid, alors que les petits oiseaux sans plumes se font nourrir tout le long des jours par leurs parents et n'ont d'autre peine que de crier famine.

Mais le vieux corbeau ne se troublait pas. De temps en temps, il s'envolait un peu plus loin, et quand il prenait son élan, on remarquait qu'il boitait d'une patte.

Ce dernier détail m'indigna. Ainsi ce jeune paresseux, gros, emplumé⁵, plein de force, voulait se faire servir par son père infirme⁶. Que ne chassait-il pour deux, afin d'avoir à donner la becquée à celui qui la lui avait donnée tant de fois !

Cependant, le vieux corbeau laissait crier le jeune paresseux sachant bien qu'avant longtemps la faim le ferait renoncer à la mendicité, et qu'il chercherait sa nourriture tout seul, comme font les corbeaux de son âge.

Jeune lecteur, mon ami, garde-toi de ressembler au jeune corbeau.

CHARLES WAGNER.
[*Le long du chemin*. Fischbacher, édit.]

Explications et questions.

Les mots. — 1. *plantureuse :* fertile, où tout se trouve en abondance.

2. *larves :* premier état des insectes après leur sortie de l'œuf.

3. *manège :* manière adroite de se comporter vis-à-vis de quelqu'un.

4. *impertinent :* qui parle ou agit avec insolence.

5. *emplumé :* bien pourvu de plumes, c'est-à-dire capable de voler et de se nourrir.

6. *infirme :* qui n'a pas le libre usage d'une ou de plusieurs parties de son corps. Le vieux corbeau se sert mal de sa patte.

7. *Charles Wagner :* écrivain contemporain qui s'est particulièrement occupé des questions de morale.

Les idées. — 1. Où se passe la scène racontée ?
2. Que font les corbeaux ?... Pourquoi sont-ils si occupés ?

3. Que fait le jeune corbeau ?
4. Aurait-il moins de peine à chercher qu'à crier ?... Pourquoi ne cherche-t-il pas lui-même ?
5. Quel détail rend sa paresse encore plus blâmable ?
6. Blâmez-vous le vieux corbeau ?... Expliquez pourquoi ?
7. Quel conseil un enfant doit-il trouver dans cette lecture ?

Exercice et sujet de devoir.

Exercice de grammaire. — Singulier et pluriel de noms : *Mettez au singulier les noms pluriels suivants : les* enclos, *les* corbeaux, *les* vers (de terre), *les* oiseaux, *les* morceaux, *les* temps, *les* paresseux, *les* fois, *les* voix. *Ex : les* enclos, *un...* — *Classez ensemble ceux qui suivent la même règle et rappelez cette règle.*

Sujet de devoir. — *Faites parler les deux corbeaux : plaintes et réclamations du jeune ; brèves et énergiques réponses du vieux.*

LES ADIEUX

Le matelot Sylvestre Moan vient d'être désigné pour faire partie du corps expéditionnaire d'Extrême-Orient. La vieille grand'mère Yvonne Moan, dont tous les fils sont morts à la mer, vient à Brest faire ses adieux à Sylvestre, le dernier petit-fils qui lui reste.

Le moment de la séparation est arrivé et la pauvre vieille embrasse une dernière fois le petit-fils qu'elle ne doit plus revoir.

... A l'idée que c'était fini, que dans quelques minutes il faudrait le quitter, son cœur se déchirait[1] d'une manière affreuse. Et c'était en Chine qu'il s'en allait, là-bas, à la tuerie ! Elle l'avait encore là avec elle : elle le tenait encore de ses deux pauvres mains... et cependant il partirait ; ni toute sa volonté, ni toutes ses larmes, ni tout son désespoir de grand'mère ne pourraient rien pour le garder !...

Embarrassée de son billet[2], de son panier de provisions,

de ses mitaines, agitée, tremblante, elle lui faisait ses recommandations dernières auxquelles il répondait tout bas par de petits *oui* bien soumis, la tête penchée tendre-

Elle se pendit à son cou dans un embrassement suprême.

ment vers elle, la regardant avec ses bons yeux doux, son air de petit enfant.

« Allons, la vieille, il faut vous décider si vous voulez partir ! »

La machine sifflait. Prise de la frayeur de manquer le train, elle lui enleva des mains son carton, — puis laissa retomber la chose à terre, pour se pendre à son cou dans un embrassement suprême.

On les regardait beaucoup dans cette gare, mais ils ne donnaient envie de sourire à personne. Poussée par les employés, épuisée, perdue, elle se jeta dans le premier compartiment venu, dont on lui referma brusquement la portière sur les talons, tandis que lui, prenait sa course légère de matelot, décrivait une courbe d'oiseau qui s'envole, afin de faire le tour et d'arriver à la barrière, dehors, à temps pour la voir passer.

Un grand coup de sifflet, l'ébranlement bruyant des roues, — là grand'mère passa. — Lui, contre cette barrière, agitait son bonnet à rubans flottants, et elle, penchée à la fenêtre de son vagon de troisième, faisait signe avec son mouchoir pour être mieux reconnue. Si longtemps qu'elle put, si longtemps qu'elle distingua cette forme bleu-noir[3] qui était encore son petit-fils, elle le suivit des yeux, lui jetant de toute son âme cet « au revoir » toujours incertain que l'on dit aux marins quand ils s'en vont.

Regarde-le bien, pauvre vieille femme, ce petit Sylvestre; jusqu'à la dernière minute, suis bien sa silhouette fuyante[4], qui s'efface là-bas pour jamais...

Et, quand elle ne le vit plus, elle retomba assise, sans souci de froisser sa belle coiffe, pleurant à sanglots, dans une angoisse de mort (*)...

Pierre Loti[5].

[*Pêcheur d'Islande*. Calmann-Lévy, édit.]

Explications et questions.

Les mots. — 1. *se déchirer:* employé au sens figuré; sa douleur était si grande qu'il lui semblait que son cœur se *déchirait.*

2. *billet:* le billet de chemin de fer attestant qu'elle a payé le prix de sa place.

3. *bleu-noir :* la couleur de l'uniforme des marins.

4. *silhouette fuyante: au sens propre,* dessin d'une seule teinte dont le bord se détache sur le fond; ici, aspect d'un objet vu de loin et dont les contours seuls sont visibles. *Fuyante :* qui s'atténue à mesure qu'on s'éloigne et qui semble *fuir* elle-même.

5. *Pierre Loti:* romancier français contemporain.

(*) Voir dans le Cours moyen (certificat d'études) page 67 la douleur de la pauvre grand-mère lorsqu'elle apprend la mort de Sylvestre.

Les idées. — 1. Songez à la tristesse cruelle de cette vieille grand'mère qui voit partir son petit-fils. Songez aussi au chagrin de Sylvestre à la pensée de la laisser seule, peut-être pour toujours. Songez enfin aux adieux de tous ceux qui partirent en 1914 et qui ne reviendront plus !

2. Pourquoi ne souriait-on pas à les voir ainsi, sur le quai de la gare, au dernier moment?

3. Comment paraît la douleur de la grand'mère?

4. Comment Sylvestre laisse-t-il voir — plus discrètement son chagrin ?... Pourquoi se retient-il ?

5. Que dit l'auteur du récit à la pauvre vieille que le train emporte ?

Exercices et sujet de devoir

Exercices de grammaire. — 1° Le nom et le verbe: *Trouver les verbes correspondants aux noms suivants :* tuerie, main, désespoir, provision, vieille, frayeur, terre, gare, courbe, barrière, sifflet, ruban, mouchoir. *Indiquer oralement le rapport existant entre le verbe et le nom* (Ex : tuerie, tuer).

2° Conjugaison: *Conjuguer au passé simple et au futur :* refermer la portière *et* ne pas refermer la portière. *Quelle différence de sens y a-t-il entre ces deux formes ?*

Sujet de devoir. — *Si quelqu'un de votre famille vous a quitté pour un longue absence, racontez le moment des adieux et dites ce que vous avez éprouvé.*

Lecture du Samedi

LA FÉE DANSEUSE

Il était une fois une petite fille qui venait tous les jours conduire ses chèvres au pâturage le long d'un bois de bouleaux. Elle s'appelait Miarka et dans tout le pays on n'en connaissait point de plus jolie ni de plus laborieuse.

Chaque matin sa mère lui remettait, avec sa quenouille

garnie de lin, un petit panier contenant son fuseau et un morceau de pain.

« Veille bien à tes chèvres, lui disait-elle, et que ta quenouille soit bien filée. »

Pendant que les chèvres broutaient, Miarka, assise sous un bouleau, tirait de sa main gauche les blonds fils de lin tandis que sa main droite faisait tourner le fuseau avec agilité; et tandis que le fil fin s'enroulait, s'enroulait, la petite fileuse chantait les jolies chansons que sa mère lui avait apprises.

Lorsque l'ombre du bouleau s'était réfugiée sous l'arbre, ce qui indiquait midi, la petite bergère déposait quenouille et fuseau, et courait dans le bois cueillir des fraises pour les manger avec son pain. Son repas achevé, elle dansait un moment puis se remettait à filer jusqu'au soir pour que sa mère fût contente. Vous voyez bien que Miarka était une bonne petite fille.

Un jour, comme elle dansait en chantant, elle vit sortir du bois une très belle jeune fille qui s'avança vers elle toute souriante. Elle avait une robe d'une éclatante blancheur, de beaux cheveux blonds tombaient en longues boucles sur ses épaules et une guirlande d'anémones[1] des bois ornais son front.

Miarka voulut s'enfuir, mais la belle jeune fille lui dit d'une voix très douce : « Reste, Miarka, nous danserons ensemble... » Et, toujours en souriant, elle prit la petite fille par la main, puis par la taille et elles commencèrent à tourner. Aux premiers pas qu'elles firent, une harmonieuse musique se fit entendre au-dessus de leurs têtes. C'étaient des rossignols, des pinsons, des chardonnerets, des merles qui s'étaient posés sur toutes les branches des bouleaux et qui chantaient à plein gosier. Miarka était ravie. Tantôt sa compagne prenait les attitudes les plus gracieuses, tantôt elle tournoyait autour d'elle avec tant de légèreté que les brins d'herbe ne ployaient pas sous ses pieds.

Mais au moment même où les derniers rayons du soleil glissaient sur les hautes branches des bouleaux, la musique cessa tout à coup et la danseuse s'arrêta. Miarka aperçut alors dans l'herbe son fuseau presque vide et sa quenouille inachevée. Songeant qu'elle serait grondée par sa mère, elle se mit à pleurer. Alors, la belle jeune fille prit la quenouille et aussitôt le fuseau se mit à tourner avec rapidité en produisant un bourdonnement pareil à celui d'un vol d'abeilles. Au moment où le soleil disparaissait derrière les lointaines collines, tout le lin était filé. « *Dévide*[2] *le fil sans colère* », dit la belle inconnue en remettant le fuseau à Miarka. En même temps, elle disparaissait.

Miarka toute joyeuse rappela ses chèvres et prit le chemin du village.

Le lendemain matin Miarka revint avec ses chèvres sur la lisière du bois de bouleaux. Toute la matinée elle fila sans perdre une minute pendant que ses chèvres broutaient. Lorsque le soleil marqua midi, la fillette mangea son pain et en jeta les dernières miettes aux oiseaux; puis elle se leva et essaya d'imiter les danses de la veille. Au même instant la jolie danseuse apparut. « Dansons ensemble », dit-elle en souriant. Et dès qu'elle eut enlacé dans ses bras la petite chevrière, et qu'elles eurent commencé à tournoyer, le chœur[3] des musiciens perchés dans les branchages fit entendre sa douce musique. Jusqu'au soir la danse continua sans que Miarka sentît la moindre fatigue.

Au moment où le soleil allait disparaître la danse s'arrêta et, comme la veille, Miarka se mit à pleurer en voyant son fuseau presque vide et sa quenouille inachevée.

La jeune fille la consola de son mieux.

« Tu as oublié ton travail et tu pleures en songeant que

LA FÉE DANSEUSE

*Tantôt elle tournoyait autour d'elle avec tant de légèreté que les brins d'herbe
ne ployaient pas sous ses pieds.*

ta mère aura de la peine : c'est d'un bon cœur, je veux te récompenser. » Et prenant le petit panier de Miarka, elle s'enfonça sous le bois.

Quelques instants après elle reparut : « Prends ce panier, dit-elle, mais garde-toi de l'ouvrir avant d'être arrivée chez ta mère. » En disant ces mots elle disparut.

Miarka revint au village avec ses chèvres en marchant très vite car elle était impatiente de savoir ce que contenait le panier qui paraissait si léger, si léger qu'on l'aurait cru vide.

Sur le pas de la porte, sa mère l'attendait.

« Quel fuseau m'as-tu donc apporté hier? dit-elle. Ce matin, voulant le dévider, je dévidais, dévidais, pendant des heures, mais le fuseau restait toujours aussi rempli. Quel diable a donc filé ce fil? criai-je en colère. Au même instant tout le fil disparut et j'en suis encore toute troublée.

Miarka fit alors le récit de ce qui était arrivé au bois des bouleaux, en s'excusant de n'avoir osé rien dire la veille.

« L'inconnue est une fée, dit alors la mère, oui, une fée car c'est à midi que les fées apparaissent. Pourquoi ne m'avoir pas prévenue que le fuseau devait être *dévidé sans colère* ! Si j'avais su, j'aurais ma chambre remplie de fil. »

A ce moment, Miarka se souvenant du panier, l'ouvrit avec précipitation : quelques feuilles de bouleau s'en échappèrent et volèrent sur le pavé de la pauvre chaumière, mais toutes les feuilles qui restèrent dans le panier se changèrent aussitôt en autant de belles pièces d'or.

« Mon Dieu, mon Dieu ! disait la pauvre femme tout émue, il y a donc encore de bonnes fées ! Quel bonheur, ma petite ! la fée a voulu te récompenser, nous voilà riches ! »

Miarka retourna souvent dans la suite au pâturage des bouleaux, mais jamais elle ne revit la jolie danseuse.

(D'après un conte tchèque [1].)

Explications et questions.

Les mots. — 1. *anémone :* jolie fleur d'un bleu très doux.

2. *dévider :* retirer le fil du fuseau pour le mettre en écheveau ou en peloton.

3. *chœur :* groupe de musiciens qui chantent ensemble.

4. *tchèque :* ce qui est relatif aux Tchèques, peuples de race slave habitant la Bohême.

Les idées. — 1. Qu'avait à faire la petite Miarka au bois des bouleaux ? (deux choses :...)

2. Pourquoi l'ombre est-elle presque sous l'arbre quand il est midi ?

3. A quoi voyez-vous que Miarka était une bonne petite fille ?

4. Pourquoi la fée file-t-elle la quenouille de Miarka ?

5. Que serait-il arrivé si Miarka avait désobéi à la fée en ouvrant le panier sur le chemin ?

6. Pourquoi Miarka méritait-elle d'être récompensée ?

Exercice et sujet de devoir.

Exercice grammatical. — Genre des noms : *Devant chacun des noms suivants mettez,* le ou la, un *ou* une *et indiquez le genre :* pâturage, quenouille, chanson, ombre, arbre, anémone, branche, herbe, abeille, branchage, heure, feuille.

Sujet de devoir écrit ou oral. — *Croyez-vous à l'existence des fées ? — Si les fées existaient et que l'une d'elles offrit de vous être agréable, que lui demanderiez-vous ?... Pourquoi ?*

L'AUMONE DE L'ARBRE

Comme un vieillard aux bras tordus par les années,
Un grand arbre agonise[1], au détour du chemin,
Et, doucement, avec un geste presque humain[2],
Il couvre le vallon de ses feuilles fanées.

Il en jette, il en jette, en silence, longtemps...
On dirait des sous d'or que lance un roi superbe[3],
Et, quand il gèlera, les fleurs et les brins d'herbe
S'en feront des manteaux pour leurs dos grelottants.

Il en jette avec joie, il en jette sans nombre...
Et, quand tout est couvert, il meurt, en réservant
Quelques feuilles, au bout d'un rameau survivant,
Pour les nids des oiseaux qui chantaient à son ombre.

Heureux qui peut mourir, homme, chêne ou roseau,
En pensant que, par lui, la saison sera douce
Au dos d'un mendiant ou bien d'un brin de mousse,
Et qu'il sera béni d'un gueux[4] ou d'un oiseau !

JEAN RAMEAU[5].
[*La Chanson des Étoiles.* Librairie Ollendorf.]

Explications et questions.

Les mots. — 1. *agonise :* c'est un très vieil arbre qui meurt.

2. *geste humain :* de ses branches dressées comme les bras d'un *homme*, il semble jeter au loin ses feuilles.

3. *superbe :* magnifique et généreux.

4. *gueux :* homme pauvre qui mendie.

5. *Jean Rameau :* un de nos meilleurs poètes contemporains.

Les idées. — 1. Remarquez *il en jette en silence,... il en jette avec joie... sans nombre.* Pouvez-vous en tirer une conclusion sur la manière de faire l'aumône ?

2. A quoi serviront les dernières feuilles qu'il garde ?

3. Justifiez le mot : *aumône* qui figure dans le titre.

4. Pouvez-vous indiquer les détails montrant que l'arbre est ici personnifié.

5. Quelle est la leçon qui se dégage de cette poésie.

Conseils pour la lecture et la récitation.

La charité de ce vieil arbre est touchante, Soulignez son empressement à être utile aux autres en appuyant sur la répétition de il en jette.

Marquez bien aussi cette attention exquise qui lui fait garder quelques feuilles pour abriter « les oiseaux qui chantaient dans son ombre. »

Dire gravement la 4ᵉ strophe en mettant bien en valeur, heureux qui peut mourir; saison sera douce; mendiant; mousse; béni ; gueux; oiseau.

Évitez de marquer un arrêt à la fin des vers où ne se trouve aucun signe de ponctuation.

VIE ET MORT D'UNE PETITE GENTIANE BLEUE

Elle a dormi longtemps, la gentiane[1], bien longtemps ! Oh ! le sommeil d'hiver, le sommeil obscur, sous la blancheur de la neige amoncelée !

Aucun bruit jusqu'à l'ensevelie, aucun; ni le fracas de l'avalanche qui croule, ni la fuite aérienne de l'isard[2] effleurant le glacier. Rien, la nuit, l'hiver, le silence !

Un jour, cependant, dans l'obscurité profonde et silencieuse, quelque chose a tressailli[3].

La neige fond, le printemps a commencé.

Encore des jours, encore des mois d'attente. Enfin, une lueur est descendue jusqu'à la gentiane, une lueur si trouble, si lointaine !

La neige fond, et la lueur croît insensiblement, la lumière approche ; elle éclate enfin : l'azur apparaît.

Et vite, pressée de vivre, la gentiane étire ses feuilles, déclôt ses yeux bleus[4] qui regardent.

Ce que voient les yeux bleus ? Un cirque[5] d'herbe rase ; une solitude emmurée de rochers ; et là, toute une prairie de gentianes, quelques-unes, les plus près, fraîches ouvertes, d'autres, plus loin, déjà flétries par le soleil.

La gentiane regarde.

Dans la jeune lumière du matin, apparaissent des silhouettes de brebis, de génisses encore couchées, dans leur attitude de sommeil.

La gentiane regarde ; elle boit à pleins yeux la lumière matinale, l'air vif chargé de la senteur amère des sapins.

Mais, voici que brusquement, la lumière se voile, le ciel s'apâlit ; des vapeurs glacées rampent au-dessus du clos d'herbe rase. La gentiane frissonne. Déjà les rochers, les troupeaux ont disparu dans le brouillard.

La nuit revient, la longue nuit d'hiver. L'automne est mort dans un dernier sourire. Le ciel s'est refermé ; la neige tombe, la neige ensevelisseuse.

La gentiane frissonne. Oh ! la morsure du froid sur les pétales[7] si tendres, sur les feuilles dépliées du matin ! La neige tombe ; flocon sur flocon et la prison se referme sur la fleur vivante. Pauvre gentiane ! Tant qu'un peu de jour arrive jusqu'à elle, elle espère encore, elle ne veut pas mourir. Mais, peu à peu la lueur décroît, elle s'éteint ; les yeux bleus se ferment, la gentiane a vécu.

Émile Pouvillon[8].

[Pays et Paysages. Plon-Nourrit et Cie, édit.]

Explications et questions.

Les mots. — 1. *petite gentiane bleue :* une des plus gracieuses fleurs de la montagne, remarquable par la pureté de sa couleur bleu foncé.

2. *isard :* nom que l'on donne quelquefois au chamois.

3. *tressaillir :* trembler légèrement ; il s'agit ici du léger bruit produit par la neige qui fond.

4. *des yeux bleus :* ses jolies petites fleurs d'un bleu profond sont comparées à des yeux.

5. *cirque :* vaste espace *circulaire* entouré par de hautes montagnes.

6. *fraîches ouvertes :* ouvertes depuis peu on dirait aussi fraîchement ouvertes.

7. *pétales :* parties colorées de la fleur.

8. *Émile Pouvillon :* romancier français contemporain.

Les idées. — 1. Pourquoi la petite gentiane ensevelie n'entend-elle aucun bruit ?... Pourquoi ne voit-elle rien ?

2. Comment expliquer que la lumière lui arrive peu à peu ?

3. Que voit-elle ? (*a* le *paysage, b* les *animaux, c* le *ciel*).

4. Quels sont les signes qui annoncent l'approche de l'hiver ?

5. Quelles souffrances éprouve la petite gentiane ?

6. Comment meurt-elle ?

7. *Faire remarquer aux élèves que la personnification de la petite gentiane qui voit, entend, jouit et souffre ajoute un charme particulier à cette poétique description.*

(Ce morceau est un excellent texte de prose à apprendre par cœur.)

Exercice et sujet de devoir.

Exercice de grammaire — Masculin et féminin : *Trouver le nom masculin ou féminin qui correspond à chacun des noms féminins ou masculins suivants :* brebis, génisse, glacier, jour, feuille, rocher, prairie, matin, brouillard, froid. *Exemple :* brebis (*f.*). bélier (*m.*).

Sujet de devoir. — *Racontez la vie et la mort d'une petite violette que vous avez eue en main.*

UN NOBLE CŒUR

Lorsque j'entrai en classe, notre maître, M. Perboni, n'était pas encore là ; et trois ou quatre garçons tourmentaient le pauvre Crossi — l'enfant aux cheveux roux, qui a le bras paralysé[1] et dont la mère est fruitière.

On le frappait avec des règles; on lui jetait à la tête des
écorces de châtaignes; on l'appelait *monstre estropié*, et
on le contrefaisait[2]. Tout seul, au bout de son banc, il
restait atterré[3], écoutant, regardant tantôt l'un, tantôt

Garrone se leva et dit résolument : « C'est moi. »

l'autre, avec des yeux suppliants, afin qu'on le laissât
tranquille. Mais les écoliers le tourmentaient toujours de
plus en plus, si bien qu'il commença à trembler et à devenir
rouge de colère.

Tout à coup, Franti — celui qui a une si mauvaise figure
— monta sur un banc, et, faisant semblant de porter un
panier sur chaque bras, singea la mère de Crossi quand

elle vient attendre son fils à la porte. En voyant cette pantomime[4], les élèves se mirent à rire. A ce moment, Crossi, perdant la tête, saisit l'encrier qui était devant lui et le jeta de toutes ses forces à Franti. Mais Franti évita le coup, et l'encrier alla frapper en pleine poitrine M. Perboni, qui entrait.

Tous les élèves se sauvèrent, effrayés, à leur place, et se turent comme par enchantement.

Le professeur, très pâle, monta à son bureau et demanda d'une voix altérée : « Qui a lancé l'encrier ? »

Personne ne répondit.

« Qui? » répéta M. Perboni d'une voix plus forte.

Alors, notre camarade Garrone, ému de pitié pour le pauvre Crossi, se leva et dit résolument : « C'est moi. » Le maître, après l'avoir regardé, regarda les écoliers surpris :

« Ce n'est pas vous, » dit-il d'une voix tranquille. Puis, après un moment :

« Le coupable ne sera pas puni, dit-il ; qu'il se lève ! »

Crossi se leva et dit en pleurant :

« On me taquinait, on m'insultait, j'ai perdu la tête... j'ai lancé...

— Asseyez-vous, dit le maître ; que ceux qui l'ont provoqué[5] se lèvent..., » ajouta-t-il.

Quatre d'entre les provocateurs se levèrent, la tête basse.

« Vous avez insulté un camarade qui ne vous avait pas provoqués, dit M. Perboni ; vous vous êtes moqués d'un infirme, vous avez attaqué un faible enfant qui ne peut se défendre. Vous avez commis l'action la plus basse et la plus honteuse qui puisse ternir l'âme humaine ; vous êtes des lâches ! »

Cela dit, le professeur descendit au milieu de nous et se dirigea vers Garrone, qui baissa la tête à son approche.

M. Perboni lui passa la main sous le menton pour lui relever la tête et le regarder dans les yeux :

« Tu es un noble cœur, » dit-il.

Garrone, profitant de l'occasion, se pencha à l'oreille du professeur et murmura deux mots. Celui-ci aussitôt, se tournant vers les quatre coupables, leur dit brusquement : « Je vous pardonne ! »

De Amicis[6].
[Grands Cœurs. Delagrave, édit.]

Explications et questions.

Les mots. — 1. *paralysé :* inerte, privé de mouvement.

2. *contrefaire :* imiter par moquerie.

3. *atterré :* plongé dans une profonde tristesse, accablé.

4. *pantomime :* au sens propre, pièce où les acteurs ne s'expriment que par gestes. Ici, l'élève Franti imite d'une manière grotesque la marche de la fruitière.

5. *provoquer :* exciter quelqu'un par des paroles ou des actes.

6. *De Amicis :* écrivain italien contemporain (1846-1908).

Les idées. — 1. Quels tourments faisait-on subir au pauvre Crossi ?...
2. Pourquoi était-il particulièrement cruel de torturer Crossi ?
3. Quelle est son attitude quand on l'injurie ?
4. Quelle est l'insulte qui le met hors de lui ?
5. Que prouve son mouvement de colère ?
6. Pourquoi Garrone dit-il « c'est moi » ?
7. Comment le maître juge-t-il les élèves coupables ?
8. Quels mots a dû dire Garrone à l'oreille du maître ?
9. Que pensez-vous de l'élève Garrone ?

Exercice et sujet de devoir.

Exercice de grammaire. — Formation du féminin : *Mettre au féminin les noms suivants en groupant ceux qui suivent la même règle :* fruitier, instituteur, écolier, camarade, maître, coupable, provocateur, infirme, enfant, professeur. *Exemple : le fruitier, la...*

Sujet de devoir. — *Si vous aviez été présent lorsque des élèves torturaient Crossi, qu'auriez-vous fait ?... Pourquoi ?*

LE MARINIER D'EAU DOUCE

C'est toujours un pittoresque spectacle de voir, sur les eaux tranquilles d'un canal, entre les berges[1] verdoyantes et le double rideau de peupliers, glisser doucement et silencieusement le lourd bateau chargé jusqu'au bord

Un beau soir d'été, sur le canal de la Rance, en Bretagne, je vis passer un bateau tout fleuri.

Deux forts chevaux marchant à pas lents sur le chemin de halage[2] tirent obliquement le chaland au moyen d'un long câble; le timonier[3], dans le bateau, pousse la barre[4] du gouvernail; deux ou trois bateliers sont là, prêts à aider à la manœuvre avec leurs perches et leurs avirons[5].

Singulière existence que celle du marinier! Toujours en voyage, jamais pressé d'arriver, il passe de fleuve en fleuve, et de canal en canal. Il franchit les grandes villes, le long des quais, sous les ponts, entrevoit les maisons, la foule affairée, mouvante... puis le voilà revenu dans les vastes plaines herbeuses, parmi les champs où les moissons ondulent, ou bien aux solitudes des défilés rocheux, vers les seuils de passage[6] et la ligne de séparation des eaux.

Voyez, à l'arrière de la barque, la petite cabine de bois, avec sa porte, sa fenêtre, son tuyau de poêle : c'est le foyer errant[7] du batelier, la maisonnette du patron. Sa femme et ses enfants y demeurent. Ont-ils quelque aisance? la barque est bien peinte et coquette ; il y a des fleurs aux fenêtres, et parfois un tout petit jardinet à côté, un jardin flottant, un parterre qui se promène.

Un beau soir d'été, sur le canal de la Rance, en Bretagne, je vis passer ainsi un bateau tout fleuri. Une jeune femme, adossée à la cabine, portait un enfant endormi sur son bras, et, tranquillement, regardait fuir les berges nombreuses, les saules, les grands arbres, le beau paysage, nouveau pour elle, et qui, changeant à chaque détour, disparaissait pour ne plus repasser devant ses yeux. Son homme, à la barre, chantonnait à demi-voix un refrain populaire en patois méridional.

Ch. Delon[8].

[A travers nos campagnes. Hachette et Cⁱᵉ, édit.]

Explications et questions.

Les mots. — 1. berge : bord légèrement élevé d'un canal ou d'une rivière.

2. chemin de halage : chemin longeant le canal et que suivent les hommes ou les chevaux qui tirent un bateau (hâler).

3. limonier : celui qui tient la barre ou limon du gouvernail.

4. barre : tige de bois (timon) qui actionne le gouvernail.

5. aviron : pièce de bois terminée par une palette allongée et qui sert à faire avancer le bateau.

6. *seuils de passage :* endroits moins élevés de la « ligne de séparation des eaux » de deux régions voisines.

7. *foyer errant :* le foyer est ordinairement fixe, celui du marinier *erre* du nord au sud et de l'est à l'ouest.

8. *Charles Delon :* écrivain français contemporain.

Les idées. — 1. Dites ce que l'on voit quand le bateau passe. *(Voir le texte et la gravure.)*

2. En quoi l'existence du marinier est-elle singulière ?... (Comparez-la à l'existence du fermier.)

3. Quels agréments présente la vie du marinier ?... Quels désagréments ?...

Exercices et sujet de devoir.

Exercices de grammaire. — 1° L'article : *Signaler oralement les articles contenus dans le texte lu et indiquer leur nature.*

2° Mots qui peuvent être employés l'un pour l'autre (synonymes): *Remplacer chacun des mots :* bateau, câble, cabine, patron, fenêtres, détour *par un autre mot ayant à peu près le même sens.*

Sujet de devoir écrit ou oral. — *Voudriez-vous vivre sur le bateau d'un marinier d'eau douce?... Pourquoi ?*

Lecture du Samedi

LE PETIT COMMISSIONNAIRE

Il y avait une fois un petit Jean qui vivait avec sa grand'-mère. Jean était un bon petit homme de huit ans, blanc, rose et frais. Sa grand'mère était une vieille femme, maigre, à cheveux blancs, dont les yeux regardaient vers la terre. Jean et sa grand'mère habitaient une maisonnette de bois, entourée d'un jardinet, un peu à l'écart du village, à la lisière du grand bois touffu.

Par un chaud après-midi de juin, grand'mère appela son garçonnet et lui dit en se grattant le menton :

« Jean, mes vieilles jambes sont trop raides. Voici deux commissions pressées que tu feras à ma place. A Mme Pécosse, tu remettras cette pièce blanche ; le lait qu'elle achètera pour son petit Antoine aura meilleur goût à mon gosier que le café que je ne bois plus depuis deux semaines.

« Et puis tu iras chez la vieille mère Carsalade, la bûcheronne de la forêt, et tu lui donneras cette lettre : elle y trouvera de bonnes nouvelles de son fils au sujet de qui elle se sèche les yeux tous les soirs, depuis six mois qu'il est parti aux Amériques. Et surtout, petit Jean, fais vite ; car toute minute que tu perdrais serait volée au petit de Mme Pécosse qui a soif et à la pauvre vieille Carsalade qui se désole dans sa cabane. »

Petit Jean, sans soupirer, laissa là le filet qu'il se fabriquait, prit la pièce d'argent et la lettre, posa son chapeau sur sa tête et, ayant embrassé sa grand'mère, partit à travers le village de son meilleur pas.

Et sur la place du marché il aperçut Pierre, Joachim et Jean-Baptiste qui jouaient à la pelote[1] contre le mur de la mairie. Et du plus loin qu'ils le reconnurent, ils crièrent :

« Fais vite, Jean, tu seras le quatrième. »

Mais Jean secoua la tête et hâta le pas.

Mme Pécosse habitait une maison très sale, à dix minutes du village, et il fallait traverser un bout de bois pour y arriver. Parce que Jean marchait très vite, quoique le soleil fut déjà bas, il avait chaud et soif ; et des deux côtés du sentier, voici qu'il aperçut les taches rouges des fraises qui lui clignaient de l'œil sous leurs feuilles vertes ; il s'arrêta, se baissa et étendit la main ; mais précipitamment il se releva ; le petit de Mme Pécosse avait sans doute plus soif que lui ; c'était pour lui que depuis quinze jours sa grand'mère se privait de café.

Mme Pécosse, les cheveux dépeignés et le jupon cras-

LE PETIT COMMISSIONNAIRE

« *Veux-tu bien filer, petit crapaud!* »

seux, était assise sur le pas de sa porte à côté de son mari qui, la chemise ouverte, fumait sa pipe. A ses pieds, son maigre bébé geignait[2] sur le sol.

Hors d'haleine, rouge et suant, Jean lui tendit la pièce blanche :

« Madame Pécosse, ma grand'mère vous envoie cela pour acheter du lait tous les jours à votre poupon. »

Mme Pécosse prit la pièce, la soupesa en faisant une grimace et dit à son mari :

« La vieille est près de ses sous. Bah! L'épicier nous donnera bien un litre d'eau-de-vie. »

Et comme petit Jean consterné restait immobile, la bouche ouverte, M. Pécosse tira sa pipe de ses lèvres et cria d'une voix de tonnerre :

« Veux-tu bien filer, petit crapaud! »

Et petit Jean fila à travers le bois vers la cabane des bûcherons. Et quoiqu'il se dépêchât, voici que l'ombre descendait déjà sous les grands arbres. Parmi les feuilles, il y avait des bruissements étranges et d'inquiétantes rumeurs[3] montaient de tous côtés. Et soudain petit Jean eut très peur de la nuit, de la solitude et des loups. Et il se dit :

« Si je n'allais pas ce soir chez la mère Carsalade? Une lettre peut bien attendre à demain. »

Et se souvenant que, parce qu'il avait obéi à sa grand'-mère, il avait été appelé vilain crapaud et que toute sa peine avait été perdue, il fit un pas en arrière. Mais son hésitation ne dura qu'une seconde. Il se remit en marche vers la cabane des bûcherons en chantant très fort pour se donner du courage.

Et quand la mère Carsalade le vit déboucher tout petit dans le sentier noir, elle leva ses bras en l'air et cria :

« Jésus, Marie! que fais-tu si tard? »

Et petit Jean, refoulant les larmes qui lui montaient aux yeux, lui répondit :

« Ma grand'mère vous envoie cette lettre pour que vous sachiez que votre fils se porte bien. »

Alors la mère Carsalade, dont les joues étaient couleur de brique et les lèvres couvertes de moustaches, se mit à trembler comme une feuille et balbutia :

« Que Dieu te bénisse ! Cette nuit, je pourrai dormir et j'aurai de beaux rêves. »

. . . .

Blotti sur les genoux de sa grand'mère, petit Jean, de retour à la maison, lui contait ses aventures : comment, bien qu'il n'eût pas joué à la pelote et quoique sa grand'mère se fût privée de café et lui-même de fraises, le petit de Mme Pécosse n'aurait pourtant pas de lait; et comment il avait eu très peur dans le bois sombre où il croyait bien avoir aperçu les yeux brillants des loups.

Grand'mère interrogea son petit Jean :

« Regrettes-tu la partie de pelote, les fraises que tu n'as pas mangées, et l'effort que tu as fait pour surmonter ta peur?

— Non, dit Jean, parce que cette nuit la mère Carsalade pourra dormir et aura de beaux rêves. »

Mais sa grand'mère l'interrogea de nouveau :

« Et si la mère Carsalade t'avait, elle aussi, mal reçu, et si elle avait déchiré la lettre sans la lire, regretterais-tu ce que tu as fait? »

Petit Jean hésita, réfléchit et vit les yeux de sa grand'mère qui brillaient tendrement dans la nuit. Et il se serra plus fort contre elle.

« Non, grand'mère, je serais peut-être, un peu triste, mais je ne regretterais rien, puisque je vous ai obéi. »

André Lichtenberger [1].

[Contes de Minnie. Plon-Nourrit et Cie, édit.]

Explications et questions.

Les mots. — 1. *pelote* : on nomme ainsi, dans le midi, la balle à jouer.

2. *geignait* : (du verbe geindre), se plaignait en pleurnichant.

3. *rumeurs* : bruits de voix confus et menaçants qui semblaient venir du bois sombre.

4. *André Lichtenberger* : écrivain français contemporain.

Les idées. — 1. Pourquoi la grand'mère charge-t-elle Jean de faire ses commissions ?
2. Qu'est-ce qui aurait retardé un enfant moins obéissant.
3. Que pensez-vous du ménage Pécosse ?
4. Quelle fut la récompense du petit Jean ?
5. Faut-il faire le bien en vue de la récompense ?
6. Pourquoi le petit Jean dit-il qu' « *il serait un peu triste...* » ?

Exercice et sujet de devoir.

Exercice de grammaire. — Les diminutifs et, ette : *Examinez le mot* jardinet. *Il est formé de* jardin *et de et. Quelle différence entre* jardin *et* jardinet ? *Trouver le diminutif de* maison, feuille, chanson, chemise, garçon, fille, œil, brique, pièce, bois, bûche...

Sujet de devoir écrit ou oral. — *Quelles raisons aurait pu invoquer le petit Jean pour ne pas faire les deux commissions dont il était chargé — ou rentrer aussitôt après la première ?*

LA MARNE

Avec son cortège de claires rivières — l'Ourcq aux rives fleuries et les deux frères, le grand et le petit Morin, — la Marne trace ses courbes à travers le grand champ de bataille où tant de fois se joua le destin de la France..;

La Marne,... la douce èt claire rivière dont on aperçoit le fond où se balancent les herbes; la Marne, avec ses ponts de pierre aux arches lourdes[1] et la parure de ses rives: bouleaux frémissants[2], hêtres robustes, graminées fragiles et ces saules pleureurs qui laissent choir leurs branches en gerbes molles...;

La Marne calme, la Marne limpide, la Marne heureuse qui fuit sans bruit entre les vallons riants, sous le bleu atténué du ciel où dorment des nuées floconneuses...

La Marne généreuse qui s'en vient de l'est porter vers Paris, les eaux gonflées des fontaines sylvestres[3];

Fleuve de notre pays, doux chemin ombreux qui reflète le ciel clair de France, une fois encore il t'a fallu porter la souillure du crime germanique. Les armées de France et d'Angleterre, forcées à Charleroi par le nombre, descendirent jusqu'à toi. A nos soldats héroïques, tu prêtas la force de tes rives[4], le détour de tes courbes, tes ponts antiques et la grâce de ta ceinture d'été.

Limpide et vaillante rivière aux bords ombreux, tu as saisi dans ton lit meurtrier[5] la soldatesque[6] d'outre-Rhin et la pâleur de tes eaux se teignit d'une lourde et funèbre parure de sang.

Mᵐᵉ MARIE HOLLEBECQUE[7].
[La Grande mêlée des peuples. Larousse, édit.]

Explications et questions.

Les mots. — 1. *arche lourde :* voûte grossièrement construite et qui semble avoir de la peine à s'élever au-dessus de l'eau: dans *arche* retrouvez *arc.*

2. *bouleaux frémissants :* les feuilles des bouleaux sont toujours agitées d'un mouvement léger.

3. *fontaines sylvestres :* fontaines des bois et des forêts.

4. *la force de tes rives :* une rivière est une défense naturelle pour une armée.

5. *lit meurtrier :* le lit de la rivière fut meurtrier pour les soldats allemands qui s'y noyèrent en fuyant.

6. *soldatesque :* groupe de soldats pillards et sans honneur.

7. *Marie Hollebecque :* professeur et écrivain contemporain.

Les idées. — 1. Quelles rivières forment le cortège de la Marne?

2. Quelles batailles eurent lieu dans les plaines de la Champagne?

3. Montrez comment l'auteur a personnifié la Marne.

4. Comment la rivière aida-t-elle les armées françaises à se défendre?... Comment sembla-t-elle prendre part elle-même à la lutte?

Exercices et sujet de devoir.

Exercices de grammaire. — 1° L'adjectif qualificatif: *En relisant le texte distinguez les adjectifs qualificatifs et essayez de dire quelle idée chacun d'eux ajoute au nom qu'il qualifie.*

2° Accord de l'adjectif qualificatif: *Au moyen d'exemples pris dans le texte lu, montrez que l'adjectif qualificatif s'accorde en genre et en nombre avec le nom qu'il qualifie. Exemple:* rivières: f. pl., claires: f. pl...

Sujet de devoir. — *Supposez que la Marne puisse raconter ce qu'elle a vu en septembre 1914. Faites-la parler.*

LE FACTEUR

Sur la route gelée et dure,
Où tremble, de chaque côté,
La sombre et farouche verdure
Des sapins au front attristé[1],

Le vieux facteur marche en silence,
En s'appuyant sur son bâton ;
Sur son épaule se balance
Le sac aux lettres du canton.

Dans ce grand sac en toile usée,
Un curieux découvrirait,
Après l'enveloppe brisée[2],
Plus d'un mystérieux secret.

Tout près des beaux rêves de gloire[3],
Dont un ami s'enivrera[4],
Est un cachet de cire noire
Qu'une mère en pleurs oùvrira.

Paroles d'espoir attendues,
Hypocrites serments[5], regrets,
Rires, tristesses éperdues
Reposent dans ses flancs discrets[6].

Le bonhomme, de porte en porte,
S'avance petit à petit,
Les distribue et les colporte[7]
Dans son vieux sac qui s'aplatit.

Puis, la marche un peu plus légère
Qu'elle ne l'était en partant,
Il revient vers sa ménagère
Qui tout là-bas, là-bas, l'attend.

ALBERT GLATIGNY[8].

[Poésies complètes. Lemerre, édit.]

Explications et questions.

Les mots. — 1. *attristé :* à cause de la couleur sombre de ses branchages.

2. *après l'enveloppe brisée :* après avoir brisé le cachet et ouvert l'enveloppe de la lettre.

3. *rêve de gloire :* celui qui évoque les espoirs *glorieux.*

4. *s'enivrera :* sens *figuré,* s'enivrera de joie.

5. *hypocrites serments :* promesses ou serments qu'on n'a pas l'intention de tenir.

6. *flancs discrets :* les profondeurs du sac où tous ces secrets sont en sûreté.

7. *colporter : porter* au *col,* c'est-à-dire attaché au cou : c'est bien le cas pour le sac du facteur : colporter a à peu près le même sens que distribuer.

8. *Albert Glatigny :* poète français (1839-1873).

Les idées. — 1. Dans quel cadre la 1re strophe nous présente-t-elle le vieux facteur ? *(voir la gravure.)*

2. Résumez la seconde strophe en quelques mots.

3. Que porte-t-il dans son sac ?

4. Faites ressortir l'opposition qui existe dans la 4e strophe.

5. Pourquoi, au retour, la marche est-elle plus légère qu'au départ ?

Conseils pour la lecture et la récitation.

Cette poésie doit être dite avec simplicité. Les 3 premières strophes sont purement descriptives : Dans la 4e strophe, deux sentiments s'opposent l'espérance et le désespoir : marquez cette opposition. Détaillez bien l'énumération de la 5e strophe. Puis avec la 6e et la 7e reprenez l'allure dégagée des 2 strophes du début.

Liez bien la fin du vers au commencement du vers suivant quand aucun signe de ponctuation n'indique une pause.

PETITE GUERRE

Nous étions cinq petits amis, qui habitions des enclos voisins.

Il y avait Léon et Pierre, Frédéric, Tiennet, et moi. Le plus grand, Léon, avait douze ans. Il était boiteux ; il avait un tambour, un képi de colonel et un sabre magnifique en véritable acier. Pierre portait toujours un drapeau. Les autres étaient armés comme des sauvages...

Comment nous fîmes connaissance, je n'en sais plus rien, mais je vois distinctement, dans mon souvenir, apparaître Léon le boiteux. Il repousse sa caisse sur son dos, il tire et lève son sabre et nous met en ligne. Pierrot, avec son drapeau qui flotte se met sur un des côtés, moi à l'autre bout du front[1].

Léon lève son sabre, gravement, et gravement, tout d'une haleine il nous dit :

« Le premier qui se moquera de moi parce que je boite, il peut être tranquille, je lui ferai son affaire. Mon père est capitaine de vaisseau, il m'a dit de ne pas me gêner, et, si un imbécile se moquait de moi parce que je suis boiteux, de tomber dessus hardiment parce qu'un homme doit se faire respecter et que tout enfant est un homme en graine...

« Ainsi, vous, vous deviendrez des hommes (ici nous nous redressâmes d'un mouvement unanime[2]), à moins que vous ne soyez tués aujourd'hui sous mes ordres. Personne n'a le droit de se moquer de moi... ni de vous. C'est mon père qui m'a dit ça, et il s'y connaît. Il n'a pas froid aux yeux, mon père... Avoir froid aux yeux, c'est être un poltron... Silence sous les rangs !... Relève ton drapeau, Pierrot ! tu le tiens le nez baissé !... Et toi, Raymond, ferme ta bouche !... Tu me regardes comme si j'étais une image... Soldats !... il s'agit aujourd'hui de prendre la grande redoute[3] du Faron. Suivez-moi ! vous me trouverez toujours dans le chemin de l'honneur[4]. En avant, marche !... »

Il est certain que je buvais les paroles merveilleuses de

CONTRASTE IRREGULIER

Contraste insuffisant

NF Z 43-120-14

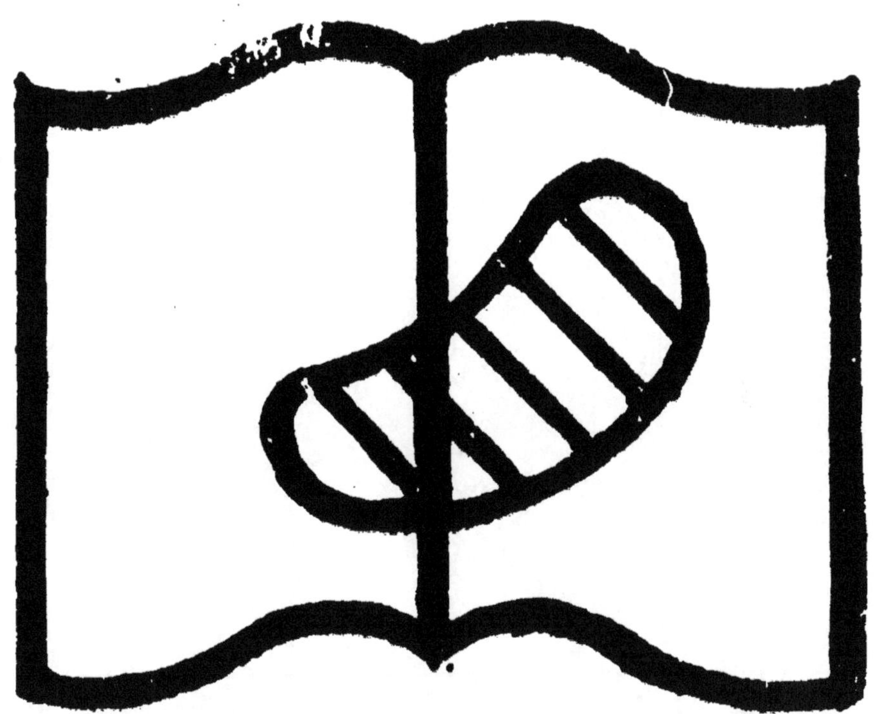

ILLISIBILITE PARTIELLE

Léon le boiteux, et je l'écoutais la bouche ouverte, apparemment; car, il n'est pas douteux qu'il m'ordonna de fermer la bouche, et je la fermai volontiers.

La colonne s'ébranla, — et deux heures après, la redoute fut prise. Notre chef s'était fait tuer en héros, au moins quatre ou cinq fois... Ah! le brave Léon! je lui dois d'avoir compris tout à coup qu'il y a autre chose dans le monde que l'injustice, la résignation sous la méchanté du sort et des hommes; qu'il y a l'action, la résistance, la légitime défense[5], le noble orgueil de toi; et que notre espérance est en nous.

Jamais jusque-là personne ne m'avait dit ces choses.

Jean Aicard[6].

(L'âme d'un enfant. Flammarion, édit.)

Explications et questions.

Les mots. — 1. *le front :* au sens *propre*, le haut du visage : employé ici au *sens figuré :* le devant d'une armée, les premières lignes qui font face à l'ennemi, qui *l'affrontent*.

2. *unanime :* d'un même *esprit*, d'une même *pensée* et sans aucune exception.

3. *redoute :* sorte de petite fortification.

4. *chemin de l'honneur :* allusion aux paroles de Henri IV à la bataille d'Arques.

5. *légitime défense :* celui qui est attaqué a le droit reconnu par la loi de se défendre.

6. *Jean Aicard :* poète et romancier contemporain.

Les idées. — 1. A quel jeu jouaient ces cinq enfants?

2. Comment apparaît Léon dans l'esprit de celui qui raconte ?

3. Résumez le discours de Léon à ses soldats.

4. Comment l'écoutait Raymond (celui qui parle) ?

5. Que veut-il dire en assurant que Léon s'était fait tuer quatre ou cinq fois ?

6. Montrez que c'est en somme la dignité ou le respect de soi que Léon prêche à ses soldats.

Exercice et sujet de devoir.

Exercice de grammaire. — Conjugaison : *Conjuguez au futur :* je lèverai mon sabre quand je serai soldat.

Sujet de devoir. — *Avez-vous joué au soldat ? Comment s'organise la partie et comment joue-t-on ?*

LE PASSÉ

Si l'on vous demandait, enfants, pourquoi vos maîtres vous enseignent l'histoire, vous seriez sans doute embarrassés pour répondre.

Peut-être pensez-vous que vous n'avez point affaire aux gens qui vivaient il y a cent ans, deux cents ans, trois cents ans et beaucoup plus, et, qu'étant tranquilles dans la mort, ils devraient laisser les petits vivants tranquilles au lieu d'encombrer[1] les livres de leurs noms et de leurs faits et gestes[2].

Mais vous vous trompez, mes enfants, en croyant que le passé est loin ; il est notre proche voisin. Je vais vous le démontrer en quelques mots : le roi Louis XIV est né en 1638, il y a donc deux cent soixante-six ans[3] et moi, qui ne suis pas encore arrivé à la décrépitude[4], j'ai connu au Nouvion un homme qui a connu des contemporains[5] de Louis XIV.

Cet homme s'appelait M. Godelle. Il est mort à quatre-vingt-dix ans, en 1856, comme vous pouvez voir par l'insscription gravée sur sa tombe de marbre blanc. J'avais alors quatorze ans et je voyais presque chaque jour M. Godelle, qui était mon arrière-grand-oncle.

Ce vieillard qui avait vu les grandes et terribles choses de la Révolution, était donc né en 1766. Il avait plus que l'âge de raison[6] en 1776. A cette date, il a certainement vu des octogénaires[7] au Nouvion. Or, un homme octogénaire en 1776 naquit en 1696, et il était à peu près majeur[8] à la mort de Louis XIV, en 1715. Vous voyez donc que ce roi qui vous paraît un personnage si éloigné, vous le touchez presque. Les cent quatre-vingt-neuf années qui vous séparent de sa mort sont un court espace de temps. Pour le couvrir et au delà, il suffit que trois hommes, moi qui vous parle, mon oncle et l'octogénaire nous nous tenions par la main. Il ne faudrait pas une longue chaîne d'hommes pour atteindre le temps où Jésus-Christ vint au monde ; une trentaine, c'est assez, à quelques ans près.

Voyez-vous, mes enfants, quand des milliers de siècles auront passé encore, l'humanité pourra parler de temps anciens. Mais à l'heure où nous vivons, on ne peut dire de personne qu'il soit mort depuis très longtemps.

Vous n'avez donc pas le droit de vous détourner* du passé, comme d'une chose trop lointaine. Puisqu'il est si près de nous, il faut n'être vraiment pas curieux pour n'être pas tenté d'y regarder un peu.

ERNEST LAVISSE[10].

[*Discours à des enfants*. Librairie Armand Colin.]

Explications et questions.

Les mots. — 1. *encombrer :* embarrasser par un trop grand nombre d'objets; ici, par des noms et des faits.

2. *gestes :* ce mot signifie ici faits, actions; c'est le sens ancien.

3. *deux cent soixante-six ans :* M. Ernest Lavisse fit ce discours aux enfants de Nouvion-en-Thierache, en 1904.

4. *décrépitude :* état d'un homme qui arrive au dernier degré de la vieillesse.

5. *contemporain :* qui vit en même temps.

6. *âge de raison :* l'âge où la raison se montre, c'est-à-dire vers sept ou huit ans.

7. *octogénaire :* celui qui a huit (*octo*) dizaines d'années ou quatre-vingts ans.

8. *majeur :* qui a vingt et un ans, l'âge où un Français jouit de ses droits.

9. *détourner :* signifie au *sens propre*, se tourner loin de... Ici au sens figuré, ce mot signifie abandonner, dédaigner...

10. *Ernest Lavisse :* voir p. 4, note 5.

Les idées. — 1. Qui est-ce qui parle?... à qui s'adresse-t-il ?...

2. Que veut-il démontrer aux enfants?

3. Quel exemple choisit-il pour sa démonstration ?

4. Aujourd'hui, combien y a-t-il d'années que Louis XIV est né?

5. Quel conseil M. Ernest Lavisse donne-t-il aux enfants dans le dernier paragraphe ?

Exercice et sujet de devoir.

Exercice de grammaire. — Conjugaison. Idée du conditionnel : *Conjuguez le verbe* demander *au présent du conditionnel en faisant précéder chaque personne de l'idée de condition. Exemple :* Si j'osais, je demanderais ce renseignement. *Conjuguez de même :* Si l'on me posait cette question, je serais embarrassé.

Sujet de devoir. — *Après avoir un peu réfléchi, dites pourquoi vous aimes l'histoire ou pourquoi vous ne l'aimes pas (Répondes très franchement).*

Lecture du Samedi

LE PONT DES SOUHAITS

LÉGENDE BRETONNE

Au fond de la lande bretonne
Que l'ajonc au printemps jaunit,
Où la bise pleure en automne,
Il est un vieux pont de granit.

C'est un vieux pont d'une seule arche,
Si vieux que les plus vieux menhirs[1]
Sont jaloux de ce patriarche
Plus ancien que leurs souvenirs.

Aussi très vieille est la légende[2]
Que l'on répète aux alentours :
Elle dit que ce qu'on demande
Sur ce pont s'accomplit toujours...

Un vieillard raconte en effet qu'il y a soixante ans, deux fillettes, Janie et Rose, s'arrêtèrent un soir sur le vieux pont pour causer. Le pont entendit leurs souhaits enfantins.

« Moi, dit Rose aux yeux de pervenche,
Je voudrais un roi pour époux,
Un beau carrosse aux mules blanches
Et des sujets à mes genoux.

« J'aurais au front une couronne,
Au doigt j'aurais un diamant;
Et cependant je serais bonne
Et douce à tous également. »

« Oh! moi », dit en rêvant Janie,
Tandis que son œil se voilait
D'enfantine mélancolie,
En suivant l'eau qui s'écoulait,

« Je voudrais, comme les nuages
Dont la course ne finit pas,
Partir pour de lointains voyages,
Un jour ici, demain là-bas,

« Visiter des terres nouvelles,
M'embarquer sur les grands vaisseaux ;
Oui, je voudrais avoir des ailes
Pour voler, comme les oiseaux ! »

Une voix qui semblait lointaine
Disait : « De vos vœux j'aurai soin.
Rose, vraiment tu seras reine ;
Tu t'en iras, Janie, au loin !... »

* *

Déjà sur le vieux pont de pierre
Bientôt vingt ans auront passé,
De plus en plus le sombre lierre
Au dur granit s'est enlacé.

Or, par la lande monotone,
Où les bruyères ont fleuri,
Deux femmes vont, un soir d'automne,
Et chacune à l'autre a souri.

« Rose ! — Janie ! — Heure bénie !
Comme autrefois, asseyons-nous...
— Quels pays as-tu vus, Janie
— Rose, quel prince est ton époux ?

— Oh ! répond-elle, je suis reine
Au bras d'un rude laboureur :
Car je commande en souveraine
Dans sa maison et dans son cœur.

« Les purs joyaux ¹ de ma couronne
Sont les dix yeux de mes enfants ;
Leur petit peuple m'environne
En doux cortèges triomphants.

« Dans mon palais¹... couvert de chaume,
Le bonheur habite avec nous,
Et les sujets de mon royaume
Viennent sauter sur mes genoux... »

Alors Janie, au doux œil sombre,
Dit : « Le vieux pont avait raison :
J'ai fait des voyages sans nombre,
Mais sans sortir de la maison.

« Par un long mal au lit clouée⁵,
Ma mère ne peut plus bouger.
A la soigner je suis vouée
Et j'ai du temps pour voyager.

« Je lis tout haut ; quand la fatigue
Vient clore ses yeux adorés,
Au vent du rêve¹, je navigue
Sur des flots bleus — inexplorés !

LE PONT DES SOUHAITS

Moi, dit Rose aux yeux de pervenche, je voudrais un roi pour époux.

« Je pars ! La brise enfle les voiles
De mon vaisseau silencieux,
Et je vogue vers les étoiles
Qui sont les navires des cieux... »

*
* *

Ainsi, par la lande bretonne
Où la bruyère avait fleuri,
Rose et Janie, un soir d'automne,
Causaient, sous le ciel assombri.

Et le vieux pont sur qui, sans nombre,
Pèsent les siècles infinis,
Leur répondait tout bas dans l'ombre :
« Que vos doux rêves soient bénis ! »

MAURICE COUALLIER[8].

Explications et questions.

Les mots. — 1. *menhir :* monument datant des plus lointaines époques ; il est formé par une pierre plantée dans le sol et s'élevant à plusieurs mètres de hauteur.

2. *légende :* récit où l'histoire est défigurée ; ici, récit merveilleux qui se transmet de génération à génération.

3. *voix lointaine :* c'est celle du vieux pont.

4. *joyaux :* au *sens propre,* les bijoux ou pierres précieuses, employé ici au figuré.

5. *palais :* sa chaumière.

6. *clouée : sens figuré :* retenue au lit par le mal comme si elle y était fixée avec des *clous.*

7. *au vent du rêve :* le rêve emporte le navire imaginaire comme ferait le vent pour un navire véritable.

8. *Maurice Couallier :* poète contemporain, né à Brissarthe (Maine-et-Loire), en 1869.

Les idées. — 1. Que dit la légende au sujet du vieux pont ?

2. Que demande Rose ?

3. Quel est le souhait de Janie ?

4. Après combien de temps Janie et Rose se rencontrent-elles sur le vieux pont ?

5. Rose est-elle reine ?... Est-elle heureuse ?

6. Comment Janie a-t-elle voyagé à travers le monde ?

Exercice et sujet de devoir.

Exercice de grammaire. — Féminin des adjectifs qualificatifs : *Mettez au féminin singulier les adjectifs suivants :* vieux, jaloux, beau, ancien, nouveau, riche, blanc, sombre, bon, bleus, doux, grands, nouveau, breton, infinis, long, lointains, silencieux, béni.

Sujet de devoir. — *Exercez-vous à raconter en prose la légende que vous venez de lire...*

LA
CHANSON DE L'ARBRE

Entendez-vous l'arbre qui chante[1]
Au fond du bois tout parfumé ?
Sa tête s'agite, brillante[2],
Aux rayons du soleil d'été.
L'homme, l'animal et la plante,
Tout sur la terre semble heureux ;
Ce sont partout des cris joyeux :
Entendez-vous l'arbre qui chante ?

Entendez-vous l'arbre qui crie,
Quand l'automne roux[3] est venu ?
La hache brillante et la scie
Blessent son pauvre corps tout nu !
Et dans la forêt endormie[4]
Passe comme un souffle cruel,
Lorsque sa plainte emplit le ciel :
Entendez-vous l'arbre qui crie ?

Entendez-vous l'arbre qui pleure
Tout au fond de l'âtre[6] embrasé ?
C'est l'hiver, et dans la demeure,
Chacun, frileux, s'est enfermé..
Il faut, pour nous, que l'arbre meure.
Et des larmes[7] semblent couler
Du pauvre être qu'on fait brûler :
Entendez-vous l'arbre qui pleure ?

JULES GONDOIN[8].
[*Les Chansons de la terre.*]

Explications et questions.

Les mots. — 1. *l'arbre qui chante :* son feuillage, doucement agité par la brise, fait entendre un léger murmure et les oiseaux chantent dans ses branches.

2. *brillante :* le vernis des feuilles luit au soleil.

3. *l'automne roux :* l'automne est caractérisé par la couleur *rousse* des feuilles.

4. *endormie :* en automne les oiseaux ont cessé leurs chants et la végétation est comme assoupie.

5. *sa plainte emplit le ciel :* quand l'arbre tombe et se brise sur le sol, le fracas de sa chute ressemble à un grand gémissement qui remplit l'espace et domine tous les bruits.

6. *l'âtre embrasé :* l'âtre est le foyer de la cheminée; *embrasé :* en feu, rempli de *braises*.

7. *larmes :* en brûlant, la bûche qui n'est pas bien sèche, laisse couler en gouttes à ses extrémités, l'eau qu'elle renferme encore.

8. *Jules Gondoin :* poète français contemporain.

Les idées. — 1. Le poète prête à l'arbre des sentiments humains ; il le personnifie. — Quel sentiment exprime la 1re strophe ?... Quel est le mot qui indique ce sentiment?...

2. Quel sentiment exprime la 2e strophe ?... Quel est le mot qui indique ce sentiment ?

3. Mêmes questions pour la 3e strophe.

4. Quels sont les mots qui expriment spécialement la joie dans la 1re strophe?... la douleur dans la 2e strophe?... et le chagrin dans la 3e ?...

5. Quel est le sens du vers : « Il faut, pour nous, que l'arbre meure. » ?

6. Essayez de montrer comment les sentiments de l'homme s'associent à ceux de l'arbre : (*nous sommes joyeux avec lui ; sa plainte nous attriste ; nous profitons de sa mort en le plaignant (le pauvre être qu'on fait brûler*).

Conseils pour la lecture et la récitation.

La première strophe doit être dite joyeusement (Appuyez sur chante)

Les deux autres strophes expriment la douleur et la tristesse il faut les dire lentement; mettez en valeur les mots crie et pleure surtout à la fin de la strophe où ils doivent être entendus comme un sanglot. — Marquez bien l'interrogation au commencement de chaque strophe et faites une pause avant de reprendre. Le dernier vers de chaque strophe ne doit pas simplement répéter le premier qui n'est qu'une interrogation. Quand nous arrivons au dernier vers, nous savons pourquoi et comment l'arbre chante, crie ou pleure, et nous devons le faire sentir. Donc, s'efforcer de bien marquer chaque nuance.

Liez la fin du vers au commencement du vers suivant quand aucun signe de ponctuation n'indique un arrêt : qui chante au fond... et la scie blessent... dans la forêt endormie passe... l'arbre qui pleure tout au fond... semblent couler du pauvre être...

LE RHIN

Vous le savez, je vous l'ai dit souvent : j'aime les fleuves. Les fleuves charrient[1] les idées aussi bien que les marchandises.

Comme d'immenses clairons[2] ils chantent[3] à l'Océan la beauté de la terre, la culture des champs, la splendeur des villes et la gloire des hommes. Et, je vous l'ai dit aussi, entre tous les fleuves, j'aime le Rhin.

La première fois que j'ai vu le Rhin, c'était il y a un an, à Kehl[4], en passant le pont de bateaux[5]. La nuit tombait, la voiture allait au pas. Je me souviens que j'éprouvai alors un certain respect en traversant le vieux fleuve qui promène le bruit de ses vagues des sommets alpestres jusqu'aux basses rives de la Hollande. Je contemplai longtemps ce fier et noble fleuve, violent, mais sans fureur; sauvage, mais majestueux.

Ce n'est jamais sans émotion que j'entre en communication avec ces grandes choses de la nature qui sont aussi de grandes choses dans l'histoire[6].

VICTOR HUGO[7].
[Le Rhin.]

Explications et questions.

Les mots. — 1. *charrier :* au sens propre transporter dans un *char* ou chariot. Le fleuve transporte les marchandises comme le ferait un chariot. Quant aux idées, elles se répandent en suivant, avec les hommes, les chemins terrestres ou fluviaux.

2. *clairons :* remarquez cette comparaison : comme dans un clairon, le chant, la voix va vers l'estuaire du fleuve pour éclater sur l'Océan.

3. *chanter :* ce mot a ici le sens de célébrer, louer.

4. *Kehl :* petite ville située sur la rive gauche du Rhin, à peu de distance de Strasbourg.

5. *pont de bateaux :* formé par des bateaux attachés les uns aux autres et supportant des madriers qui forment la voie...

6. *dans la nature et dans l'histoire :* les bords du Rhin sont en effet un des beaux spectacles de la *nature ;* dans l'*histoire,* le Rhin occupe une place très importante. Depuis des milliers d'années, les peuples se disputent ses rives.

7. *Victor Hugo :* Voir p. 34, note 11.

Les idées. — 1. Pourquoi Victor Hugo aime-t-il les fleuves ? (*La reponse se trouve dans les deux premiers paragraphes et dans le dernier.*)

2. Où a-t-il vu le Rhin pour la première fois ?... A quel moment de la journée ?... Quels mots l'indiquent ?

3. Comment le fleuve se montre-t-il aux yeux de Victor Hugo ?

4. Pourquoi éprouve-t-il un sentiment de respect pour le Rhin ?

Exercice et sujet de devoir.

Exercice de grammaire. — *Copiez le dernier paragraphe en mettant à la 3ᵉ personne du singulier et du pluriel les sujets et les verbes qui sont de la première personne du singulier. Exemple : La première fois qu'il vit le Rhin... qu'ils virent...*

Sujet de devoir. — *Faites la description d'un pont traversant un fleuve, une rivière, ou un ruisseau.*

CHASSE AUX LIONS

Le 3 novembre 1895 à l'aube, nous partons à la recherche d'un buffle[1], que nous avions laissé — tué — au milieu d'un espace dénudé[2]. Il n'y est plus !... Il n'y a pourtant pas erreur, c'est bien ici que nous l'avons abandonné...

Tandis que nous regardons, l'idée des lions nous passe

à tous par la tête, il n'y a qu'eux qui soient capables de nous avoir joué pareil tour. Assurons-nous-en et avançons sur la lisière[3] des hautes herbes. Grâce au vent, qui fait un petit bruissement continu, nous n'avons pas signalé notre présence. Nous nous penchons... Ah! voilà bien, là-bas, le buffle, il est à moitié dans les herbes, entouré de formes fauves... Ce sont des lions. Ils sont fort occupés, ce qui nous permet de nous approcher d'eux, dans les grandes herbes, sans nous faire entendre.

Il n'y a pas à dire, c'est un moment terrible, non qu'il y ait péril imminent[4], car les lions, en nous voyant, auront plus peur que nous; mais le coup de fusil que je vais tirer va décider de la chance. Qui sait s'il ne coûtera pas la vie à quelqu'un de nous.

Tchigallo et Rodzam, deux des nègres qui m'accompagnent, sont arrivés derrière les fauves, mettant ceux-ci par conséquent entre eux et nous; au signe que je leur fais, ils s'engagent dans les herbes, sans précaution, échangeant quelques mots... Au même instant, trois lions bondissent et font face à la direction du bruit...

Pendant les deux ou trois secondes qui s'écoulent, je les examine rapidément : il y a un lionceau, une lionne et un lion à crinière foncée, hérissée, montrant les dents; tous trois grondant comme tous les lions qu'on dérange, viennent vers nous, non pas directement, mais de façon à nous laisser à gauche.

« Ne bougez pas! murmuré-je a mes hommes... »

Je laisse passer la lionne, et, visant le lion au cou, je tire... sans retirer mon arme de l'épaule, et grâce à l'absence de fumée, je vois qu'il ne tombe pas; aussitôt, je lâche le deuxième coup, en visant à l'omoplate[5], et je saute de côté, en prenant un autre fusil chargé. Le lion rugit de douleur, et disparaît dans les herbes avec sa famille...

Mes hommes montent aussitôt dans les arbres et explorent

les alentours; n'apercevant rien, nous prenons la piste; il y a d'abord peu de sang, puis beaucoup. Tout à coup, vingt-cinq mètres plus loin, du haut d'un arbre, un de mes nègres nous crie :

« Le voilà !... Approchez-vous tout doucement. »

Le buffle est à moitié dans les herbes, entouré de formes fauves...
Ce sont les lions.

J'avoue que j'aurais mieux aimé être ailleurs que dans les hautes herbes. Aussi est-ce avec des précautions infinies, les yeux écarquillés et les oreilles tendues, que je m'avance le premier... A un certain moment, les herbes ne dépassant pas la hauteur de ma taille, je vois à quelques mètres un spectacle que je n'oublierai jamais : le lion est assis, la tête basse, me tournant le dos; il perd l'équilibre, se relève péniblement et retombe encore avec un bruit rauque[6] de rage, de colère ou de souffrance. Je presse la détente, et, sans cesser d'épauler, je continue à viser, gardant le deuxième coup pour le cas où il me chargerait[7].. Mais le premier a achevé ses souffrances...

ÉDOUARD FOA[8].

[Mes grandes chasses. Plon-Nourrit et Cie*, édit.]*

Explications et questions.

Les mots. — 1. *buffle :* sorte de bœuf sauvage.

2. *dénudé :* mis à *nu ;* ici, privé d'herbes et de broussailles.

3. *lisière :* au *sens propre,* bord qui termine de chaque côté la largeur d'une étoffe ; ici, *sens figuré :* limite, bord des hautes herbes.

4. *imminent :* qui va se produire sans délai, tout de suite.

5. *omoplate :* os plat situé en arrière de l'épaule.

6. *rauque :* rude et comme enroué.

7. *charger :* sens spécial, attaquer avec impétuosité.

8. *Ed. Foa :* explorateur et écrivain français contemporain.

Les idées. — 1. Qu'était devenu le buffle tué la veille ?

2. En quoi le petit bruissement du vent est-il favorable aux chasseurs ?

3. Comment le coup de fusil tiré sur les lions pouvait-il coûter la vie à l'un des chasseurs ?

4. Pourquoi le chasseur qui parle garde-t-il son fusil à l'épaule après avoir tiré le premier coup ?

5. Quel danger y avait-il à se trouver dans les hautes herbes à proximité du lion blessé ?

6. D'après ce que vous venez de lire, dites quelles qualités il faut avoir pour chasser les lions ?

Exercice et sujet de devoir.

Exercice de grammaire. — Analyse de l'adjectif qualificatif : *Analysez les noms et les adjectifs suivants :* hautes herbes ; formes fauves ; crinière foncée, bruit rauque, lions voraces. — *Observez le rapport de genre et de nombre existant entre le nom et l'adjectif et formulez la règle d'accord des adjectifs qualificatifs.*

Sujet de devoir. — *La lionne raconte à une autre lionne sa voisine ce qui est arrivé, — Faites-la parler.*

MISÈRE

C'est l'hiver, l'hiver rigoureux avec son cortège de souffrances. Le père est sans travail par suite du chômage. Depuis plusieurs jours il cherche en vain un emploi. Sera-t-il plus heureux aujourd'hui ? Impatiente, la pauvre mère est descendue sur le seuil de la porte pour savoir plus tôt si l'on pourra manger ce soir.

La femme de l'ouvrier est descendue sur le seuil[1] de la porte, laissant en haut la petite endormie. La femme est toute maigre, avec une robe d'indienne[2]. Elle grelotte dans les souffles glacés de la rue.

Elle n'a plus rien au logis : elle a tout porté au mont-de-piété[3]. Huit jours sans travail suffisent pour vider la maison. La veille, elle a vendu chez un fripier la dernière poignée de laine de son matelas ; le matelas s'en est allé ainsi ; maintenant il ne reste plus que la toile. Elle l'a accrochée devant la fenêtre pour empêcher l'air d'entrer, car la petite tousse beaucoup.

Sans rien dire à son mari, elle a cherché de son côté. Mais le chômage[4] a frappé plus rudement les femmes que les hommes. Sur son palier[5], il y a des malheureuses qu'elle entend sangloter pendant la nuit. Une est morte ; une autre a disparu.

Elle, heureusement, a un bon homme, un mari qui ne boit pas. Ils seraient à l'aise si les mortes saisons[6] ne les avaient dépouillés de tout. Elle a épuisé les crédits ; elle doit au boulanger, à l'épicier, à la fruitière, et elle n'ose même plus passer devant les boutiques.

L'après-midi, elle est allée chez sa sœur pour emprunter vingt sous ; mais elle a trouvé, là aussi, une telle misère qu'elle s'est mise à pleurer, sans rien dire, et que toutes deux, sa sœur et elle, ont pleuré longtemps ensemble. Puis, en s'en allant, elle a promis d'apporter un morceau de pain, si son mari rentrait avec quelque chose.

Le mari ne rentre pas. La pluie tombe ; elle se réfugie

« Eh bien ? » balbutia-t-elle.

sous la porte ; de grosses gouttes clapotent à ses pieds, une poussière d'eau pénètre sa mince robe. Par moments, l'impatience la prend ; elle sort, malgré l'averse, elle va jusqu'au bout de la rue, pour voir si elle n'aperçoit pas celui qu'elle attend, au loin, sur la chaussée. Et quand elle revient, elle est trempée ; elle passe ses mains sur ses cheveux pour les essuyer; elle patiente encore, secouée par de courts frissons de fièvre.

Puis, quand le mari se montre enfin, filant comme un misérable le long des maisons, elle se précipite, le regarde anxieusement[8].

« Eh bien? » balbutie-t-elle.

Lui, ne répond pas, baisse la tête.

Alors elle monte la première, pâle comme une morte.

ÉMILE ZOLA[9].

OEuvres complètes. Fasquelle, édit.]

Explications et questions.

Les mots — [1: *seuil :* voir page 3, note 1.

2. *indienne :* étoffe de coton qui venait autrefois des *Indes.*

3. *mont de piété :* établissement où l'on prête quelque argent à ceux qui déposent des objets: meubles, bijoux, etc.

4. *chômage :* arrêt du travail dans une usine ou dans une industrie.

5. *palier :* partie plane qui se trouve dans un escalier, le plus souvent au niveau de chaque étage

6. *mortes saisons :* au sens propre, temps où la terre ne produit rien, où tout travail cesse. Ici, *sens figuré,* temps où dans certaines professions, le travail se ralentit.

7. *clapoter :* au sens propre, bruit des vagues qui s'entrechoquent. Ici, bruit produit par les grosses gouttes de pluie en tombant.

8. *anxieusement :* avec *anxiété,* avec une douloureuse inquiétude.

9. *Emile Zola :* romancier français contemporain (1840-1902).

Les idées. — 1. Pourquoi la femme est-elle descendue?

2. Indiquez les détails qui révèlent sa misère : (sa personne, son mobilier...)

3. Qu'a-t-elle fait elle-même, dans la journée pour trouver quelque ressource ?

4. A-t-elle trouvé assistance chez sa sœur?... Pourquoi ?

5. Pourquoi reste-t-elle ainsi sous la pluie et au froid?...

6. Comment le mari rentre-t-il?... Pourquoi ?

7. Quel sentiments éprouvez-vous à la pensée d'une pareille misère?

Exercices et sujet de devoir.

Exercices de grammaire. — Adjectifs qualificatifs: 1° *Trouver le masculin des adjectifs qualificatifs suivants :* maigre, dernière, malheureuse, grosse, mince, première.

2° *Analysez oralement les adjectifs qualificatifs contenus dans le texte lu...*

Sujet de devoir. — *Le lendemain matin, pendant que le mari est reparti chercher du travail, la boulangère vient présenter la note de ce qui est dû. Faites parler les deux femmes. La boulangère est émue d'une si grande misère.*

Lecture du Samedi

L'AUTRE

Jack est assis sur sa petite chaise près de la fenêtre où le jour baisse. Il a les deux coudes appuyés sur les genoux et ses poings s'enfoncent dans ses joues des deux côtés de son menton. Il songe à ses fautes; il songe que la journée a été mauvaise: il n'a pas su ses leçons, ses devoirs ont été mal faits, il a été impertinent avec Maud, et pendant la promenade, il a boudé. Oui, vraiment c'est une mauvaise journée. Maud a raison, il n'est bon à rien. Il a fait de la peine à sa pauvre maman, si malheureuse et qui pleure tous les jours depuis la mort du petit Fred, le frère aîné de Jack.

... Une voix, une chère voix, le tire de son rêve :

« Eh bien ! Jack ! Qu'est-ce qu'on me dit ! Tu as boudé cet après-midi ? »

Jack lève la tête ! Sa maman s'est laissée aller dans son fauteuil. Mince dans sa robe noire, elle paraît encore plus lasse que de coutume. Sa figure toute blanche est à demi inclinée sur son épaule, contre le dossier. On dirait une fleur brisée. Jack ouvre la bouche, mais il ne trouve rien à répondre. Seulement, quelque chose lui serre la poitrine et il a très mal.

Maman répète la question :

« Eh bien Jack, est-ce vrai ? Tu as boudé cet après-midi ? »

Il n'y a point de colère dans la voix de maman. Quelquefois, il faut bien qu'elle se fâche contre ce malheureux Jack et qu'elle le gronde un peu. Mais ce soir, elle est toute douce ; seulement, peut-être encore plus triste, et toujours par la faute de Jack. Il se lève et s'approche du fauteuil :

« Maman, je vous assure que je n'ai pas voulu bouder. Seulement je n'avais pas très envie de parler. »

Il a dit cela tout bonnement en affermissant sa voix qui tremblait un peu. Le visage dolent[1] de maman se tourne à demi vers lui, et la bouche aux lèvres amincies esquisse un pâle sourire.

« Mon Jack qui n'avait pas envie de parler ! Viens me raconter cela ! »

Jack va chercher le grand tabouret, le pose à terre à côté du fauteuil et s'assied. Dans ce moment même, il ne trouve pas de mots sur sa langue bavarde. Mais la main blanche et maigre est allongée sur les genoux. Timidement, Jack l'effleure de ses doigts, et, comme elle ne le repousse pas, il la soulève et y dépose un baiser.

« Qu'est-ce qu'il y a donc, mon Jack ? Est-ce que ce sont toutes les sottises que tu as faites qui te rendent si tendre ? »

Jack sent ses joues qui deviennent chaudes et il ne répond pas de suite. Il aurait été heureux, oh ! si heureux, si, en ce moment, il n'avait pas été question de ses sottises ! C'aurait été très bon de demeurer ainsi tous les deux, sans aucune histoire[2]. Mais, quand on a fait le mal, il est bien juste, n'est-ce pas, qu'on en subisse les conséquences ? D'ailleurs, ce n'est pas une gronderie qui sort des lèvres de maman : seulement une sorte de causerie, où elle lui explique qu'il faut absolument qu'il tâche d'être plus sage pour qu'on puisse l'aimer et qu'il ne soit pas malheureux. Le cœur de Jack se gonfle, et il balbutie d'une voix un peu étranglée :

« Je tâche déjà, maman, je vous assure, mais je tâche-rai encore plus. »

Qu'a donc maman ce soir ? Voici qu'elle penche un peu la tête, et doucement ses lèvres viennent effleurer le front de Jack. D'habitude elle l'embrasse seulement une fois le matin et une autre fois au coucher. Brusquement Jack se sent très drôle. Il a envie de crier de joie et de rire ; mais peut-être que s'il desserrait les dents il éclaterait en san-glots.

« Alors, mon Jack sera toujours un bon garçon ? » Oh ! il voudrait être un si bon garçon ! A demi-voix et s'arrê-tant de temps en temps pour baiser la main qui toujours ne se dérobe[3] pas, Jack laisse à petits coups déborder son cœur. Il voudrait tant être gentil... Il essaye, mais ce n'est pas commode... Quelquefois les leçons sont difficiles. Et il a la tête dure. Mademoiselle[4] le lui dit souvent. Mais peut-être qu'elle deviendra molle[5]... D'ailleurs il se repent très fort tout de suite après ces méchancetés. Seulement il vaudrait mieux se repentir avant... Maman ne répond plus que par monosyllabes, et puis elle ne répond plus du tout. On entend seulement sa poitrine qui se soulève à peine de temps en temps. Et peu à peu voici que la voix de Jack s'éteint aussi. C'est très bon de rester ainsi tous les deux ensemble, sans rien dire. C'est meilleur que tout. Il a posé sa joue sur la main qui est à lui et se tait avec délices. »

Mais tout à coup une goutte tiède tombe sur le front de Jack. Et, de la tête aux pieds, il tressaille... Cette goutte... Il a compris.

Hélas ! Jack sera toujours le même. Pendant qu'égoïste-ment il est heureux, à côté de lui sa maman souffre et pleure. A sa place, l'*Autre*[6] saurait ce qu'il faut dire, et

L'AUTRE

S'arrêtant de temps en temps pour baiser la main qui toujours ne se dérobe pas,
Jack laisse à petits coups déborder son cœur.

sans doute que s'il était là elle ne pleurerait pas. Au lieu que Jack n'est bon à rien...

. . . .

Alors dans le silence, une petite voix monte, humble, oh ! très humble :

« Maman, ne me regardez pas. Fermez les yeux. Et peut-être que vous croirez que c'est *lui*. »

D'un geste brusque maman se redresse. Elle a un cri, envisage[7] une seconde son petit garçon, et tout à coup la voilà qui le serre dans ses bras éperdument, à lui faire mal, délicieusement mal[8]...

ANDRÉ LICHTENBERGER[9]..

[*Les Contes de Minnie*. Plon-Nourrit et Cⁱᵉ, édit.]

Explications et questions.

Les mots. — 1. *dolent* : triste, alangui par la *douleur*.

2. *histoire* : ici, *sens spécial* : explication pénible.

3. *se dérober* : *sens figuré* : se soustraire, se retirer.

4. *mademoiselle* : l'institutrice qui dirige ses études.

5. *dure et molle* : Jack confond le sens propre et le sens figuré. On lui dit qu'il a la tête dure (*sens figuré*) c'est-à-dire que les leçons n'y pénètrent pas facilement, et il croit qu'il serait bien que sa tête fût molle (*sens propre*).

6. *L'Autre* : Fred, le petit frère qui est mort.

7. *envisager* : regarder face à face, *dans le visage*.

8. *délicieusement mal* : il est trop serré, mais il en éprouve un si grand bonheur (*faire remarquer cet expressif assemblage de mots opposés*).

9. *H. Lichtenberger* : romancier français contemporain qui est un observateur très avisé des enfants.

Les idées. — 1. Pourquoi Jack n'est-il pas content, ce soir ?

2. Quelle est cette chère voix qui le tire de sa rêverie ?

3. Pourquoi cette pauvre maman est-elle triste, fatiguée et vêtue de noir ?

4. A quels détails voyez-vous que Jack est un bon petit garçon ?

5. Suffit-il de regretter ses fautes ?

6. Qu'est-ce que cette goutte qui tombe sur son front ?... Pourquoi la maman pleure-t-elle ?

7. Pourquoi la maman serre-t-elle si fort son petit garçon dans ses bras ?

Exercice et sujet de devoir.

Exercice de grammaire. — Adjectifs démonstratifs et adjec-

tifs possessifs : *Il y a dans le texte lu : son petit garçon, son épaule.*
1° *Expliquez l'emploi de son devant épaule qui est féminin.*
2° *De même : ce soir et cet après-midi, pourquoi cet au lieu de ce ?*
3° *Enfin ses joues, ces méchancetés. Expliquez le sens des deux mots ses et ces en vous reportant au texte. — Formulez une règle qui vous permette de distinguer ces et ses dans une dictée.*

Sujet de devoir. — *Vous rentrez de l'école avec votre carnet de notes sur lequel le maître ou la maîtresse a écrit : « ...a été le 1er en composition de rédaction. La quinzaine a été très bonne. » Racontez votre arrivée à la maison.*

MESSIRE L'HIVER

C'est un chevalier à barbe fleurie,
Au corps gigantesque, au bras fabuleux[1],
Qui va, chevauchant par les bois frileux,
Pour quelque farouche et morne tuerie.

Son fier cheval noir caparaçonné
Souffle du brouillard, le long des collines,
Et les frais minois sous les capelines
Tremblent en voyant son galop damné.

Car le chevalier aux exploits tragiques
Cueille en son chemin, de ses doigts méchants,
Les feuilles, les nids, les ailes, les chants[2]
Et tous les trésors des forêts magiques[3].

Il prend, implacable, il prend sans remords
Les rayons éteints, les fleurs expirantes,
Et l'azur terni des sources pleurantes,
Et les luths[4] brisés des rossignols morts.

Mais nul ne le hait, le noir chevalier,
Messire l'Hiver, larron des feuillages !
Chaque arbre, joyeux, subit ses pillages
Et, vibrant d'espoir, se voit spolier[5] :

Il sait que son œuvre est sainte et bénie !
Car le chevalier va vite, à l'écart,
Très pieusement repeindre, avec art,
Chaque objet fané, chaque fleur ternie ;

Et puis, en avril, lourd d'aromes, d'ailes,
Tout vêtu de bleu[6] sur un cheval blanc
Il nous reviendra, splendide et peuplant
Les bois de parfums, les cieux d'hirondelles !

Il attachera sur les anciens troncs
Des feuillages neufs par un fil de soie,
Et tous les rameaux souriront de joie,
En jetant des fleurs sur nos jeunes fronts !

O soyez béni, précurseur[7] sacré
Du chevalier bleu qui porte les roses ;
La neige qui tombe en nos cœurs moroses[8]
Y sème les lis du printemps doré !

JEAN RAMEAU[9].
(*La chanson des Étoiles*. Librairie Ollendorff.)

Explications et questions.

Les mots. — 1. *au bras fabuleux :* au bras puissant comme en ont les géants dans les *fables*.

2. *les ailes, les chants :* mis pour les oiseaux.

3. *forêts magiques :* la nature y fait des transformations qui nous paraissent miraculeuses.

4. *luth :* instrument de musique. Le luth du rossignol, c'est son gosier.

5. *spolier :* dépouiller... de ses feuilles (sous-entendu).

6. *...tout vêtu de bleu :* l'Hiver est remplacé par le Printemps.

7. *Précurseur sacré : précurseur qui marche en avant, qui vient d'abord ; sacré* parce qu'il prépare le printemps qui est une saison bénie.

8. *cœurs moroses : cœurs attristés.*

9. *Jean Rameau :* poète et romancier français contemporain.

Les idées. — 1. L'idée générale de cette poésie est que l'Hiver, malgré ses rigueurs, prépare le printemps, et que le bien s'achète quelquefois par une souffrance (*dernière strophe*).

2. Expliquez le portrait de l'Hiver (deux premières strophes).

3. Que signifie la 3e strophe?... la 4e... (*traduisez en langage simple les images poétiques*).

4. Pourquoi ne hait-on pas l'Hiver?

5. Dites ce qu'il fait (5e et 6e strophes). Que fait à son tour, son successeur le Printemps (7e et 8e strophes).

6. Montrez que l'idée générale se retrouve dans la dernière strophe.

Conseils pour la récitation.

Dire avec vigueur et sur un ton un peu attristé, les 4 premières strophes qui énumèrent les méfaits de l'Hiver.

Dans les 2 strophes suivantes, à partir de Mais nul ne le hait, le ton s'adoucit peu à peu ; il faut laisser deviner que l'hiver n'a pas de mauvaises intentions.

Et lorsqu'avril fait oublier les peines de l'Hiver, la voix s'efforce d'exprimer admiration et reconnaissance, surtout dans les derniers vers de la 8e strophe. Et tous les rameaux... sur nos jeunes fronts.

La dernière strophe est une prière à la fois reconnaissante et mélancolique.

Éviter de s'arrêter après les chants (3e str.); après et peuplant; après troncs (8e str.); après précurseur sacré (9e str.). Avant cette 9e strophe marquer une pause sensiblement plus longue que celles qui séparent les strophes précédentes.

UNE GRANDE JOURNÉE (4 mai 1789).

Ce grand jour fut le 4 mai. Les douze cents députés, le roi, la reine, toute la cour entendirent à l'église de Notre-Dame le *Veni Creator*[1]. Puis l'immense procession, traversant toute la ville, se rendit à l'église Saint-Louis[2].

Les larges rues de Versailles, bordées de gardes françaises et de gardes suisses, tendues de tapisseries de la couronne[3], ne pouvaient contenir la foule. Tout Paris était venu. Les fenêtres, les toits même étaient chargés de monde. Les balcons étaient ornés d'étoffes précieuses, parés de femmes brillantes dans la toilette coquette et

En tête de la procession apparaissaient, vêtus de noir, les députés du Tiers.

bizarre qu'on portait alors, mêlée de plumes et de fleurs. Tout ce monde était ému, attendri, plein de trouble et d'espérance[1]... Une grande chose commençait.

En tête de la procession apparaissait d'abord une masse d'hommes vêtus de noir, le fort et profond bataillon des cinq cent cinquante députés du Tiers. Modestes d'habits, fermes de marche et de regards, ils allaient encore, sans distinction de partis, tous heureux de ce grand jour qu'ils avaient fait et qui était leur victoire [5].

La brillante petite troupe des députés de la Noblesse venait ensuite avec ses chapeaux à plumes, ses dentelles, ses parements d'or. Les applaudissements qui avaient accueilli le Tiers cessèrent tout à coup sur ces nobles; cependant, quarante environ semblaient de chauds [6] amis du peuple autant que les hommes du Tiers.

Même silence pour le Clergé. Dans cet ordre on voyait très distinctement deux groupes : une noblesse et un tiers-état; une trentaine de prélats en rochets [7] et en robes violettes; à part et séparés par un chœur de musiciens, l'humble troupe de deux cents curés dans leurs noires robes de prêtre.

JULES MICHELET [8].
[Histoire de la Révolution.]

Explications et questions.

Les mots. — 1. *Veni Creator* : premiers mots d'un hymne religieux.

2. *Notre-Dame et Saint-Louis* : étaient alors les deux paroisses de Versailles.

3. *la couronne* : terme figuré mis pour le roi.

4. *plein de trouble et d'espérance* : de *trouble* en songeant aux difficultés de la tâche à accomplir; *d'espérance*, à la pensée des réformes attendues.

5. *leur victoire* : la réunion des États-généraux avait en somme été imposée à la royauté.

6. *chauds* : employé au sens figuré, signifie empressés et sincères.

7. *rochet* : surplis en dentelle à manches étroites que portent les évêques.

8. *Jules Michelet* : l'un des plus grands historiens du XIXe siècle, 1798-1874.

Les idées. — 1. A quels détails reconnaissez-vous que le peuple était heureux d'assister à cette cérémonie ?

2. Expliquez en donnant des exemples : *une grande chose commençait.*

3. Comment étaient vêtus les députés du Tiers ?... de la Noblesse ?... du Clergé ?

4. Le peuple applaudit au passage des députés du Tiers. Pourquoi ?

5. Il se tait lorsque passent les représentants de la Noblesse et du Clergé. Pourquoi ?

6. Par quoi sont séparés les deux groupes du clergé ?
7. En quoi cette journée du 4 mai 1789 fut-elle une grande journée ?

Exercice et sujet de devoir.

Exercice de grammaire. — *Relevez dans le texte lu : six adjectifs numéraux : trois adjectifs démonstratifs ; trois adjectifs possessifs.*

Sujet de devoir. — *Indiquez avec précision, en vous servant au besoin de votre livre d'histoire, ce qu'étaient le Tiers, la Noblesse et le Clergé.*

RAYMONDE GERMAIN

Dans le département de l'Oise, entre Goincourt et Saint-Paul, une importante scierie mécanique faisait entendre tout le long du jour le grincement aigu de ses scies mordant les fûts de bois[1].

Quand la scierie était au repos, elle était gardée par François Germain qui habitait, avec sa femme et ses cinq enfants, une petite maison toute voisine. Mais la famille se trouvant à l'étroit dans la modeste demeure, deux des fillettes, l'aînée, Raymonde, âgée de onze ans et demi, et Suzanne, âgée de cinq ans, couchaient dans une chambre adossée à la scierie.

Une nuit de décembre 1912, François Germain fut brusquement réveillé par des bruits sinistres[2]. D'un bond, il fut à la fenêtre, l'ouvrit et resta glacé d'épouvante par le terrible spectacle[3] qui frappa ses regards. La scierie était en flammes ! Les malheureux parents n'eurent qu'un cri : « Les enfants ! »

Ils se précipitent vers la chambre de Raymonde et de Suzanne ; mais il est impossible d'en approcher : le brasier l'entoure déjà de ses nuages de fumée, de ses tourbillons d'étincelles et de ses flammes. Et les voisins accourus, groupés impuissants[4] autour des pauvres parents désespérés, ne peuvent que pleurer avec eux la mort affreuse des deux fillettes.

Tout à coup, derrière les nuages d'ardente[5] fumée qui tenaient éloignés les plus braves, on voit s'ouvrir la porte sur laquelle tous les yeux étaient obstinément fixés. Et Raymonde paraît portant dans ses bras sa petite sœur qu'elle a enveloppée dans les rideaux de son lit pour la préserver des flammes.

Réveillée par la fumée qui la suffoquait[6], la courageuse enfant, s'oubliant elle-même, avait tout fait pour préserver sa sœur de l'atteinte du feu; et, la prenant dans ses bras, elle avait pu, sous les débris enflammés qui tombaient de toutes parts, traverser l'horrible fournaise et arriver au milieu de la cour. Haletante[7], aveuglée par la fumée, elle déposa toute tremblante son cher fardeau.

A ce moment même, dans un formidable jaillissement de flammes et d'étincelles, le bâtiment s'effondrait avec un épouvantable fracas et le toit de la chambre s'écroulait sur les deux petits lits vides...

Tant de sang-froid et un si merveilleux courage chez une enfant de onze ans et demi mettaient dans tous les yeux de douces larmes d'admiration et de reconnaissance.

(D'après les Braves gens.]

Explications et questions.

Les mots. — 1. *fût de bois :* on nomme ainsi le tronc d'arbre parce qu'il rappelle un fût de colonne.

2. *sinistre :* qui annonce un malheur prochain.

3. *spectacle :* ce qui se voit.

4. *impuissants :* incapables de faire aucune tentative de sauvetage.

5. *fumée ardente :* brûlante et rougie par les flammes voisines.

6. *suffoquer :* étouffer, perdre la respiration.

7. *haletante :* du verbe *haleter :* respirer précipitamment et avec difficulté.

Les idées. — 1. Pourquoi Raymonde et Suzanne ne couchent-elles pas chez leurs parents ?
2. Pourquoi fut-il tout de suite impossible de secourir les deux fillettes ?
3. Que fit Raymonde quand elle fut réveillée par la fumée ?
4. Comment fit-elle preuve de sang-froid ?
5. En quoi son courage est-il remarquable ?
6. En quoi mérite-t-elle l'admiration ?... et la reconnaissance ?

Exercice et sujet de devoir.

Exercice de grammaire. — Place des adjectifs qualificatifs : *Quelle différence y a-t-il entre :* pauvres parents et parents pauvres ; brave homme et homme brave ; homme grand et grand homme, nouveau vin et vin nouveau : maigre dîner et dîner maigre.

Sujet de devoir. — *Dites ce qui serait arrivé si Raymonde Germain avait manqué de sang-froid et de courage ? (Mort horrible des deux enfants. Désespoir des parents...)*

COMMENT LE LOUP PÊCHA
DES ANGUILLES

Le Renard ayant à se venger du Loup organisa une pêche aux anguilles dont son adversaire devait garder un fâcheux souvenir.

C'était aux approches de Noël. Le ciel était clair et semé d'étoiles, et l'étang voisin, si bien gelé, qu'on aurait pu danser sur la glace. Pour faire boire leurs bestiaux, les paysans des environs y avaient fait un trou ; à côté de ce trou, ils laissaient ordinairement un seau.

C'est là que Renard le rusé conduisit le Loup.

« Compère[1], dit-il, voici l'endroit où nous pêcherons des anguilles et quantité d'autres beaux poissons.

— C'est là sans doute l'engin[2], dit le Loup, en montrant

le seau. Frère Renard, attache-le-moi bien solidement à la queue. »

Renard attacha le seau comme il le demandait et le fit descendre dans l'eau.

« Reste bien assis sur le bord du trou, dit-il au Loup, et surtout, évite de remuer afin de ne pas effrayer les poissons. »

Puis, Renard alla s'étendre près d'un buisson à l'abri du

Renard attacha le seau comme il le demandait et le fit descendre dans l'eau.

vent et, le museau allongé entre les pattes, il regardait tranquillement le Loup.

Le Loup, assis sur la glace, laissait pendre dans l'eau le seau et sa queue. Bientôt, l'eau en se gelant commença à enserrer la queue et peu à peu la fixa solidement dans la glace.

Le Loup voulut alors se soulever et tirer le seau à lui. Ne pouvant y réussir, il commença à s'inquiéter et appela Renard, mais Renard feignit* de dormir et ne répondit pas.

Cependant les premières lueurs de l'aube apparaissaient déjà. Renard alors parut se réveiller et se leva : « Frère, dit-il au Loup, allons-nous-en, tu as pris assez de poisson.

— Renard, cria le Loup, j'en ai tant pris que je ne peux pas retirer le seau. Aide-moi vite.

— Ah ! répondit Renard, en riant malicieusement, il faut toujours savoir se borner. Pourquoi en as-tu pris trop ! Tire-toi d'affaire comme tu pourras. »

Et Renard se sauva en poussant des cris pour attirer l'attention des voisins.

Le châtelain qui demeurait près de l'étang s'était, ce matin-là, levé de bonne heure pour aller à la chasse. Un

Le loup, pris dans la glace, faisait des efforts désespérés pour se dégager.

de ses valets aperçut le Loup qui, resté pris dans la glace, faisait des efforts désespérés pour se dégager. « A moi, cria le valet, au loup ! au loup ! »

Aussitôt, tous les chasseurs sortent et on lâche les chiens. Le Loup se hérisse et se défend du mieux qu'il peut.

Le châtelain descend sur la glace, son couteau de chasse à la main et court vers le Loup, mais au moment de frapper, il glisse, tombe, et le couteau atteint la queue qui est coupée tout ras.

Le Loup se sentant libre file droit devant lui sans demander son reste.

Les chiens le poursuivent longtemps, mais il peut enfin leur échapper en disparaissant dans un épais fourré.

Et maintenant, par les sentiers couverts, il s'en va vers

sa tanière[5], en se lamentant. De temps en temps il s'arrête, regarde l'endroit où fut sa queue puis, en geignant,

Il glisse, tombe, et le couteau atteint la queue qui est coupée tout ras.

il reprend sa course et jure qu'il se vengera du traître Renard.

[*Le Roman du Renard* [6].]

Explications et questions.

Les mots. — 1. *Compère :* voir page 15, note 2.

2. *engin :* instrument ou appareil servant à la pêche ou à la chasse.

3. *feignit :* verbe feindre, signifie : faire semblant de...

4. *châtelain :* celui qui possède ou qui habite un *château.*

5. *tanière :* caverne ou terrier servant de demeure aux bêtes fauves.

6. *Le Roman de Renard :* fut écrit au moyen âge ; il raconte les aventures extraordinaires de Renard le rusé.

Les idées. — 1. Pourquoi Renard conduit-il le Loup à la pêche aux anguilles ?

2. Pourquoi ayant placé le Loup au bord du trou, Renard lui recommande-t-il de ne pas bouger ?... Est-ce la vraie raison ?

3. Pourquoi Renard ne répond-il pas au premier appel du Loup ?

3. Que pensez-vous du rôle de Renard ?... et de celui du Loup ?

Exercice et sujet de devoir.

Exercice de grammaire. — Adjectifs qualificatifs et noms : 1° *Trouver un nom correspondant à chacun des adjectifs qualificatifs* *suivants :* clair, voisin, libre, couvert, beau. *2° Trouver un adjectif qualificatif correspondant à :* poisson, glace, étoile, vent, matin. (*Ex. : 1° clair : clarté... 2° poisson : poissonneux...*)

Sujet de devoir. — *En rentrant chez lui le Loup raconte à la Louve, sa femme, ce qui lui est arrivé. Faites-les parler. (Le Loup raconte, la Louve s'indigne contre le Renard.)*

Lecture du Samedi

LE FUSEAU, LA NAVETTE ET L'AIGUILLE

La jeune fille qui habitait seule, une petite maison tout au bout du village avait eu le malheur de perdre ses parents, quand elle n'était encore qu'une fillette. Sa marraine l'avait recueillie par compassion. C'était une pauvre vieille femme, très laborieuse malgré son grand âge, et qui vivait, non sans peine, en travaillant avec le fuseau, la navette¹ et l'aiguille. Elle avait pris chez elle sa filleule, lui avait donné l'habitude et le goût du travail et, en toute chose, l'avait élevée de son mieux.

L'orpheline venait d'avoir quinze ans, lorsque la pauvre vieille, qui était tombée malade, se sentit près de mourir et l'appela auprès de son lit.

« Ma chère enfant, lui dit-elle, je sens que ma fin approche. Je te laisse ma petite maison : tu y seras à l'abri du froid et du mauvais temps. Et voici mon fuseau, ma navette et mon aiguille : avec cela, tu pourras gagner ton pain. »

Elle eut encore la force de bénir la jeune fille, en étendant sur elle ses mains tremblantes ; puis elle ajouta :

« Garde ton cœur pur comme ce beau ciel qui nous éclaire, travaille, sois bonne et tu seras heureuse. »

Ensuite elle ferma les yeux et s'endormit paisiblement pour ne plus se réveiller. La jeune fille lui rendit les derniers devoirs et l'accompagna au cimetière, en pleurant de tout son cœur.

Désormais elle vécut seule dans la petite maison et travailla sans relâche avec le fuseau, la navette et l'aiguille. Le souvenir de sa bonne vieille marraine lui donnait du courage, et la bénédiction qu'elle avait reçue semblait lui porter bonheur en tout ce qu'elle faisait. Dès qu'elle avait tissé une pièce de toile, un tapis, ou achevé de coudre une chemise, il se présentait tout de suite un acheteur, qui payait sans marchander. Elle était à l'abri de la misère, et même, en ménageant ce qu'elle gagnait, elle avait parfois le bonheur de venir en aide à de pauvres gens sans ressources.

Or, en ce temps-là, le fils du roi parcourait à cheval le royaume de son père, cherchant une femme qui lui convînt. Persuadé que l'on peut dans la pauvreté, mieux que dans l'opulence[2], être riche de vertus[3], il disait : « Celle qui sera tout ensemble la plus pauvre et la plus riche, voilà celle que je veux avoir pour femme. »

A son arrivée dans le village, il demanda comme il l'avait fait partout, qu'on lui indiquât la jeune fille à la fois la plus pauvre et la plus riche. Ne comprenant pas sa pensée, les gens lui nommèrent d'abord la plus riche ; ils ajoutèrent que la plus pauvre devait être celle qui habitait, seule, une petite maison au bout du village.

La jeune fille la plus riche, parée de ses plus beaux atours[4], l'attendit, assise devant sa porte ; et, lorsqu'il passa sur son cheval, elle se leva, s'avança vers lui et s'inclina profondément. Le prince la regarda sans dire un mot, salua, mais n'arrêta point sa monture.

« Tu es la plus pauvre, lui dit-il, et tu es aussi la plus riche. Veux-tu venir
avec moi? Tu seras ma chère compagne. »

Arrivé à la maison de la plus pauvre, il ne la vit pas devant sa porte; elle travaillait dans sa petite chambre. Il retint son cheval et, par la fenêtre, il aperçut, dans la lumière d'un gai soleil de printemps, la jeune fille assise et filant, sans que rien parût la distraire de sa tâche. Elle voyait bien, cependant, que le jeune homme s'était arrêté pour la regarder: rougissante et confuse, elle baissa les yeux et continua de filer. Je ne répondrais pas que son fil, à ce moment-là, fût aussi égal que d'habitude.

Elle travailla jusqu'à ce que le prince fût parti. Alors elle alla ouvrir la fenêtre en disant: « Qu'il fait donc chaud dans cette chambre! » Peut-être, en effet, y faisait-il chaud, à cause du bon soleil qui la remplissait; mais je sais bien que la jeune fille, en se penchant à la fenêtre, suivit des yeux le fils du roi, aussi longtemps qu'elle put voir les plumes blanches de son chapeau.

Ensuite elle se remit à filer. Tout en travaillant, elle se rappela une chanson qu'elle avait souvent entendu chanter à sa pauvre vieille marraine. La chanson commençait ainsi:

Fuseau, fuseau, dépêche-toi!
Vite, amène mon cher fiancé sous mon toit!

Comme la jeune fille fredonnait ces paroles presque sans y songer, qu'arriva-t-il? C'est que le fuseau lui échappa des mains et sauta par la fenêtre. Toute surprise, elle se leva et le vit danser à travers champs, sur le chemin que le fils du roi avait suivi; il traînait derrière lui un brillant fil d'or. Bientôt elle le vit disparaître. Privée de son fuseau, elle prit sa navette et se mit à tisser.

Toujours dansant, le fuseau atteignit le prince juste au moment où tout le fil était déroulé. « Que vois-je? s'écria le jeune homme: un fuseau qui veut me montrer mon chemin? » Il fit tourner son cheval et, suivant le fil d'or, il revint sur ses pas.

La jeune fille, en travaillant, continuait la chanson :

Avec les plus riches couleurs
Tisse pour lui, navette, un doux chemin de fleurs !

Aussitôt la navette quitta ses mains, franchissant la fenêtre et, depuis le seuil de la maison jusqu'au milieu de la route, se mit à tisser un si beau tapis que jamais vous n'en avez vu un pareil. La navette courait d'un bout à l'autre du tapis, et son ouvrage fut achevé avec une rapidité merveilleuse.

N'ayant plus sa navette, la jeune fille se mit à coudre ; et en tirant l'aiguille elle chanta :

Aiguille, aiguille, il vient chez nous !
Pare bien la maison : c'est pour mon jeune époux !

L'aiguille, à ces paroles, lui échappa des doigts et vola par toute la chambre avec la vitesse de l'éclair : la table, les chaises, le lit, se couvrirent de velours vert ; des rideaux de soie brillèrent le long de la fenêtre ; et partout l'aiguille jetait, en voltigeant, les plus délicates broderies.

A peine avait-elle fait son dernier point, que des plumes blanches apparurent devant la fenêtre. Le prince avait suivi le fil d'or jusque devant la petite maison. Il descendit de cheval, s'avança sur le beau tapis, entra, et trouva dans la chambre la jeune fille encore vêtue de sa pauvre robe de travail. Dans ses humbles vêtements, elle lui parut aussi radieuse qu'une rose sur un buisson.

« Tu es la plus pauvre, lui dit-il, et tu es aussi la plus riche. Veux-tu venir avec moi ? Tu seras ma chère compagne. »

Elle n'osait pas lui répondre, mais elle lui tendit sa main, sur laquelle il mit un baiser. Ensuite il l'emmena de la maison, la fit monter avec lui sur son cheval et la conduisit au château du roi, où l'on célébra leurs noces magnifiquement.

D'après Maurice Bouchor[7].

[*Contes*[**]. — Librairie A. Colin.]

Explications et questions.

Les mots. — 1. *navette* : petit instrument de forme allongée qui sert à tisser les étoffes et les tapisseries.

2. *opulence* : grande abondance de biens, richesse.

3. *riche de vertus* : qui possède de nombreuses vertus.

4. *atours* : vêtements et parure de fête.

5. *distraire* : a ici le sens étymologique *tirer* son attention *loin* de sa tâche.

6. *la plus riche* : sous-entendu, la plus riche de vertus.

7. *M. Bouchor* : poète et écrivain contemporain.

Les idées. — 1. Quel conseil donna à sa filleule la vieille femme en mourant ?

2. Comment la jeune fille mit-elle à profit les conseils de sa marraine ? Citez des détails précis.

3. Quelles qualités le fils du Roi voulait-il pour celle qui devait être sa femme ?

4. Pourquoi ne fait-il aucun cas de la plus riche jeune fille du village ?

5. Que fit le fuseau ?... la navette ?... l'aiguille ?...

6. Montrez que la plus pauvre est en même temps la plus riche.

Exercice et sujet de devoir.

Exercice de grammaire. — Conjugaison : *Conjuguer au présent, au passé simple et au futur simple :* Je prends ma navette et me mets à tisser.

Sujet de devoir écrit ou exercice de conversation. — *Rappelez par quelles qualités Jeannet dont vous avez déjà lu l'histoire, put épouser la fille du roi... et dites les qualités qui attirèrent l'attention du fils du roi sur la jeune fille dont il vient d'être parlé.*

PANORAMA DE LYON

De Fourvière[1], l'œil se repose sur un des plus riants et des plus vastes panoramas[2]. A vos pieds, toute cette partie ancienne[3] de la ville, étagée en amphithéâtre[4], entremêlée d'arbres et d'enclos de vignes; plus bas, les véritables palais de Lyon, les beaux quais, lès hauts et larges édifices, et toutes ces rues, ces places, ces monuments encadrés entre ce large fleuve du Rhône et la rivière de la Saône, qui les embrassent de chaque côté, et vont se rejoindre à l'extrémité de la ville.

Si c'est le matin au lever du soleil, un brouillard vous dérobe peut-être encore la vue de la campagne, mais il monte peu à peu, il s'éclaircit comme une gaze[5]; les rayons du soleil le pénètrent de leurs chaudes couleurs; le vent joue avec lui, le déchire, et le chasse par lambeaux. Et tout à coup, ce grand rideau de théâtre[6] est levé, et la scène vous apparaît vaste, riante, pleine de vie et de majesté : là-bas, la campagne de Lyon couverte de jardins, de villas[7]; plus loin, les vastes plaines du Dauphiné et, derrière, cette grande chaîne des Alpes, ce mont Blanc, dont le sommet couvert de glace reflète[8] toutes les teintes de lumière, tandis qu'à gauche l'œil peut s'arrêter longtemps sur ce tableau pittoresque de la Croix-Rousse[9], et à droite, sur ces vallons riants où sont situés la Mulatière et le village d'Oullins[10].

X. MARMIER[11].

[Scènes et récits. Hachette et Cie, édit.]

Explications et questions.

Les mots. — 1. *Fourvière :* colline située à l'ouest de Lyon et sur laquelle se trouve une basilique célèbre (*v. la gravure*).

2. *panorama :* signifie ici vaste étendue de pays qu'on découvre d'un point élevé.

3. *partie ancienne:* la partie d'origine gallo-romaine.

4. *en amphithéâtre :* qui va en se relevant graduellement autour du spectateur.

5. *gaze :* étoffe légère et transparente tissée en soie ou en lin. Les premières étoffes apportées en Europe venaient de *Gaza* en Syrie.

6. *rideau de théâtre:* grande toile peinte qui cache la scène pendant les entr'actes; l'expression est ici prise au figuré.

7. *villa:* élégante maison de campagne.

8. *refléter:* renvoyer comme le ferait un miroir (les teintes changent selon la position du soleil).

9. *Croix-Rousse :* colline située entre le Rhône et la Saône au nord de Lyon et qui porte un faubourg très peuplé où l'on tisse la soie.

10. *la Mulatière et Oullins :* localités industrielles situées au sud de Lyon près du confluent du Rhône et de la Saône.

11. *Xavier Marmier :* écrivain français (1809-1892).

Les idées. — 1. Où est placé le spectateur?
2. Que voit-il d'abord?... (*A ses pieds...*) et ensuite?... (*plus bas...*)
3. Comment apparaît la campagne lyonnaise?
4. A quoi l'auteur compare-t-il le brouillard?... pourquoi?...
5. Qu'est-ce qui limite le paysage tout au fond vers l'est?...
6. Que voit-on à gauche vers le nord?... et à droite vers le sud?,

Exercice et sujets de devoir.

Exercice de grammaire. — Adjectifs indéfinis : *Analysez les mots;* un, toute, toutes, chaque, une.

Sujets de devoir. — 1° *Essayez de retrouver le plan suivi par l'auteur*
2° *Décrivez votre village (ou votre ville) et ses environs en suivant le même plan que celui de la description de Lyon.*

LES MAÇONS

Fredonnant sur leurs mâts[1], sifflant sur leurs échelles,
Ils travaillent, pareils à des couples d'oiseaux.
Leur cœur est simple et droit[2], leur tâche étant de celles
Qui suivent sans écart la règle et le cordeau....

Ils sont les compagnons joyeux de la lumière.
L'hirondelle a pour eux un cri plus fraternel,
Et, cimentant[3] d'étage en étage la pierre,
Leur labeur chaque jour les hausse vers le ciel.

Et lorsque avec son toit et sa flèche élancée
La maison vierge[4] rit, leur caprice coquet[5],
Comme un galant fleurit sa jeune fiancée,
Pique, sur le pignon[6], la grâce d'un bouquet[7].

CH. DORNIER[8].
[Notre pain quotidien.]

Explications et questions.

Les mots. — 1. *leurs mâts :* les | longues pièces de bois qui supportent les échafaudages sur lesquels les maçons travaillent.

2. *droit : sens figuré :* loyal et franc, sans détour.

3. *cimenter :* lier avec un mortier spécial et très solide appelé *ciment.*

4. *la maison vierge :* la maison qui vient d'être achevée et que personne n'a habitée encore.

5. *coquet :* élégant, préoccupé de parure.

6. *pignon :* sommet de la partie triangulaire d'un mur qui supporte le faîte.

7 *la grâce d'un bouquet :* on pique le bouquet et il en résulte un effet gracieux.

8. *Charles Dornier :* poète et romancier contemporain.

Les idées. — 1. Pourquoi l'auteur compare-t-il les maçons à des oiseaux? (*la réponse est dans le 1er vers.*)

2. Pourquoi l'hirondelle les salue-t-elle d'un cri plus fraternel?

3. Comment montrent-ils qu'ils ont la fierté de leur travail ?

4. Trouvez dans le texte des exemples indiquant que le travail ennoblit le travailleur (*Leur cœur est simple et droit parce que... ils sont gais et ils aiment la lumière... leur labeur les élève vers le ciel... ils ont la fierté de leur œuvre...*)

Conseils pour la récitation.

Tout le morceau reflète la gaieté et la bonne humeur qui résultent de l'action ; il doit être dit avec entrain. Bien détacher les mots fredonnant, sifflant, ils travaillent, joyeux, les hausse, élancée, Pique, grâce, bouquet. *Atténuer le vers :* Comme un galant fleurit sa jeune fiancée, *de manière à ne pas trop séparer* caprice coquet *et* pique.

Éviter de s'arrêter après étant de celles ; *par contre marquer un temps d'arrêt entre* la maison vierge *et* rit.

LE CHARBON RACONTE SON HISTOIRE

Au fond d'un bûcher, le charbon, le coke et la bûche se sont rencontrés : ils font connaissance, se racontent leur vie et s'aperçoivent bientôt qu'ils sont de la même famille.

... Moi, dit le charbon, je fus d'abord un arbre superbe entre tous ceux de la forêt ; soutenues par mon tronc puissant, mes branches et mes feuilles s'ouvraient joyeusement au grand soleil.

Mais pendant toute une saison, des pluies, des tempêtes,

des inondations et des tremblements de terre bouleversèrent affreusement la surface du globe. Je fus arraché du sol où je vivais, ballotté en divers lieux et, après des jours et des jours, je me trouvai enfoui sous la terre et si pressé par tout ce qui pesait sur moi que j'en étais comme écrasé. Puis je ressentis une chaleur[1] affreuse pendant longtemps et il me semblait que je me changeais en une masse pierreuse[2]. La chaleur cessa enfin; mais pendant plus de vingt mille ans, je restai enfoui sous les lourdes couches du sol qui toujours m'oppressaient[3]. Un jour, j'entendis des coups frappés tout près de moi, et bientôt je vis apparaître des hommes[4] armés de pics et porteurs de petites lampes qui me rappelèrent la douce lumière des étoiles que j'avais tant admirées pendant la nuit quand j'étais un bel arbre de la forêt.

Détaché à grands coups de pic, de ces roches qui m'écrasaient, je fus placé dans de grandes caisses[5] et après avoir monté longtemps, j'eus encore une fois le bonheur de revoir le beau soleil d'autrefois.

Mais je sais maintenant ce qui m'attend; mon frère le coke[6] m'a raconté sa triste histoire et je sais, hélas! que je dois être réduit en cendres dans un foyer et disparaître ensuite.

Une pensée, pourtant, me console, c'est que ma mort sera utile à quelque chose : grâce à ma flamme puissante, les fabriques produiront des multitudes d'objets, les chemins de fer transporteront des voyageurs par toute la terre et les grands vaisseaux sillonneront les vastes mers. Peut-être, et s'il en est ainsi, ma joie n'en sera point diminuée, peut-être, réchaufferai-je tout simplement l'humble foyer du pauvre.

Heureux, ajouta le charbon, ceux qui disparaissent après avoir fait le bien. Et il vint s'asseoir tout près de son frère le coke et de sa jeune sœur la bûche[7].

Le coke alors cessa de gémir sur son sort et la bûche songea avec moins d'inquiétude à l'hiver qui s'avançait.

[*Imité de Karl Ewald*[8].]

Explications et questions.

Les mots. — 1. *chaleur* : la chaleur terrestre qui dut, à certaines périodes se faire sentir jusqu'à la surface du sol.]

2. *masse pierreuse* : de la nature de la *pierre*. Le bois se transforme en houille ou en charbon de terre.

3. *oppresser* : presser fortement, gêner la respiration (*Remarquer que l'arbre est personnifié, puisqu'il parle*).

4. *des hommes* : des mineurs.

5. *caisses* : les bennes qui servent à monter au jour le charbon extrait de la mine.

6. *le coke* : charbon de terre d'où on a extrait le gaz d'éclairage.

7. *sa sœur la bûche* : se rappeler que le charbon a été lui-même un arbre.

8. *Karl Ewald* : écrivain danois contemporain.

Les idées. — 1. Que fut autrefois le charbon ?
2. Comment fut-il enfoui dans les profondeurs du sol ?
3. Comment fut-il ramené à la lumière du jour ?
4. Que lui a raconté son frère le coke ?
5. Comment se console-t-il en songeant au sort qui l'attend ?
6. Sa résignation est-elle partagée par le coke et par la bûche ?

Exercice et sujet de devoir.

Exercice de grammaire. — Les adjectifs, revision : *Trouver, dans le texte lu, des adjectifs qualificatifs, possessifs, démonstratifs, numéraux et indéfinis (un ou deux de chaque sorte.)*

Sujet de devoir. — *Faites parler la bûche à son tour.*

L'HIVER EN PROVENCE

*Lettre de M*ⁿᵉ *de Sévigné*[1] *à M. de Coulanges*[2].

Grignan[3], 3 février 1695.

Mⁿᵉ de Chaulnes[4] me mande[5] que je suis trop heureuse d'être ici avec un beau soleil : elle croit que tous nos jours sont filés d'or et de soie[6].

Hélas ! mon cousin, nous avons cent fois plus de froid ici qu'à Paris ; nous sommes exposés à tous les vents : c'est le vent du midi, c'est la bise[7], c'est le diable, c'est à qui nous insultera ; ils se battent entre eux pour avoir l'honneur de nous renfermer dans nos chambres ; toutes nos rivières sont prises[8] ; le Rhône, ce Rhône si furieux, n'y résiste pas[9] ; nos écritoires sont gelées ; nos plumes ne sont pas conduites par nos doigts[10], qui sont transis[11] ; nous ne respirons que de la neige... ; voilà où nous en sommes.

Contez un peu cela à notre[12] duchesse de Chaulnes, qui nous croit dans les prairies avec des parasols, nous promenant à l'ombre des orangers. Le froid me glace et me fait tomber la plume des mains.

Explications et questions.

Les mots. — 1. *Mme de Sévigné :* un de nos meilleurs écrivains du xviie siècle, célèbre par ses lettres.

2. *M. de Coulanges :* un cousin de Mme de Sévigné.

3. *Grignan :* Mme de Sévigné était alors chez sa fille, au château de Grignan situé près de Montélimar.

4. *Mme de Chaulnes :* femme du duc de Chaulnes, gouverneur de Bretagne, et amie de Mme de Sévigné. Mme de Chaulnes croit qu'il suffit d'être dans le Midi pour jouir d'un « beau soleil ».

5. *me mande :* me fait savoir, m'écrit.

6. *jours filés d'or et de soie :* allusion aux Parques qui, d'après les Anciens, filaient la vie des hommes. — Si elles filaient avec l'or ou la soie, la vie était heureuse.

7. *la bise :* vent froid au nord, appelé *mistral* dans le Midi.

8. *rivières prises :* mis pour rivières gelées.

9. *n'y résiste pas :* le Rhône est gelé lui-même, malgré la rapidité de son courant.

10. *ne sont pas conduites par nos doigts :* sous-entendu mais par nos cœurs. — Les doigts sont engourdis ; on n'écrirait pas si on ne tenait à ses amis.

11. *transis :* engourdis par le froid.

12. *notre duchesse :* mis pour notre amie la duchesse.

Les idées. — 1. D'où Mme de Sévigné écrit-elle ?

2. Rappelez ce que Mme de Chaulnes lui a écrit.

3. Quel temps fait-il en Provence ?

4. De quoi se plaint Mme de Sévigné ?

5. Comment Mme de Sévigné montre-t-elle à quel point Mme de Chaulnes s'est trompée ?

6. Remarquez avec quel esprit Mme de Sévigné sait écrire une lettre où elle ne parle en somme que du temps qu'il fait.

7. Remarquez aussi la simplicité du plan suivi.
    a. L'erreur de Mme de Chaulnes (*1er paragraphe*).
    b. La vérité (*2e paragraphe*).
    c. Conclusion où l'erreur et la vérité sont rapprochées d'une amusante façon (*3e paragraphe*).

Exercice et sujet de devoir.

Exercice de grammaire. — **Le pronom personnel :** *Indiquez la personne que désignent les pronoms personnels suivants qui se trouvent dans le texte lu :* me, je, elle, nous, ils, eux, me. *Ex. :* me *désigne* Mme *de Sévigné.*

Sujet de devoir. — *En venant à l'école, ce matin, qu'avez-vous observé qui indique que l'hiver est venu (Le ciel, la terre, les arbres, les personnes, les animaux...)*

Lecture du Samedi

NAÏVETÉ

Le jeune David Copperfield qui vient de quitter sa famille, entre dans un restaurant pour s'y faire servir à dîner. Mais il est timide et naïf et le garçon qui s'en aperçoit tout de suite, en abuse avec une si joyeuse habileté que, tout en se moquant de David et en mangeant son dîner, il le laisse parfaitement satisfait.

Il me semblait que je prenais une étrange liberté d'oser m'asseoir, ma casquette à la main, sur un coin de la chaise la plus rapprochée de la porte ; et lorsque je vis le garçon mettre la nappe, tout exprès pour moi, et y placer les assaisonnements, j'ai dû, je crois, devenir tout rouge de modestie.

Il m'apporta des côtelettes et des légumes, et enleva les

couvercles des plats avec tant de brusquerie que j'eus peur de l'avoir offensé de quelque façon. Mais il me rassura grandement en mettant pour moi une chaise à table et en me disant d'un ton très affable : « Maintenant, Six pieds, six pouces [1] ! commencez ! »

Je le remerciai et pris place à table ; mais il me semblait extrêmement difficile de manier mon couteau et ma fourchette sans trop de maladresse, ou d'éviter de m'éclabousser de sauce, pendant qu'il se tenait debout devant en face de moi, ne me quittant pas des yeux, et me faisant rougir jusqu'aux oreilles chaque fois que je rencontrais son regard. Lorsque j'entamais la seconde côtelette, il me dit :

« Il y a une demi-pinte [2] de bière pour vous. La voulez-vous maintenant ?

— Merci, dis-je. Je veux bien. Alors il versa la bière d'une cruche dans un grand verre, l'éleva à contre-jour pour m'en faire remarquer la belle couleur.

— Ça paraît beaucoup, n'est-ce pas ?

— Cela paraît beaucoup en effet, » répondis-je en souriant. Car j'étais charmé de le voir si aimable. C'était un homme, aux yeux pétillants, au visage rougeaud, avec des cheveux tout hérissés, et, se tenant ainsi, le poing sur la hanche, et le verre de bière à la main en pleine lumière, il avait tout à fait bonne mine.

« Hier, il y avait ici un monsieur, dit-il, un gros monsieur, du nom de Tapsacoyer — peut-être le connaissez-vous ?

— Non, dis-je, je ne crois pas...

— En culotte, guêtres, chapeau à larges bords, veston gris,... dit le garçon.

— Non, dis-je confus. Je n'ai pas le plaisir.....

— Il vint ici, dit le garçon en continuant à regarder la bière à la fenêtre, commanda un verre de cette bière..

Ah, il l'a voulu... Je l'avais averti... Il le but, et tomba mort. Elle était trop forte pour lui. On ne devrait plus en donner, c'est bien sûr. »

J'étais épouvanté de ce terrible accident et dis :

« Je crois que je ferai bien de boire de l'eau.

— C'est que, voyez-vous, dit le garçon, qui regardait toujours le verre de bière à la lumière, en fermant un œil. Le patron n'aime pas beaucoup qu'on laisse ce qu'on a commandé ; cela le blesse. Mais, je la boirai si vous voulez. J'y suis habitué, et l'habitude, c'est tout. Je ne pense pas que cela me fasse mal pourvu que je renverse la tête en arrière et que je l'avale vite. Faut-il ? »

Je lui répondis qu'il me rendrait un grand service en la buvant, pourvu que cela ne pût lui faire de mal ; sinon, je ne le voulais à aucun prix. Quand il rejeta en effet sa tête en arrière, et avala d'un trait, je fus saisi, je l'avoue, d'une terrible frayeur de lui voir suivre le sort du pauvre M. Tapsacoyer et tomber raide mort sur le tapis. Mais cela ne lui fit aucun mal. Bien au contraire, je crois qu'il paraissait le plus frais du monde.

« Qu'avons-nous donc là ? dit-il, en mettant une fourchette sur mon plat. N'est-ce pas des côtelettes ?

— Si, des côtelettes, dis-je.

— Que Dieu me bénisse, s'écria-t-il, je ne savais pas que c'était des côtelettes. C'est justement ce qu'il faut pour neutraliser les mauvais effets de la bière. N'est-ce pas une chance ? »

D'une main, il saisit une côtelette ; de l'autre une pomme de terre et mangea le tout du meilleur appétit à mon extrême satisfaction. Il prit ensuite une autre côtelette et une autre pomme de terre. Quand il eut fini, il m'apporta un pudding [2], et l'ayant posé devant moi, sembla ruminer en lui-même et resta absorbé dans ses réflexions pendant quelques instants.

NAÏVETÉ

Quand il rejeta sa tête en arrière et avala d'un trait la demi-pinte de bière, je fus saisi, je l'avoue, d'une terrible frayeur.

« Comment trouvez-vous le pâté, dit-il tout d'un coup.

— C'est un pudding, répondis-je.

— Un pudding ! s'écria-t-il. Oui vraiment c'en est un ! mais, dit-il en le contemplant de plus près, ne voudriez-vous pas dire que c'est un pudding aux fruits.

— Si, certainement.

— Et mais, un pudding aux fruits, dit-il, attrapant une cuillère à ragoût, c'est mon pudding favori[4] ! N'est-ce pas de la chance ? Allons, petit, voyons qui en mangera le plus. »

Ce fut certainement le garçon qui en mangea le plus. Il me supplia plus d'une fois de me dépêcher pour gagner la gageure ; mais il y avait une telle différence entre sa cuillère à ragoût et ma cuillère à dessert, entre sa dextérité et la mienne, entre son appétit et le mien que je fus laissé bien loin en arrière à la première bouchée et n'avais aucune chance de gagner avec lui. Je crois que je n'ai jamais vu quelqu'un avoir tant de plaisir à manger un pudding : il avait déjà fini qu'il riait encore de plaisir comme s'il le savourait toujours.

CH. DICKENS[5].
[D'après la traduction de Marcel Mironneau.]

Explications et questions.

Les mots. — 1. *Six pieds, six pouces :* c'est la taille d'un géant : or David est de petite taille. Le garçon se moque déjà de lui.

2. *demi-pinte :* ancienne mesure valant un peu moins d'un quart de litre.

3. *pudding :* sorte de gâteau fait avec de la farine, des œufs et des raisins de Corinthe.

4. *mon pudding favori :* celui que je préfère à tous les autres.

5. *Charles Dickens :* romancier et conteur anglais (1812-1870).

Les idées. — 1. Comment se manifeste la timidité de David ?

2. Pourquoi le garçon raconte-t-il qu'un client est mort hier pour avoir bu de cette bière ?... Pourquoi multiplie-t-il les détails ?

3. Que pensez-vous de David suppliant le garçon de lui rendre le service de boire sa bière ?

4. Pour quelles raisons le garçon avale-t-il les côtelettes ?... et le pudding ?...

5. Indiquez les détails qui montrent que David est vraiment par trop naïf !

6. Que pensez-vous du garçon ?

Exercice et sujet de devoir.

Exercice de grammaire. — Pronoms personnels : *Trouvez dans le texte trois pronoms personnels de la 1ʳᵉ personne du singulier et trois de la 3ᵉ personne du singulier ; un de la 1ʳᵉ du pluriel et un de la 2ᵉ du pluriel.*

Sujet de devoir. — *Rappelez une circonstance où votre timidité vous a fait commettre une maladresse ou une sottise.*

Charles Dickens.

LA CHANSON DU RAYON
DE LUNE

Sais-tu qui je suis? Le rayon de lune.
Sais-tu d'où je viens? Regarde là-haut,
Ma mère[1] est brillante et la nuit est brune.
Je rampe sous l'arbre et glisse sur l'eau;
Je m'étends sur l'herbe et cours sur la dune[2];
Je grimpe au mur noir, au tronc du bouleau,
Comme un maraudeur qui cherche fortune.
Je n'ai jamais froid; je n'ai jamais chaud...

    Ma mère soulève[3]
    Les flots écumeux;
    Alors je me lève,
    Et sur chaque grève[4]
    J'agite mes feux.
    Puis j'endors la sève[5]

Par les bois ombreux;
Et ma clarté brève,
Dans les chemins creux,
Parfois semble un glaive
Au passant peureux.
Je donne le rêve
Aux esprits joyeux,
Un instant de trêve[6]
Aux cœurs malheureux.

Sais-tu qui je suis?... Le rayon de lune.
Et sais-tu pourquoi je viens de là-haut?
Sous les arbres noirs, la nuit était brune;
Tu pouvais te perdre et glisser dans l'eau,
Errer par les bois, vaguer[7] sur la dune,
Te heurter dans l'ombre au tronc du bouleau.
Je veux te montrer la route opportune[8];
Et voilà pourquoi je viens de là-haut.

GUY DE MAUPASSANT[9].
[*Des Vers.* Fasquelle, édit.]

Explications et questions.

Les mots. — 1. *ma mère* : la lune.

2. *dune* : monticule de sable sur la côte.

3. *ma mère soulève* : c'est en effet sous l'action de la lune que se produisent les marées.

4. *grève* : plage de sable et de gravier.

5. *j'endors la sève* : il endort les arbres, et la sève ne circule plus.

6. *trêve* : répit (aux souffrances).

7. *vaguer* : aller à l'aventure, sans savoir où.

8. *route opportune* : la bonne route, celle qu'il convient de prendre.

9. *Guy de Maupassant* : romancier français du siècle dernier (1850-1893).

Les idées. — 1. Enumérez les différentes actions que fait le rayon de lune.

2. Quels services rend-il?

3. Relevez l'opposition de mots et d'idées qui se trouve dans les quatre derniers vers de la 2e strophe (*Je donne le rêve...*)

4. Répondez brièvement à cette question : Pourquoi le rayon de lune descend-il de là haut?

Conseils pour la récitation.

Tout le morceau doit être dit avec légèreté et finesse. Il faut bien marquer les interrogations de la 1re et de la 3e strophes en observant que le rayon de lune se répond à lui-même, et qu'il est certainement amusé par le nombre des tâches qu'il s'attribue.

Les vers plus courts de la 2e strophe doivent être dits en glissant, et en évitant de s'arrêter après soulève, grève, sève, trêve.

Faire une légère pause après : Aux esprits joyeux, de manière à marquer la place du verbe sous-entendu je donne (un instant de trêve...)

En terminant, faire bien ressortir, après la longue énumération des services, toute l'importance du vers : Et voilà pourquoi je viens de là haut. Pour cela, il suffit de marquer un arrêt après : opportune et de dire lentement ce dernier vers en mettant bien en valeur le mot pourquoi.

LA FÊTE DE LA FÉDÉRATION
EN PROVINCE... 1790

En même temps qu'avait lieu à Paris la grande fête de la Fédération nationale, des fêtes inspirées par la même idée et les mêmes sentiments furent célébrées dans les provinces.

À Saint-Andéol[1], l'honneur de prêter le serment à la tête de tout le peuple fut déféré[2] à deux vieillards de quatre-vingt-treize et quatre-vingt-quatorze ans. L'un noble, colonel de la garde nationale, l'autre, simple laboureur. Ils s'embrassèrent en remerciant le ciel d'avoir vécu jusque-là.

Les assistants émus, crurent voir, dans ces deux hommes vénérables, l'éternelle réconciliation des partis. Ils se jetèrent dans les bras les uns des autres, se prirent par la main; une farandole[3] immense, comprenant tout le monde, sans exception, se déroula par la ville, dans les champs, vers les montagnes de l'Ardèche et vers les prairies du Rhône.

Dans les villages surtout, il n'y a plus ni riche ni pauvre,
ni noble ni roturier[4]; les vivres sont en commun, les tables

Ils s'embrassèrent en remerciant le ciel d'avoir vécu jusque-là.

communes. Les discordes[5] ont disparu. Les ennemis se
réconcilient, les sectes[6] opposées fraternisent.

A Saint-Jean-du-Gard, près d'Alais, le curé et le pasteur

s'embrassèrent à l'autel[1]. Les catholiques menèrent les protestants à l'église, le pasteur[8] siégea à la première place du chœur. Mêmes honneurs rendus par les protestants au curé qui, placé chez eux au lieu le plus honorable, écouta le sermon du ministre.

JULES MICHELET[9].

[*France et Français*. Librairie A. Colin.]

Explications et questions.

Les mots. — 1. *Saint-Andéol* ou *Bourg-Saint-Andéol* : petite ville du département de l'Ardèche située sur la rive droite du Rhône.

2. *déférer* : a le sens de décerner, attribuer.

3. *farandole* : danse d'origine provençale, dans laquelle les danseurs évoluent en longues files en se tenant par la main.

4. *roturier* : qui n'est pas né noble.

5. *discorde* : désaccord, divisions hostiles… (étym : *cœurs sé-* parés : le contraire est *concorde*, cœurs unis.)

6. *secte* : réunion de personnes ayant même opinion.

7. *autel et chœur* : *Autel* : table élevée sur laquelle le prêtre dit la messe ; *chœur* partie de l'église placée immédiatement devant l'autel.

8. *pasteur et ministre* : termes synonymes pour désigner les prêtres de la religion protestante.

9. *Michelet* : historien et écrivain français de grand talent (1798-1874).

Les idées. — 1. Où se passe la scène décrite.

2. Comment furent choisis ceux qui prêtèrent le serment au nom de tous ?… Expliquez ce choix ?

3. Quel fut le résultat de cette fête ?

4. Que firent les catholiques et les protestants jusqu'alors adversaires ?

5. Remarquez que partout on s'embrasse : c'est aussi la fête de la fraternité.

Exercice et sujet de devoir.

Exercice de grammaire. — Fonction des pronoms personnels : *Analysez les pronoms personnels suivants :* Ils (s'embrassèrent) ; se (prirent) ; se (déroula) *et indiquez le rôle grammatical de chacun.*

Sujet de devoir. — *En vous servant au besoin de votre livre d'histoire, expliquez les expressions : Fédération nationale ; garde nationale ; noblesse ; clergé.*

LA PETITE BOULANGÈRE D'EXOUDUN[1]

Elle est touchante et jolie, l'histoire de la petite boulangère d'Exoudun, et elle nous montre que l'énergie et le courage d'une jeune fille peuvent s'élever parfois jusqu'à l'héroïsme.

Le boulanger Daniau suffisait seul, avant la guerre, à satisfaire sa nombreuse clientèle éparpillée dans les hameaux qui environnent la petite ville d'Exoudun. Appelé par la mobilisation[2], Daniau dut laisser son four s'éteindre, mais aussitôt les clients affluèrent de toutes parts à la boulangerie pour dire leur embarras et leurs inquiétudes.

C'est alors que la jeune Madeleine Daniau, âgée de quatorze ans, songea qu'elle pouvait peut-être se rendre utile à cette population de femmes, d'enfants et de vieillards à qui le pain allait manquer.

Sans s'inquiéter de la faiblesse de ses bras, aidée seulement de son petit frère âgé de dix ans à peine, elle se met courageusement à un travail au-dessus de ses forces.

Elle sait à peu près ce qu'il faut faire, mais l'assurance lui fait défaut[3] et, sans le laisser paraître, elle tremble de ne pas réussir. La pâte pétrie et enfournée, Madeleine Daniau attend anxieuse... Dans le four chaud, les pâtons[4] se gonflent et se dorent et la courageuse enfant reprend confiance. Les clients auront du pain ce soir.

Après quelques jours de vaillants efforts, Madeleine a acquis le tour de main des meilleurs ouvriers. Mais elle ne sera satisfaite que lorsqu'elle saura faire le pain de fantaisie. Le père profite d'une permission de quelques jours pour lui apprendre ce travail délicat et bientôt la boulangerie peut répondre à toutes les demandes.

Chaque jour, Madeleine fabrique quatre cents kilogrammes de pain. Debout dès quatre heures du matin, elle pétrit, chauffe le four, enfourne et, avec une magnifique vaillance, elle se déclare maintenant capable de suffire à ces dures et pénibles besognes.

Dès le premier moment, Madeleine Daniau avait compris que la guerre ne doit pas interrompre la vie du pays, et qu'il est du devoir de chacun de s'y employer de toutes les forces de sa volonté et de son courage.

Honneur à cette enfant héroïque : l'exemple qu'elle a donné est une leçon pour tous.

***

Explications et questions.

Les mots. — 1. *Exoudun* : bourg du département des Deux-Sèvres, arrondissement de Melle.

2. *mobilisation* : appel général de tous les hommes en état de porter les armes.

3. *l'assurance lui fait défaut*: Elle manque de confiance en elle-même ; elle n'est pas sûre de réussir.

5. *pâton* : morceau de *pâte* que la cuisson transforme en pain.

Les idées. — 1. Pourquoi la petite ville d'Exoudun était-elle menacée de manquer de pain ?

2. Qui aurait surtout souffert de la fermeture de la boulangerie?

3. Que fit Madeleine Daniau ?

4. Pourquoi est-elle inquiète pendant que cuit sa première fournée?

5. Que veut-elle encore apprendre ?... Pourquoi ?

6. Pourquoi devons-nous admirer le merveilleux courage de Madeleine?

Exercice et sujet de devoir.

Exercices de grammaire. — Pronoms personnels : *Analysez les pronoms personnels suivants :* Elle *(est touchante...)* ; se *(rendre)* ; elle se *(met à un travail)* ; lui *(fait défaut)* ; *(le laisser paraître)* ; se *(dorent)* ; s'y *(employer)*.

Conjuguez : je m'y emploie *à tous les temps simples de l'indicatif.*

Sujets de devoir. — *1° Faites la description d'un beau pain de deux kilogrammes, fendu et bien doré.*

2° Dites ce que vous avez fait pendant la guerre, pour être utile au pays ? Auriez-vous pu faire davantage ? Comment? Pourquoi ne l'avez-vous pas fait ?

LA MARSEILLAISE

Petits garçons, petites filles, vous avez entendu chanter la *Marseillaise*, mais vous n'avez pu comprendre ce que dit sa grande voix quand elle éclate sur les foules. Vous ne l'avez pas compris parce que vous êtes des enfants mais après avoir vécu les jours terribles de la grande guerre, vous sentirez vos cœurs battre plus vite quand passera sur vos fronts le souffle puissant de notre hymne national.

La *Marseillaise* naquit[1] à une époque où la France menacée par toute l'Europe en armes semblait condamnée à périr. Une nuit de l'hiver de 1792, à Strasbourg, elle sortit, toute prête à prendre son vol, du cerveau et du cœur d'un jeune officier dont le nom doit être pieusement retenu par vos mémoires, c'était Rouget de Lisle[2].

Aussitôt, elle fut chantée par nos soldats sur le front des batailles et rien ne put résister à l'ardeur enthousiaste dont elle remplissait les âmes. Le formidable refrain semblait grandir ceux qui le chantaient. Dès qu'ils l'entendaient retentir, nos ennemis n'essayaient plus de lutter. C'est ainsi que la *Marseillaise*, fille de la grande Révolution[3], assura la victoire aux armes républicaines.

Depuis, elle resta le chant des peuples libres et des peuples qui combattent pour leur liberté. Elle retentit aux jours de 1830 et de 1848. On l'entendit partout où il fallait résister à la tyrannie[4]. Depuis 1870, la République française l'a rétablie comme hymne national et, dans les fêtes et cérémonies publiques, dès que ses premières mesures se font entendre, tout le monde se lève, tous les fronts se découvrent et tous les cœurs s'émeuvent.

Ceux qui virent les journées de la mobilisation au commencement d'août 1914 et qui, depuis, ont senti toutes les angoisses d'une guerre où se décident les destinées de la Patrie, ceux-là savent maintenant ce que signifient ces paroles: *Aux armes, citoyens ! l'étendard de la tyrannie est levé contre nous !...* Chantez de toute votre âme, enfants, le couplet qui fut écrit pour vous : « *Nous entrerons dans la carrière quand nos aînés n'y seront plus... :* » mais chantez avec une particulière ferveur *l'amour sacré de la patrie* et l'appel à la *chère Liberté !*

Surtout, respectez la *Marseillaise:* elle fut le chant de nos ancêtres ; elle est aujourd'hui la voix de la France libre et généreuse. Ecoutez-la debout, tête nue, avec fierté ; et si vous devez la chanter vous-mêmes, qu'elle ne sorte de votre cœur et de vos lèvres qu'avec les accents de la plus sublime prière !

***

Explications et questions.

Les mots. — 1. *La Marseillaise naquit: sens figuré :* signifie fut composée, fut chantée pour la première fois.

2. *Rouget de Lisle* (1760-1836): officier et poète ; composa la Marseillaise, paroles et musique, en 1792, à Strasbourg (*voir Cours moyen certificat d'études, page 307*).

3. *fille de la Révolution :* la Marseillaise est née pendant la Révolution ; elle chante, la haine de la tyrannie, l'amour de la liberté, l'égalité des citoyens et la fraternité, principes et sentiments issus de la Révolution.

4. *tyrannie : au sens propre,* gouvernement d'un *tyran; au sens figuré,* abus de pouvoir tendant à opprimer ou à entraver les libertés des citoyens.

Les idées. — 1. Où fut composée la Marseillaise?... Par qui ?... En quelle année?

2. Que se passait-il en France, en 1792 ?

3. Quelle fut l'influence de la Marseillaise sur les armées françaises ?

4. Que dit le « couplet des enfants » ?

5. Comment faut-il entendre la Marseillaise?... Comment faut-il la chanter?

6. Pourquoi devons-nous respecter la Marseillaise?

Exercice et sujet de devoir.

Exercice de grammaire. — Conjugaison aux temps composés: *Conjuguez oralement aux temps composés de l'indicatif:* Entendre chanter la Marseillaise. — *Ecrivez ensuite la 1ʳᵉ personne du singu-*

lier du passé composé; la 2ª du passé antérieur; la 3ª du plus-que-parfait et la 3ª personne du pluriel du futur antérieur.

Sujet de devoir. — *Vous avez vu passer un groupe de jeunes gens portant sans respect un drapeau tricolore et chantant la Marseillaise d'une manière grotesque. Quels sentiments avez-vous éprouvés, quelles réflexions avez-vous faites?*

Lecture du Samedi

LE PERE

L'homme dont il s'agit était le plus puissant de sa paroisse : il s'appelait Thord Sv... as. Un jour, il entra haut et grave au presbytère.

« Je viens d'avoir un fils, dit-il, et désire le baptiser.

— Comment doit-il s'appeler?

— Finn, comme mon père.

— Et quels sont les parrains et marraines? »

Il nomma alors les membres de sa famille les plus avantageusement connus[1] du canton.

« Est-ce tout? » interrogea le prêtre en levant les yeux.

Le paysan resta un instant pensif.

« Je désire aussi qu'il soit baptisé à part[2], dit-il.

— Quel jour de la semaine fixez-vous?

— Samedi prochain à midi.

— Y a-t-il autre chose? demanda le prêtre.

— Non merci, c'est tout, » et le paysan tourna sa casquette comme pour s'en aller. Le prêtre se leva alors.

« Encore ceci », dit-il, et s'avançant vers Thord, il prit sa main et le regardant dans les yeux :

« Dieu veuille que ton enfant soit pour toi une bénédiction ! »

Seize ans après ce jour, Thord venait encore au presbytère.

« Tu ne vieillis pas, Thord, » lui dit le prêtre, n'apercevant en lui aucun changement.

« C'est que je n'ai aucun chagrin, » répondit-il.

Le prêtre demeura un instant silencieux, puis demanda :

« Quel est l'objet de ta visite ?

— Je viens ce soir pour mon fils qui doit être confirmé demain.

— C'est un brave enfant.

— Je n'ai pas voulu verser d'argent sans savoir quel rang il aura à l'église [3] ?

— Il sera le premier.

— Je l'avais entendu dire ; et voici dix dalers [4] pour vous.

— Y a-t-il autre chose ? interrogea le prêtre en le regardant.

— Non merci, rien, » et sur ces mots, Thord s'en fut.

Huit ans s'écoulèrent encore, et certain jour un grand bruit se fit entendre à la porte du presbytère, plusieurs hommes entrèrent dont Thord en tête. Le prêtre le reconnut aussitôt.

« Tu viens en nombreuse compagnie, ce soir.

— Je voudrais faire publier les bans [5] pour le mariage de mon fils qui doit épouser Karen, fille de Gudmund, de Stortiden ici présent.

— Mais, c'est la plus riche jeune fille du canton.

— On le dit, » répondit le paysan, rebroussant ses cheveux avec une de ses mains.

Le prêtre resta un moment comme absorbé dans ses pensées, puis silencieusement il inscrivit les noms sur ses livres et les hommes apposèrent leurs signatures.

Thord posa 3 dalers sur la table.

« Il ne m'en revient qu'un, fit remarquer le prêtre.

LE PÈRE

« Prends l'aviron, » cria le père en le lui lançant.

— Je le sais bien, mais c'est mon fils unique et je veux faire bien les choses. »

Le prêtre prit l'argent.

« C'est la troisième fois que, pour ton fils, tu te trouves ici, Thord.

— Oui, mais maintenant j'en ai fini avec lui » répondit celui-ci, qui ferma son portefeuille, prit congé et sortit, les autres le suivant lentement.

Quinze jours plus tard, Thord et son fils se trouvaient dans un canot sur le lac, par temps calme, et ramaient vers Stortiden où ils allaient régler avec Gudmund les derniers préparatifs du mariage.

« Mon banc n'est pas solidement placé sous moi, » dit le fils, et il se leva pour le remettre en place. Au même moment glissa le plancher mobile sur lequel il se trouvait debout : il étendit les bras, poussa un cri et tomba à l'eau.

« Prends l'aviron, » cria le père en le lui lançant. Mais Finn avait à peine fait quelques brassées qu'il se raidit.

« Attends un peu, » cria encore le père ramant vers lui. A cet instant, Finn se renversa en arrière, regarda fixement son père et coula.

Thord ne pouvait pas croire! Il avait arrêté son bateau et regardait, hébété, la place où son fils avait disparu, comme s'il attendait de le voir reparaître. Quelques bulles d'air montèrent, puis d'autres, puis une seule très grosse qui creva et la surface redevint alors aussi lisse qu'un miroir.

Pendant trois jours et trois nuits, on put voir le père dans son canot ramant autour de l'endroit tragique sans prendre ni repos ni nourriture. Il cherchait son fils. Le matin du troisième jour, il le trouva et le porta, gravissant la rude côte, jusque chez lui.

Un an environ s'était écoulé depuis ce jour, quand fort tard, un soir d'automne, le prêtre entendit quelqu'un à sa porte qui tâtonnait en cherchant le loquet. Le prêtre ouvrit et un homme à cheveux blancs, maigre, grand et voûté, entra.

Le prêtre le regarda longuement avant de le reconnaître : c'était Thord.

« Tu viens si tard ! » s'étonna le prêtre qui resta silencieux devant lui.

« Oh oui ! je viens tard ! » soupira Thord se laissant tomber sur un siège.

Le prêtre s'assit également et il y eut un long silence. Thord dit enfin :

« J'ai apporté quelque chose que je désire donner aux pauvres ; je veux que ce soit un legs[7] portant le nom de mon fils. »

Il se leva, déposa l'argent sur la table et s'assit de nouveau.

« Il y a là beaucoup d'argent, » dit le prêtre après avoir compté.

« C'est la moitié de la valeur de ma ferme que j'ai vendue hier. »

Le prêtre resta longtemps silencieux et demanda enfin doucement :

« Que veux-tu faire maintenant ?

— Le plus de bien que je pourrai. »

Ils restèrent un moment, Thord les yeux rivés au plancher et le prêtre les siens sur lui.

Enfin le prêtre dit lentement :

« Je vois maintenant que ton fils a été pour toi une bénédiction[8].

— Oui, maintenant je le pense aussi moi-même, » dit Thord en relevant la tête tandis que deux larmes coulaient de ses yeux le long de son visage.

Conte norvégien.
[Transcrit par Mme MAROIT LAUCSEL.]

Explications et questions.

Les mots. — 1. *les plus avangeusement connus :* les plus estimés, les plus honorables.

2. *baptisé à part :* Le dimanche est en Norvège le jour choisi pour le baptême des enfants. Les familles aisées désirant faire baptiser leurs enfants avec un peu plus de cérémonie, choisissent un jour de la semaine et donnent pour cela une petite somme au prêtre.

3. *rang à l'église :* Pour la confirmation, il était autrefois d'usage en Norvège de placer les enfants debout en rang de chaque côté de l'allée centrale de l'église, les garçons d'un côté, les filles de l'autre, de telle manière que celui qui avait obtenu la meilleure note pour son examen de religion était placé le premier le plus près de l'autel, le deuxième après lui et ainsi de suite.

4. *dalers :* ancienne pièce de monnaie norvégienne valant 8 couronnes (la couronne vaut 2 fr. 37).

5. *bans :* publications du mariage à l'église.

6. *bulles d'air :* l'air que contenaient les poumons du noyé.

7. *legs :* don fait par testament.

8. *ton fils a été pour toi une bénédiction :* c'est-à-dire l'occasion d'une transformation favorable. En effet, Thord était orgueilleux et égoïste ; le malheur l'a rendu modeste et charitable.

Les idées. — 1. Pourquoi Thord veut-il que son fils soit baptisé à part ?... Pourquoi a-t-il choisi pour être parrains et marraines les plus riches du canton ?

2. Pourquoi donne-t-il de l'argent en apprenant que son fils est le premier à l'église ?

3. Pourquoi a-t-il choisi pour son fils la plus riche jeune fille du canton ?... Pourquoi donne-t-il au prêtre plus d'argent qu'il n'en doit ?

4. Racontez la mort du fils et la terrible douleur du malheureux père.

5. A quelle occasion revoit-il le prêtre une quatrième fois ?

6. Comment faut-il comprendre ces paroles prononcées par le prêtre dans la première entrevue : que ton fils soit pour toi une bénédiction ? (*qu'il te soit une cause de bonheur et de joies de toutes sortes*). Ces paroles : ton fils a été pour toi une bénédiction ont-elles le même sens que les premières ? (*voir explication, nº 8*).

Exercice et sujet de devoir.

Exercice de grammaire. — Analyse des pronoms : *Analysez les pronoms suivants en indiquant le nom de personne ou de chose dont ils tiennent la place ; répondit celui-ci ; qui ferma son portefeuille ; il ne m'en revient ; il entendit quelqu'un ; ma ferme que j'ai vendue ; l'homme dont il s'agit.*

Sujet de devoir. — *Faites la description de la gravure représentant le père et le fils sur le lac. (Procéder avec beaucoup d'ordre : 1º Le lieu où se passe la scène ; 2º Le cadre : auprès, au loin, au fond, à gauche, à droite. — Les deux principaux personnages : le fils, le père, actions, attitudes.*

LA MORT DU BŒUF

. L'un des deux compagnons[1] est mort, et l'autre pleure,
Et le soc inactif se rouille[2], et les vallons
Retentissent d'échos douloureusement longs[3],
Et comme un glas[4] discret, par instants, sonne l'heure.

Les jougs, où s'accouplaient leurs larges fronts jumeaux[5],
Gisent abandonnés, stupides[6], presque mornes ;
Et le maître est pensif, qui décorait leurs cornes,
Quand ils rentraient, le soir, de fleurs et de rameaux.

Œil hagard, souffle court, poitrine haletante,
Le compagnon vivant, plein d'effrois ignorés[7],
Sent l'angoisse et l'horreur l'envahir par degrés,
Il beugle sans répit, las d'une vaine attente.

Il a vu passer l'ombre immense du trépas[8],
Et, bien que le bouvier ait garni l'ample crèche
De feuilles de maïs et de luzerne fraîche,
Le bœuf épouvanté songe et ne mange pas ;

Et la bête massive au regard lamentable,
Dont rien n'a consolé le sublime tourment,
Flaire de tous côtés mélancoliquement
L'âme[9] obscure du frère éparse dans l'étable.

LÉONCE DEPONT[10].

[*Pèlerinages.* Lemerre, édit.]

Explications et questions.

Les mots. — 1. *deux compagnons* : les deux bœufs qui travaillent ensemble et ne se quittent jamais.

2. *le soc se rouille* : les bœufs restant à l'étable, la charrue est inactive.

3. *échos douloureusement longs* : le bœuf a beuglé longuement, appelant avec tristesse son compagnon disparu.

4. *glas* : sonnerie de cloche annonçant un décès

5. *fronts jumeaux : sens figuré,* qui étaient liés ensemble au même joug.

6. *stupides* : fixes, immobiles, comme étonnés d'être inactifs.

7. *effrois ignorés* : peurs qu'il éprouve d'instinct mais qu'il ne comprend pas.

8. *l'ombre immense du trépas* : il a vu passer la mort.

9. *flaire l'âme éparse* : il retrouve partout dans l'étable l'odeur et en même temps le souvenir de son compagnon.

10. *Léonce Depont* : poète français contemporain (1862-1913).

Les idées. — 1. Pourquoi le bœuf pleure-t-il ?

2. Pourquoi était-il si attaché à son compagnon ?

3. Comment les jougs semblent-ils s'associer à la douleur du bœuf ?... et le maître ?

4. Quels détails semblent indiquer que le pauvre bœuf ne se consolera pas ? (souvent en effet, le bœuf survivant meurt d'inanition et de chagrin, en quelques semaines.)

Conseils pour la lecture ou la récitation.

Le sujet est triste, il doit être dit d'un ton de pitié attristée...
La poésie nous fait assister à l'angoisse douloureuse du bœuf qui a vu mourir son compagnon et qui tout le jour l'appelle et le pleure. Il faut essayer de rendre ce sentiment de regret par un débit lent, un

ton attristé. Le moyen, c'est de se représenter fortement la détresse du fidèle compagnon.

Quelques vers sont particulièrement expressifs : Retentissent d'échos douloureusement longs. — OEil hagard, souffle court, poitrine haletante; songe et ne mange pas.

Bien mettre en relief pleure, beugle, songe et ne mange pas, regard lamentable.

Sujet de devoir. — Relevez dans le morceau tous les détails qui expriment la douleur du bœuf.

LETTRE D'UN GRAND SAVANT
A UN PETIT BERGER

Six petits bergers gardaient leurs troupeaux dans une vallée du Jura. Tout à coup, survient un chien enragé qui se précipite sur eux. Tous s'enfuient. Le plus âgé, J.-B. Jupille, voulant protéger la fuite de ses camarades, s'arrête et fait face à l'animal furieux. Une lutte terrible s'engage. Jupille est cruellement mordu aux deux mains, mais le chien étranglé gît bientôt à ses pieds.

Quelques jours après, Jupille fut conduit auprès du grand savant Pasteur; il fut vacciné et put échapper à l'affreuse mort qui le menaçait.

Quand il fut de retour dans son village, il écrivit à Pasteur qui, malgré ses travaux, trouvait toujours le temps de répondre aux enfants qu'il avait soignés et de leur donner d'affectueux conseils.

Paris, le 14 janvier 1886.

Mon cher Jupille, j'ai bien reçu toutes tes lettres. Les nouvelles que tu me donnes de ta bonne santé me font grand plaisir. Mme Pasteur te remercie de ton souvenir. Avec moi, elle souhaite, et tout le monde au laboratoire¹, que tu ailles bien et que tu fasses le plus de progrès possible en lecture, en écriture et en calcul. Ton écriture est déjà bien meilleure que par le passé. Mais fais beaucoup d'efforts pour apprendre l'orthographe.

Où vas-tu en classe? Qui te donne des leçons? Travailles-tu chez toi autant que tu le peux? Tu sais que Joseph Meister[2], le premier vacciné[3], m'écrit souvent. Or, je trouve, quoiqu'il n'ait que dix ans, qu'il fait des progrès bien plus rapides que toi. Applique-toi donc le plus que tu pourras. Perds peu de temps avec tes camarades et suis en toute chose les avis de tes maîtres et les conseils de ton père et de ta mère.

Bonjour et bonne santé.

PASTEUR[4].

[Extrait de La Vie de Pasteur, par VALLERY-RADOT, Hachette et Cie, édit.]

Explications et questions.

Les mots. — 1. *laboratoire* : lieu où l'on *travaille* à faire des expériences et des recherches scientifiques.]

2. *Joseph Meister* : petit Alsacien, qui fut le premier vacciné contre la rage.

3. *vacciner* : introduire dans le sang un virus qui doit protéger l'individu contre une maladie déterminée. Ici, il s'agit de la vaccination contre la rage.

4. *Pasteur* : grand savant français célèbre par ses découvertes qui permettent de combattre efficacement de graves maladies contagieuses (1822-1895).

Les idées. — 1. Où voyez-vous que Jupille a déjà écrit à Pasteur ?

2. Quels conseils Pasteur donne-t-il à Jupille ?

3. Pourquoi Pasteur parle-t-il à Jupille qui a 15 ans des progrès du petit Meister qui n'a que 10 ans?

4. Comment, en somme, Pasteur manifeste-t-il à Jupille l'intérêt qu'il lui porte ?

Exercice et sujet de devoir.

Exercice de grammaire. — Pronoms relatifs *qui* et *que* : *Dites quelle est la fonction des pronoms relatifs suivants et de quels noms ils tiennent la place : Les nouvelles que tu me donnes; suis les conseils de tes parents qui t'aiment; qui te donne des leçons?*

Sujet de devoir. — *Écrivez la réponse que vous auriez été heureux de faire à Pasteur si vous aviez été le berger Jupille.*

LES CRUCHES ENSORCELÉES

Mme Poyser manque d'indulgence pour ceux qui vivent autour d'elle. Rien de ce qu'ils font ne la contente jamais parce qu'elle est trop convaincue qu'elle est seule capable de bien faire.

« Quel temps cette fille[1] met à tirer de l'ale[2] ! dit Mme Poyser. Je crois qu'elle met la cruche dessous et qu'elle oublie de tourner le robinet, car on peut s'attendre à tout de la part de ces créatures ; elles vous planteront la bouilloire vide sur le feu et viendront une heure après voir si l'eau bout.

— Elle en tire aussi pour les hommes, dit M. Poyser. Tu aurais dû lui dire de nous apporter d'abord notre cruche.

— Lui dire, reprit Mme Poyser ; oui, je pourrais bien user tout le souffle qui est dans mon corps et prendre encore le soufflet, si je devais dire à ces filles tout ce qu'il serait bon de leur répéter. »

Ici l'attention de Mme Poyser fut attirée par l'apparition de Molly portant une grande cruche, deux petits pots et quatre canettes[3], le tout plein d'ale ou de petite bière. La bouche de la pauvre Molly était encore plus grande ouverte que de coutume, et elle avançait, les yeux fixés sur le double échafaudage de vases pleins qu'elle portait, sans se douter de l'expression des yeux de sa maîtresse.

« Molly, je n'ai jamais vu votre pareille... tant et tant de fois que je vous ai dit... »

Molly troublée voulut se hâter vers la table pour déposer ses canettes, mais elle embarrassa son pied dans son tablier qui s'était détaché, et tomba avec craquements et éclaboussures au milieu d'une flaque de bière.

« Vous voilà bien ! » reprit Mme Poyser d'un ton aigre, en se levant et en allant.vers le dressoir, tandis que Molly commençait à ramasser tristement les fragments de poterie.

« Voilà ce que j'ai dit et redit qui vous arriverait, et

La précieuse cruche brune et blanche se sépara pour toujours de son bec et de son anse.

voilà votre mois de gages perdu, pour payer cette cruche qui était dans la maison depuis plus do dix ans, sans qu'il lui fût rien arrivé... »

Les larmes de la pauvre Molly coulaient abondamment

pendant ce discours, et, désespérée de voir la bière ruissé-
ler de toutes parts, elle faisait de son tablier un torchon,
lorsque Mme Poyser, ayant ouvert le dressoir, tourna sur
elle un regard écrasant.

« Oh ! continua-t-elle, vous ne raccommoderez rien en
pleurant et vous aurez un peu plus de liquide [4] à essuyer,
voilà tout. Vraiment, on ne casserait jamais rien si on s'y
prenait bien pour faire son ouvrage. Mais les gens de bois [5]
ne devraient avoir que des objets de bois à manier.

« Et voilà qu'il faut que je prenne la cruche brune et
blanche, dont on ne s'est pas servi trois fois cette année
et que je descende à la cave moi-même, peut-être pour
y chercher ma mort et me mettre au lit avec une bron-
chite. »

Mme Poyser venait de quitter le dressoir, la cruche brune
et blanche à la main, lorsque la précieuse cruche blanche
et brune tomba sur le sol et se sépara pour toujours de
son bec et de son anse.

« A-t-on jamais vu ça », dit-elle en abaissant subitement
le ton de sa voix, après avoir jeté des regards effarés
autour de la chambre. « Les cruches sont ensorcelées [6],
je crois. Ce sont ces détestables anses polics ; elles vous
glissent des mains comme des limaces.

— Bien, tu as laissé ton fouet te frapper le visage », dit
en riant son mari.

George Eliot [3].
[*Adam Bede*. Hachette et Cie, édit.]

Explications et questions.

Les mots. — 1. *cette fille :*
Molly, la servante.

2. *ale :* bière légère anglaise ou
petite bière (*prononcez éle*).

3. *canelle :* vase à anse et à
bec dans lequel on sert la bière.

4. *un peu plus de liquide :* ses
larmes s'ajoutant à la bière ré-
pandue.

5. *gens de bois :* sous-entendu
à *tête* de bois c'est-à-dire peu in-
telligents.

6. *ensorcelé :* qui est censé
avoir subi le pouvoir mauvais

d'un *sorcier*. La cruche serait, suppose-t-on, condamnée à s'échapper de la main qui la tient...

7. *ton fouet te frappe le visage : expression figurée : tu es condam-*née par tes propres paroles.

8. *George Eliot :* pseudonyme de miss Evans, romancière anglaise (1819-1880).

Les idées. — 1. Quels reproches adresse Mme Poyser à sa servante, avant de savoir... ?

2. Pouvait-on reprocher à Molly de s'être attardée ?... Pourquoi ?

3. Quelle fut la principale cause de l'accident ?... Mme Poyser y songea-t-elle ?...

4. Citez quelques détails montrant que Mme Poyser est très dure avec ses domestiques.

5. Dites pourquoi Mme Poyser baisse brusquement de ton après avoir cassé la belle cruche brune ?

6. Pourquoi Mme Poyser n'a-t-elle pas songé tout d'abord que la cruche, les canettes... que portait Molly pouvaient aussi être ensorcelées?

Exercice et sujet de devoir.

Exercice de grammaire et d'orthographe : *ces, ses — ce, se, ce —. Dites comment vous distinguez, dans la dictée, l'orthographe des mots suivants : dire à ces filles... déposer ses canettes. — se hâter : ce que j'ai dit ; ce discours ; se sépara ; ce sont ces anses...*

Sujet de devoir écrit ou exercice oral. — *Imaginez un récit dans lequel une personne se trouvera, comme Mme Poyser, « frappée au visage par son propre fouet » c'est-à-dire sera condamnée par des paroles qu'elle aura d'abord prononcées.*

LA PATRIE EN DANGER

Toute la garde nationale, en six légions[1], réunie sous ses drapeaux, s'assembla autour de l'Hôtel de Ville[2] et l'on y organisa les deux cortèges qui devaient porter dans Paris la proclamation[3].

Chacun avait en tête un détachement de cavalerie avec trompettes, tambours, musique et six pièces de canon. Quatre huissiers[4] à cheval portaient des enseignes sur lesquelles on lisait : *Liberté, Égalité, Constitution, Patrie.* Douze officiers municipaux, en écharpe[5], venaient ensuite; et, derrière, un garde national à cheval portait une grande bannière tricolore où étaient les mots : *Ci-toyens, la patrie est en danger !* Puis venaient encore six

Un officier municipal lisait l'acte du Corps législatif puis il ajoutait d'une voix grave: « Citoyens, la Patrie est en danger. »

pièces de canon et un détachement de la garde nationale. La marche était fermée[6] par la cavalerie.

La proclamation se fit sur les places et sur les ponts. A chaque halte, on commandait le silence en agitant des banderoles[7] tricolores et par un roulement de tambours. Un officier municipal s'avançait; d'une voix grave il lisait

Mironneau. — *Lectures. C. Moyen, 1er degré.* β

l'acte du Corps législatif[8] et disait ensuite : « Citoyens, la patrie est en danger ! »

Cette solennité était comme la voix de la nation, son appel à elle-même[9].

JULES MICHELET[10].

Explications et questions.

Les mots. — 1. *légion :* groupe de régiments.

2. *Hôtel de Ville :* monument qui, à Paris, sert à la fois de Mairie centrale et de Préfecture.

3. *proclamation :* écrit contenant ce qui doit être *proclamé* ou publié.

4. *huissier :* employé chargé du service de certaines assemblées ; vient de huis (porte).

5. *en écharpe :* allant d'une épaule au côté opposé ; barrant la poitrine, d'une bande d'étoffe qui sert d'insigne.

6. *fermer la marche :* se trouver à la fin d'un cortège.

7. *banderoles :* bandes d'étoffe longues et étroites.

8. *Corps législatif :* l'Assemblée qui vote les *lois* ; il s'agit ici de la Convention.

9. *son appel à elle-même :* les élus de la nation appelant aux armes les citoyens, qui sont la nation elle-même.

10. *Michelet :* voir page 112, note 8.

Les idées. — 1. L'Europe soulevée contre la Révolution menaçait toutes nos frontières ; la France était envahie, et Paris menacé. La Patrie était réellement en danger.

2. Comment fut organisé chaque cortège ?

3. Que faisait-on à chaque halte ?

4. Quel était le but de cette manifestation ?

Exercice et sujet de devoir.

Exercice de grammaire. — Analyse des pronoms : *Analysez tous les pronoms contenus dans le texte lu.*

Sujet de devoir. — *Avez-vous connu une époque où la Patrie fut en danger ? Rappelez les souvenirs que vous en avez gardés.*

L'ENCHANTEUR MERLIN[1] ET LE BUCHERON

Un pauvre bûcheron n'avait pour gagne-pain qu'une serpe et un âne, et, pour nourrir sa femme et ses enfants, que six deniers[2] que lui rapportait par jour un fagot de bois. Il avait beau se lever matin et se coucher tard : de la veille pour le lendemain il ne lui restait jamais rien.

« Que faire ? disait-il, accablé de fatigue ; ma femme et mes enfants ont à peine de quoi vivre ; je finirai moi-même par mourir de faim avec mon âne. Je n'ai plus la force de tenir une serpe ; je ne puis plus gagner le pain de ma famille. Ah ! c'est un grand malheur, quand un vilain[3] vient au monde ! »

Comme le bûcheron se lamentait ainsi, une voix, l'appelant d'un ton compatissant, lui demanda pourquoi il se plaignait. L'autre lui raconta son affaire. « Retourne chez toi, lui dit la voix, creuse la terre au coin de ton verger, sous le grand sureau, et tu trouveras un trésor. » Quand le vilain entend parler ainsi, il se met à genoux :

« Seigneur, comment vous appelle-t-on, vous qui êtes si bon ?

— On m'appelle Merlin, dit la voix.

— Ah ! monseigneur Merlin, je cours à mon verger, et que Dieu vous bénisse !

— Oui, cours vite, et, dans un an, reviens me rendre compte de l'état de tes affaires.

— Grand merci, monseigneur, je reviendrai bien volontiers. »

Et de courir chez lui, et de piocher la terre à l'endroit indiqué. Tant il piocha qu'il trouva le trésor annoncé par Merlin. Je laisse à penser quelle fut la joie de sa famille. Ses courses au bois, il ne les fit plus que pour détourner les soupçons des voisins. Il s'éleva tout doucement de la misère à la fortune.

Au bout de l'année, il retourna au buisson où la voix lui avait parlé.

« Ah ! monseigneur‘ Merlin ! vous êtes toute mon espérance. Venez me trouver ; je vous aime tant !

— Me voici, doux ami, que veux-tu ? comment ça va-t-il ?

— A merveille, monseigneur Merlin. Vous m'avez fait une grande faveur. Maintenant ma famille est bien nourrie, bien vêtue, et mon avoir augmente chaque jour.

— J'en suis fort aise, mon ami ; mais que désires-tu encore ? dis-le-moi.

— Monseigneur, je voudrais être prévôt⁵ de ma ville.

— Qu'à cela ne tienne ; tu le seras dans quarante jours.

— Oh ! grand merci, mon cher seigneur, vous êtes le roi des protecteurs ! »

La seconde année finie, le protégé de Merlin, dans son habit neuf de prévôt, revint au bois.

— « Sire‘ Merlin, cria-t-il, venez me parler.

— Me voici, mon ami ; que veux-tu ?

— Une nouvelle grâce, s'il vous plaît. Notre évêque est mort depuis avant-hier. Est-ce que mon fils, par votre protection, ne pourrait pas le remplacer ?

— Si fait, si fait, répondit Merlin, et même dans quarante jours. »

Le quarantième jour, son fils fut fait évêque. Mais le vilain n'était pas encore content.

A la fin de la troisième année, il revint vers son protecteur.

L'ENCHANTEUR MERLIN ET LE BÛCHERON

Ah! monseigneur, je cours à mon verger, et que Dieu vous bénisse!

« — Merlin, lui dit-il en l'appelant ainsi tout court, faites-moi donc un plaisir.

— Lequel ? demanda la voix.

— Que ma fille épouse le fils du grand prévôt[7].

— Soit ! répondit Merlin ; le mariage aura lieu dans la quarantaine. »

Et la chose arriva comme il l'avait prédite. Alors le vilain, qui n'était toujours qu'un vilain, dit à sa femme :

« — Pourquoi irais-je désormais au bois parler à la Voix, quand j'ai fait fortune ? Je suis riche d'amis, d'avoir et d'honneurs.

— Vous retournerez au bois une dernière fois, lui dit sa femme ; il faut prendre congé poliment de la Voix et lui annoncer que vous ne reviendrez plus. »

Le vilain monte à cheval, se rend au bois suivi de deux sergents, et se met à crier :

« — Merlot ! Merlot ! »

L'impertinent[8] ! l'ingrat ! il osait appeler son bienfaiteur Merlot !

« Adieu, dit-il, Merlot ! adieu ! Je n'ai plus besoin de toi ; je suis riche maintenant. »

— Merlin lui répondit :

« — Tu as donc oublié le temps où tu venais au bois, ton âne devant toi, et où tu ne gagnais avec tous tes fagots que six deniers par jour ? La première fois, tu me fis force révérences et tu m'appelas monseigneur. La seconde fois, un peu moins révérencieux[9], tu ne m'appelas plus que sire. La troisième fois, ton mauvais cœur ne se cachant plus, tu me nommas sans façon Merlin tout court. Et maintenant, voilà que par dérision tu m'appelles Merlot ! On croirait vraiment que tu es devenu roi. Eh bien ! je te le dis tout net, tu n'as jamais eu de cœur ; tu as été vilain, sois vilain derechef[10] ; tu as été pauvre, sois pauvre de nouveau. »

Le richard se moqua de ce que disait la Voix. Il n'en crut pas un mot et retourna chez lui. Mais bientôt son fils l'évêque trépassa ; sa fille, la femme du grand-prévôt, mourut pareillement ; pour surcroît[11] de malheur, son seigneur ayant déclaré la guerre à un de ses voisins, il s'endetta pour le servir. Plus de vin dans sa cave, plus de blé dans son grenier. Au bout de l'année, quand il fallut payer les impôts, plus d'argent dans ses coffres : on vendit ses meubles et sa terre.

« Hélas ! dit alors le vilain, faut-il donc que je perde tout, argent, terre, maison, et mes enfants aussi ? Pourquoi n'ai-je pas cru Merlin ? Mais il n'est plus temps ; je voudrais mourir ! Maudite soit la vie ! Si du moins mon âne me restait ! »

Il s'estima heureux de trouver une nouvelle bourrique qu'on lui prêta par charité ; il reprit sa serpe, retourna au bois, et recommença à faire des fagots. Mais il n'entendit plus la voix du bon Merlin.

DE LAVILLEMARQUÉ[12].

[Légendes de Bretagne. Perrin et Cⁱᵉ, édit.]

Explications et questions.

Les mots. — 1. *L'enchanteur Merlin :* Sorcier légendaire dont il est souvent parlé dans les romans du moyen âge.

2. *deniers :* voir page 16, note 8.

3. *vilain :* paysan ou roturier, s'oppose à *noble.*

4. *monseigneur :* titre honorifique donné aux princes et aux grands dignitaires ecclésiastiques.

5. *prévôt :* agent du roi ou du seigneur chargé de lever les impôts et de rendre la justice.

6. *Sire :* titre donné aux gens de petite noblesse et à certains magistrats de la bourgeoisie.

7. *grand prévôt :* chef des prévôts d'une province ou d'une seigneurie.

8. *impertinent :* qui parle ou agit d'une manière offensante ; insolent.

9. *révérencieux :* qui fait des *révérences* ; humble et très respectueux

10. *derechef :* de nouveau.

11. *surcroît :* augmentation (*croître sur*).

12. *Lavillemarqué :* écrivain français (1815-1895).

Les idées. — 1. Classez tous les services que le bûcheron a demandés à Merlin.

2. Que pensez-vous du sans-façon avec lequel le bûcheron traite Merlin?... montrez que le bûcheron est de moins en moins poli envers Merlin, à mesure qu'il s'enrichit ou conquiert des honneurs. — Remarquez qu'il finit par le tutoyer (Rapprochez cette liste de la liste des services demandés (n° 1) et tirez une conclusion).

3. Classez les torts du bûcheron envers son bienfaiteur.

4. Quels sont les défauts de ce bûcheron?

5. Trouvez-vous qu'il mérita la punition qui lui fut infligée?... Pourquoi?

Exercice et sujet de devoir.

Exercice de grammaire. — Revision sur les pronoms: *Relever tous les pronoms contenus dans la lecture, et les classer par espèces:* (personnels, démonstratifs, relatifs, interrogatifs *et* indéfinis), — *les analyser ensuite oralement.*

Sujet de devoir écrit ou exercice de conversation. — *Si vous aviez été à la place de ce bûcheron, qu'auriez-vous fait?*

LE VENT

Entendez-vous le vent qui chante?
Son haleine tiède et léchante[1]
Me parle d'un ciel qui m'enchante,
D'un monde, où, superbe et méchante,
Flore[2] se berce au vent qui chante.

Si j'étais le vent, je voyagerais
Aux pays que Dieu bénit de plus près[3],
Aux villes d'Asie, aux îles de Grèce,
J'irais m'embaumer aux fleurs du Levant,
Mon souffle, serait comme une caresse
    Si j'étais le Vent.

Entendez-vous le vent qui gronde?
Roulant sa voix rauque[4] et profonde,
On dirait qu'il apporte au monde
La plainte de ceux qui sur l'onde
Ont crié dans le vent qui gronde.

Si j'étais le vent, j'irais sur les flots
Écouter d'où vient le bruit des sanglots[5],
J'irais vous aider, voiles solitaires
Des marins perdus au désert mouvant,
Tous les naufragés reverraient leur terre,
    Si j'étais le Vent.

Entendez-vous le vent qui pleure ?
Il nous dit que rien ne demeure[6],
Que toute espérance nous leurre,
Et qu'il faut qu'on passe et qu'on meure
Comme passe le vent qui pleure.

Si j'étais le vent, j'irais chaque nuit
Pleurer et rêver dans la nuit sans bruit.
J'irais m'égarer dans les cimetières,
Et, dernier écho[7] du monde vivant,
Chanter pour les morts des chants de prières,
    Si j'étais le Vent.

E. HARAUCOURT[8].
[*Seul.* Fasquelle, édit.]

Explications et questions.

Les mots. — 1. *haleine lé-chante :* qui glisse caressante.

2. *Flore :* déesse des *fleurs* et des jardins.

3. *de plus près :* peut-être parce qu'ils sont plus rapprochés de l'ancienne Terre sainte.

4. *rauque :* voir page 98, note 6.

5. *bruit des sanglots :* sanglots de ceux qui sont perdus en mer.

6. *rien ne demeure :* tout passe, rien ne reste.

7. *écho :* sens figuré, mis pour dernier bruit, ou dernière parole.

8. *Edmond Haraucourt :* poète français contemporain.

Les idées. — 1. A quoi fait songer le vent qui chante ?
2. Que ferait le poète s'il était le vent qui chante ?
3. Que peut-on entendre dans la grosse voix du vent qui gronde ?
4. Que ferait encore le poète s'il était le vent qui gronde ?
5. Qu'entendons-nous dans le vent qui pleure ?
6. S'il était le vent qui pleure, que ferait le poète ?
7. Quel bien peut faire le vent ? (résumez tout le morceau).

Conseils pour la lecture ou la récitation.

Trois parties très distinctes ayant chacune leur caractère propre : le vent qui chante, le vent qui gronde, le vent qui pleure. Il faut donc s'appliquer à exprimer la douceur, puis la force et la volonté, enfin la tristesse mélancolique.

Bien marquer l'interrogation qui ouvre chaque partie.

La 1re partie doit être dite d'une voix un peu chantante et douce « comme une caresse ».

La 2e partie : « le vent qui gronde » est particulièrement expressive. Il y a lieu de bien marquer l'opposition qui existe entre les 5 premiers vers et les 6 derniers. Dans les 5 premiers, on entend la voix rauque du vent et les cris désespérés des naufragés ; ils doivent donc être dits avec force, d'une voix grave en assourdissant les sons des mots : gronde, roulant, rauque, profonde. Dans les 6 derniers vers, le vent se calme, il écoute les sanglots, il guide les marins perdus, sa colère a disparu, il est bon, il a pitié ; il faut le faire sentir.

La 3e partie, « le vent qui pleure » doit être dite lentement comme une plainte et une prière.

Bien veiller à la ponctuation. Lorsque aucun signe n'indique un arrêt, on doit lier la fin du vers au commencement du vers suivant.

DENISE CARTIER

UNE BRAVE PETITE FRANÇAISE.

Le dimanche 27 septembre 1914, un « taube[1] » survolait[2] Paris. Perdu dans le grand ciel d'un bleu très doux, l'oiseau sinistre[3] semblait chercher la place où il lâcherait ses bombes meurtrières.

Tout à coup sur une des avenues voisines du Trocadéro[4], une explosion formidable se fait entendre et tandis que les éclats de vitres tombent de toutes les fenêtres voisines, sous le lourd nuage de fumée qui s'élève lentement, on aperçoit une fillette de onze ans, étendue, inanimée.

De tous côtés, on se précipite et on constate que la pauvre enfant a une jambe mutilée affreusement.

Cette petite fille se nomme Denise Cartier.

Elle allait chercher du pain chez le boulanger lorsqu'elle fut atteinte par un éclat de la bombe tombée de l'aéroplane.

A peine revenue à elle et malgré les souffrances qu'elle éprouve, sa pensée va vers sa mère. « Surtout, supplie-t-elle avec insistance, surtout ne dites pas à maman que c'est grave ! »

Hélas ! malgré tous les encouragements donnés à la pauvre maman lorsqu'on lui rapporta sa fillette, malgré tous les soins prodigués à la petite blessée, quelques jours après il fallut se décider à couper la jambe mutilée.

Quand on l'apporta dans la salle d'opération et qu'on l'eut posée sur la table⁵, Denise, avant d'être endormie⁶, tourna son visage vers le chirurgien et, doucement, elle lui sourit.

Pendant les jours qui suivirent, on put la voir sur son lit d'hôpital tricotant pour nos soldats; et comme sa mère, émue et troublée à la pensée de sa fille infirme, laissait échapper quelques larmes en l'embrassant:

« Va, maman, disait Denise, ça ne m'empêche pas de travailler, tu le vois bien et puis, je t'assure que tricoter m'amuse autant que de courir ! »

Brave enfant! vraie fille de France ! Elle sait regarder courageusement la douleur en face et son cœur vaillant ne s'émeut que devant la douleur des autres.

***

Explications et questions.

Les mots. — 1. « *taube* »: nom donné à certains aéroplanes allemands.

2. *survoler*: mot de récente création *voler sur*, ou au-dessus.

3. *sinistre* : qui annonce un malheur.

4. *Trocadéro* : colline située à Paris au bord de la Seine, et sur laquelle s'élève un palais.

5. *table d'opération* : on place sur une table spéciale le malade qui va être opéré.

6. *endormie* : on endort avec du chloroforme ou de l'éther celui qui va subir une opération.

Les mots. — 1. Où allait la petite Denise Cartier quand elle fut blessée ?

2. Lorsque l'accident se produisit, qu'entendit-on ?... que vit-on ?...

3. Quelles furent les premières paroles de Denise ?... En quoi sont-elles touchantes ?

4. Quelle nouvelle preuve de courage donne-t-elle encore avant d'être endormie ?

5. Comment essaie-t-elle de calmer les regrets de sa mère ?

6. Que pensez-vous de Denise Cartier ?

Exercice et sujet de devoir.

Exercice de grammaire. — *Le verbe et son sujet : Trouver le sujet de chacun des verbes contenus dans la lecture. — Quand le sujet est un pronom, rappeler le mot dont le pronom-sujet tient la place.*

Sujet de devoir. — *Écrivez une lettre à Denise Cartier pour la féliciter et lui dire combien vous admirez son beau courage.*

LE CALENDRIER RÉPUBLICAIN

Le 24 octobre 1793, Fabre d'Eglantine[1] vint proposer à l'Assemblée[2] l'adoption de ce calendrier charmant où l'histoire de l'année est racontée par les grains, les pâturages, les plantes, les fruits et les fleurs, le ciel et la terre.

Fabre d'Eglantine proposait donc de nommer :

Vendémiaire, le mois des vendanges qui ont lieu de septembre en octobre ; *Brumaire*, celui des brouillards et des brumes basses qui sont d'octobre à novembre et *Frimaire*, celui du froid qui se fait sentir de novembre en décembre ;

Nivôse, le mois des neiges, qui blanchit la terre de décembre en janvier, *Pluviôse*, celui des pluies qui tombent généralement avec plus d'abondance de janvier en février et *Ventôse* celui du vent qui vient sécher la terre de février en mars ;

Germinal, le mois de la germination et du développement de la sève de mars en avril, *Floréal*, celui de l'épanouissement des fleurs, d'avril en mai ; et *Prairial*, celui de la récolte des prairies, de mai en juin ;

Messidor, le mois des ondoyantes[3] moissons qui dorent les champs de juin en juillet ; *Thermidor*, celui de la chaleur, à la fois solaire et terrestre, qui embrase l'air de juillet en août et enfin *Fractidor*, celui des fruits que le soleil mûrit d'août en septembre.

Le projet de Fabre d'Eglantine fut adopté par la Convention et l'ère[4] nouvelle commença le 21 septembre 1792, date de la proclamation de la République.

Louis Blanc[5].

[*Histoire de la Révolution*. Flammarion, édit.]

Explications et questions.

Les mots. — 1. *Fabre d'Eglantine :* député à la Convention et poète : il est l'auteur de la chanson « *Il pleut, il pleut bergère* », (1750-1794).

2. *l'Assemblée :* il s'agit de la Convention.

3. *ondoyantes :* sous le vent, les mouvements des moissons rappellent ceux de la surface des eaux (*ondes*).

4. *ère :* point de départ d'une chronologie particulière.

5. *Louis Blanc :* historien et homme politique français du XIXe siècle (1812-1882).

Les idées. — 1. Que contient le 1er paragraphe ?

2. D'après le nom de chaque mois, essayez de rappeler ce qui le caractérise : Exemple : Vendémiaire, mois des *vendanges*...

3. Par quelle Assemblée fut adopté le nouveau calendrier ?... A quelle date commença l'ère nouvelle ?

Exercice et sujet de devoir.

Exercice de grammaire. — L'accord du verbe avec son sujet : *Montrez, au moyen d'exemples tirés de la lecture, que le verbe s'accorde en nombre et en personne avec son sujet.*

Sujets de devoir écrit ou exercices oraux. — *1° Expliquez comment on a pu dire que ce calendrier est charmant. — 2° Montrez comment il est lié aux changements qui se produisent dans la nature.*

BONNE NUIT !

Pour avoir voulu défendre son pays durement opprimé par l'Autriche, le grand écrivain italien, Silvio Pellico, fut condamné à quinze années d'emprisonnement. Dans un livre célèbre, intitulé Mes prisons, *il a fait le récit de sa vie pendant cette longue et dure captivité.*

De ma fenêtre je voyais, au delà du prolongement des prisons qui étaient en face de moi, une grande ligne de toits ornés de cheminées, de belvédères[1], de clochers, de coupoles qui allait se perdre à l'horizon avec la mer[2] et le ciel.

Dans la maison la plus voisine de moi, habitait une bonne famille, qui acquit des droits à ma reconnaissance en me montrant par ses saluts affectueux la pitié que je lui inspirais. Un salut, une parole d'amour à des infortunés, est une grande charité !

C'est d'une de ces fenêtres que je vis pour la première fois s'élever vers moi les mains d'un petit garçon de neuf ou dix ans, et je l'entendis crier :

. « Maman, maman, ils ont mis quelqu'un là-haut, sous les plombs[3]. Oh ! pauvre prisonnier, qui es-tu ?

— Je suis Silvio Pellico, répondis-je. »

Un autre petit garçon, un peu plus grand, accourut aussitôt à la fenêtre et me cria :

« Tu es Silvio Pellico ?

— Oui ; et vous, chers petits ?

— Je m'appelle Antoine et mon frère, Joseph. »

Puis il se retourna et dit : « Que faut-il lui demander encore ? »

Et une dame que je supposai être leur mère, et qui se tenait à moitié cachée, suggérait[4] de douces paroles à ces chers enfants. Ils me les disaient, et moi, je les en remerciais avec la plus vive tendresse.

Ces conversations étaient peu de chose, et il ne fallait point en abuser, pour ne pas faire crier le geôlier; mais

Bonne nuit, Silvio !

elles se répétaient tous les jours, à ma grande consolation, le matin, le midi et le soir. Le soir, lorsqu'on allumait les flambeaux, cette dame fermait la fenêtre, et les enfants me criaient : « Bonne nuit, Silvio ! » — La mère, enhardie par l'obscurité, répétait elle-même, d'une voix émue : « Bonne nuit, Silvio ! courage !

Silvio Pellico.

Explications et questions.

Les mots. — 1. *belvédère* : petit pavillon ou sorte de terrasse placée au-dessus d'un édifice.

2. *la mer* : cette mer est l'Adriatique et la ville est Venise.

3. *les plombs* les prisons de Venise étaient situées dans la partie supérieure d'un ancien palais couvert en plomb. La chaleur y était terrible pendant l'été et le froid cruel pendant l'hiver.

4. *suggérer* : faire naître dans l'esprit.

5. *Silvio Pellico* : écrivain italien célèbre par sa résistance à l'oppression autrichienne (1788-1854).

Les mots. — 1. Que voit Silvio Pellico de la fenêtre de sa prison?

2. Quelle sorte de charité reçoit-il d'une famille voisine ?

3. Pourquoi le prisonnier éprouve-t-il tant de bonheur à converser avec ces enfants ?

4. Que fait la mère ?

5. Pourquoi lui crie-t-on : courage ?

6. Expliquez comment un salut, une parole affectueuse, peut être parfois une grande charité.

Exercice et sujet de devoir.

Exercice de grammaire. — Sujet du verbe : *Trouver le sujet des verbes suivants :* habitait, est *une grande... qui es-tu ?* accourut, cria, suggérait, allumait, répétait.

Sujet de devoir. — *Montrez, par le récit qui vient d'être lu, qu'on peut faire la charité sans donner de l'argent.*

Lecture du Samedi

VAILLANCE FRANÇAISE

Au cours d'une mission dont il avait été chargé, La Tour d'Auvergne apprit que les Autrichiens s'avançaient à marches forcées vers un défilé que commandait un fortin défendu par une petite garnison de trente soldats français. En occupant le défilé,

CONTRASTE IRRÉGULIER

Contraste insuffisant

NF Z 43-120-14

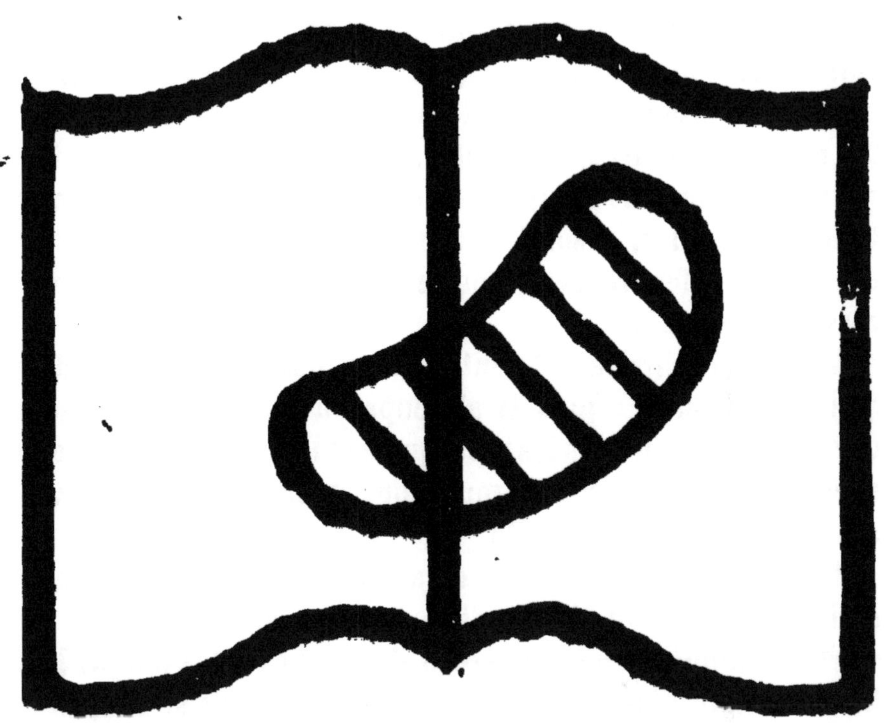

ILLISIBILITE PARTIELLE

Original illisible

NF Z 43.120-10

les Autrichiens pouvaient gêner une importante manœuvre de l'armée française. Se rendant compte du danger, La Tour d'Auvergne voulut avertir la garnison de l'approche de l'ennemi.

...Quand La Tour d'Auvergne[1] arriva au fortin, il s'aperçut que ses défenseurs, craignant sans doute de ne pouvoir résister aux Autrichiens, s'étaient enfuis en abandonnant leurs armes. A cette découverte, le généreux soldat fut rempli de colère. Visitant rapidement les galeries, il trouva des munitions en divers endroits. Dès lors, sa résolution était prise, résolution héroïque s'il en fut, car il se décidait à défendre seul, contre les Autrichiens, la forteresse abandonnée.

Aussitôt il barricada[2] l'entrée avec tous les objets lourds qu'il put trouver ; puis il s'occupa, avec le plus grand calme, de charger tous les mousquets et il les plaça, ensuite, avec une grosse réserve de munitions, près des meurtrières[3] qui commandaient le défilé.

Ayant tout prévu, il mangea avec appétit les provisions qu'il put trouver et il attendit les événements.

Vers minuit, l'oreille exercée du vieux soldat perçut le bruit lointain d'une troupe en marche. Le bruit se rapprocha peu à peu et bientôt les Autrichiens pénétraient dans le défilé ; mais le passage était si étroit que les ennemis n'y pouvaient avancer que deux par deux, ce qui les exposait au feu du fortin. La Tour d'Auvergne déchargea alors deux fusils pour avertir que le fortin était défendu. Aussitôt, il entendit les officiers crier des ordres et les troupes se retirèrent.

Le commandant autrichien n'ayant pu surprendre la garnison pensait qu'il valait mieux retarder l'attaque jusqu'au matin. Dès le lever du soleil, il fit demander à la garnison de se rendre. Un grenadier sortit aussitôt pour répondre au parlementaire[4].

VAILLANCE FRANÇAISE

*La Tour d'Auvergne, chargé de ses mousquets, sortit et défila gravement entre
la double rangée de soldats ennemis qui présentaient les armes.*

« Donnez à votre commandant, dit-il, l'assurance que le défilé sera défendu jusqu'à la dernière extrémité. »

Dès que le parlementaire se fut retiré, une pièce d'artillerie fut mise en position. Mais le seul endroit d'où elle pouvait atteindre le fortin était justement sous le feu des mousquets. Le canon ne fut pas plutôt en place qu'un feu rapide s'ouvrit du fort et fut continué avec une si meurtrière précision que les artilleurs tombaient les uns sur les autres. Après deux ou trois décharges inutiles, le canon fut retiré. Cinq artilleurs avaient été tués.

Le commandant autrichien se décida alors à donner l'assaut. Mais comme les troupes pénétraient dans le défilé, La Tour d'Auvergne ouvrit à nouveau le feu avec une telle rapidité que quinze hommes tombèrent avant d'avoir fait la moitié du chemin. L'assaut fut suspendu.

À l'approche de la nuit, le commandant invita encore la garnison à se rendre. La Tour d'Auvergne savait qu'à cette heure, la manœuvre de l'armée française était achevée et que le défilé avait perdu toute son importance pour les Autrichiens ; comme d'autre part, il voyait la réserve de munitions s'épuiser, il accepta de rendre le fortin. Il fut donc décidé que le lendemain matin, la garnison sortirait en armes et qu'elle serait autorisée à rejoindre immédiatement les lignes françaises.

Le lendemain, au lever du soleil, les troupes autrichiennes, alignées sur chaque côté du défilé, attendaient la sortie de la garnison pour lui rendre les honneurs de la guerre.

Tout à coup on entendit la porte massive rouler sur ses gonds ; elle s'ouvrit lentement et aussitôt La Tour d'Auvergne, chargé de ses mousquets, sortit et défila gravement entre la double rangée de soldats ennemis qui présentaient les armes.

A l'extrême surprise de tous, le brave grenadier était seul.

Le commandant autrichien dirigea son cheval vers La Tour d'Auvergne et demanda :

« Pourquoi la garnison ne suit-elle pas ?

— Je suis la garnison, colonel, répondit fièrement le grenadier.

— Quoi ! s'écria le colonel stupéfait ; voulez-vous dire que vous avez défendu ce fortin seul contre tout mon régiment !

— J'ai cet honneur, colonel, répondit La Tour d'Auvergne.

— Mais comment, demanda l'officier, avez-vous pu organiser une défense aussi furieuse ?

— L'honneur de la France était engagé, colonel, répliqua le noble soldat. »

Le colonel regarda un instant La Tour d'Auvergne avec a plus profonde admiration. Puis, levant son épée à la hauteur de ses yeux, il dit avec émotion :

« Grenadier, je vous salue, vous venez de prouver que vous êtes brave entre les plus braves. »

Aussitôt il ordonna qu'une escorte portât au camp français les mousquets que La Tour d'Auvergne ne voulait pas abandonner et il fit en même temps remettre une note relatant ce qui venait de se passer.

MARCEL MIRONNEAU.
(D'après une relation anglaise.)

Explications et questions.

Les mots. — 1. *La Tour d'Auvergne :* soldat français célèbre par sa bravoure. Ayant refusé l'avancement qu'il avait mérité, il reçut le titre de *premier grenadier de France.* Il fut tué sur le champ de bataille en 1800, à l'âge de 57 ans.

2. *barricader :* obstruer un passage en accumulant des objets gros et lourds. Primitivement les barricades étaient faites avec des *barriques* qu'on remplissait de pavés ou de terre.

3. *meurtrière :* étroite ouverture pratiquée dans le mur d'un ouvrage fortifié et par laquelle on peut lancer les projectiles.

4. *parlementaire :* officier chargé de présenter des propositions à l'ennemi.

Les idées. — 1. Pourquoi La Tour d'Auvergne prit-il la résolution de défendre seul le fortin ?

2. Quelles précautions prit-il pour laisser croire que le fortin était défendu par une garnison ?

3. Pourquoi les Autrichiens ne pouvaient-ils attaquer en masse ?

4. A quel moment La Tour d'Auvergne accepte-t-il de se rendre ?

5. Quelle fut, pour La Tour d'Auvergne, la véritable récompense de son acte d'héroïsme ?

Exercice et sujet de devoir.

Exercice de grammaire. — L'attribut du sujet : *Trouvez l'attribut du sujet dans les cas suivants :* le défilé était étroit... les armes étaient placées ; le défilé sera défendu... ; une pièce fut mise... ; le canon fut retiré... ; l'assaut fut suspendu ; les Autrichiens furent étonnés..., vous êtes brave. — *Indiquer la règle d'accord et expliquer l'exception constatée dans :* vous êtes brave.

Sujet de devoir et vocabulaire. — *Expliquez les termes suivants et faites entrer chacun d'eux dans une phrase :* fortin, munitions, mousquets, officier, garnison, grenadier, artillerie, assaut, lignes, colonel, régiment, épée, escorte, camp.

LA DÉESSE CÉRÈS

La déesse Cérès était une des plus puissantes de l'Olympe[1], elle était très belle et en même temps très bonne.

C'est elle qui protégeait les récoltes et tous les fruits de a terre, et qui payait par ses dons les peines de chacun. Aussi les hommes l'aimaient et l'honoraient de tout leur cœur.

Cérès avait une fille appelée Proserpine qui était douce, gracieuse et, comme sa mère, serviable et bonne.

Proserpine aimait à jouer avec ses jeunes compagnes dans les prés fleuris sous le gai soleil du printemps ou, pendant l'été, à l'ombre fraîche des grands bois voisins.

Un jour, en courant dans une prairie peu éloignée de l'Etna[2], elle aperçut une fleur merveilleuse qu'elle ne connaissait pas. Comme elle s'approchait pour la cueillir, la terre s'ouvrit brusquement sous ses pas et la jeune fille disparut en poussant un grand cri.

Ses compagnes accoururent affolées, mais le sol s'était aussitôt refermé et, malgré leurs cris et leurs prières, Proserpine ne reparut pas.

Elles vinrent alors, en pleurant, raconter à Cérès que sa

fille avait brusquement disparu sous la terre en cueillant une fleur merveilleuse.

A cette nouvelle le chagrin de la pauvre mère fut immense. Elle se couvrit de misérables vêtements afin de

Le sol s'était aussitôt refermé et, malgré leurs cris et leurs prières,
Proserpine ne reparut pas.

n'être point reconnue, prit un flambeau pour guider sa marche pendant la nuit et partit à la recherche de sa fille.

Pendant de longs mois elle parcourut la terre, demandant à tous ceux qu'elle rencontrait des nouvelles de Proserpine et implorant les Dieux de lui faire connaître le nom du ravisseur. Mais personne n'avait vu sa fille et les Dieux se taisaient.

Enfin, après de longues et vaines recherches, Cérès revint en Sicile, toujours éplorée[3] et gémissante.

Une jeune nymphe[4], prise de pitié pour une douleur si grande, lui révéla que sa fille avait été ravie par Pluton, roi des régions souterraines.

Aussitôt Cérès se rendit auprès de Jupiter, le maître des dieux et invoqua son appui pour que Proserpine lui fût rendue.

Jupiter, ému par les supplications et les larmes de la pauvre mère, décida que sa fille lui serait rendue, si elle n'avait pris aucune nourriture terrestre[5] dans le royaume de Pluton.

Malheureusement Proserpine avait mangé six grains de grenade. Il fut donc décidé que désormais Proserpine passerait chaque année six mois sous la terre et six mois auprès de sa mère.

Pendant que Cérès est joyeuse de voir sa fille auprès d'elle, toutes les plantes s'épanouissent et se couvrent de fleurs, de fruits ou de graines : c'est l'été. Mais dès que Proserpine est obligée de retourner dans le sombre royaume, Cérès pleure et se lamente et toute la nature est triste et muette : c'est l'hiver.

[Légende de l'ancienne Grèce.]

Explications et questions.

Les mots. — 1. *Olympe :* montagne de Grèce au sommet de laquelle habitaient les dieux.

2. *Etna :* volcan de la Sicile : Les Anciens plaçaient sous cette région les Enfers, ou royaume de Pluton.

3. *éplorée :* toute en pleurs.

4. *nymphe :* divinité des bois, des fleuves et des montagnes.

5. *nourriture terrestre :* nourriture de la *terre,* commune aux hommes. Les dieux ne devaient se nourrir que d'ambroisie.

Les idées. — 1. Quel était le rôle de la déesse Cérès ?
2. Qu'arriva-t-il à sa fille Proserpine ?
3. Que fit la pauvre mère pour retrouver sa fille ?
4. Pourquoi Proserpine ne lui fut-elle pas rendue complétement ?
5. Quel est le sens de cette légende ?

Exercice et sujet de devoir.

Exercice de grammaire. — Le sujet du verbe : *Trouver le sujet des verbes suivants :* protégeait, accoururent, vinrent, prit, partit, invoqua, fût rendue, décida.

Sujet de devoir. — *Montrez que cette gracieuse légende peut aussi s'appliquer à la vie du grain de blé qui, après avoir passé l'automne et l'hiver dans les obscures profondeurs des sillons, sort de terre au printemps et se dore joyeusement au grand soleil de l'été.*

UN PETIT CHIEN

Il est de par le monde un petit chien, de mes amis, et qui a nom Tom. Il a parcouru les principales villes d'Europe avec son jeune maître en cours d'études[1], représentant auprès de lui la famille absente. On ne les voyait jamais l'un sans l'autre. Quiconque invitait le maître, invitait aussi le chien...

Aujourd'hui, des deux inséparables, Tom seul est resté. Fauché dans la fleur de l'âge, son jeune maître est parti[2] avec les feuilles de l'automne dernier. Sa place est vide à table et au foyer. Mais, du même coup, Tom est devenu une relique[3] vivante et sacrée. Il rappelle le cher absent, le représente à toute heure. Et quand il se couche aux pieds de ses maîtres qui pleurent leur fils, il y a une grande douceur, pour ces cœurs blessés, à sentir près d'eux un être jadis aimé par leur enfant et qui le regrette si bien, que pendant de longs jours il a refusé toute nourriture.

Chaque fois qu'on le mène à la gare pour chercher un ami, le pauvre Tom s'imagine qu'on va à la rencontre de celui qui est absent et dont il attend le retour. Quand il reconnaît son erreur, ses yeux expriment une douleur qui fait pitié.

Et vous croyez que de telles bêtes ne méritent pas d'être aimées?

CHARLES WAGNER[4].

(Auprès du Foyer. Librairie Armand Colin.)

Explications et questions.

Les mots. — 1. *en cours d'études :* faisant ou complétant ses études.

2. *il est parti :* il est mort.

3. *relique :* au sens figuré : chose qui *reste* d'une personne morte et, pour cela, chose très précieuse.

4. *Charles Wagner :* moraliste français contemporain.

Les idées. — 1. En quelles circonstances, ce petit chien a-t-il fait le tour de l'Europe?

2. Qu'est devenu son jeune maître?

3. Comment est-il une consolation pour ceux qui pleurent leur enfant?

4. Quel chagrin éprouve ce petit chien chaque fois qu'on le conduit à la gare?

5. Que pensez-vous d'un pareil attachement?

Exercice et sujet de devoir.

Exercice de grammaire. — Conjugaison : *Conjuguez oralement au présent, à l'imparfait, au passé simple et au futur de l'indicatif :* 1° reconnaître son erreur. *Ex. :* je reconnais mon erreur. 2° ne pas reconnaître son erreur.

Sujet de devoir. — *Faites le portrait d'un chien que vous connaissez.*

UNE LÉGENDE BIBLIQUE

En ce temps-là, Jésus, seul avec Pierre[1], errait
Sur la rive du lac, près de Génézareth[2],
A l'heure où le brûlant soleil de midi plane,
Quand ils virent, devant une pauvre cabane,
La veuve d'un pêcheur, en longs voiles de deuil,
Qui s'était tristement assise sur le seuil,

Retenant dans ses yeux la larme qui les mouille,
Pour bercer son enfant et filer sa quenouille.
Non loin d'elle, cachés par des figuiers touffus,
Le maître et son ami voyaient sans être vus.

Tu le vois, je suis faible et brisé par l'âge...

Soudain un de ces vieux, dont le tombeau s'apprête[3],
Un mendiant, portant un vase sur sa tête,
Vint à passer, et dit à celle qui filait :

« Femme, je dois porter ce vase plein de lait
Chez un homme logé dans le prochain village.
Mais, tu le vois, je suis faible et brisé par l'âge.

Les maisons sont encore à plus de mille pas,
Et je sens bien que, seul, je n'accomplirai pas
Ce travail, que l'on doit me payer une obole[4]. »

La femme se leva sans dire une parole,
Laissa, sans hésiter, sa quenouille de lin
Et le berceau d'osier où pleurait l'orphelin,
Prit le vase, et s'en fut avec le misérable.

Et Pierre dit :

         « Il faut se montrer secourable,
Maître ! Mais cette femme a bien peu de raison
D'abandonner ainsi son fils et sa maison
Pour le premier venu qui s'en va sur la route.
A ce vieux mendiant, non loin d'ici, sans doute,
Quelque passant eût pris son vase, et l'eût porté. »

Mais Jésus répondit à Pierre :

            « En vérité,
Quand un pauvre a pitié d'un plus pauvre, mon Père
Veille sur sa demeure et veut qu'elle prospère.
Cette femme a bien fait de partir sans surseoir[5]. »

Quand il eut dit ces mots, le Seigneur vint s'asseoir
Sur le vieux banc de bois, devant la pauvre hutte,
De ses divines mains, pendant une minute,
Il fila la quenouille et berça le petit ;
Puis, se levant, il fit signe à Pierre et partit.

Et, quand elle revint à son logis, la veuve,
A qui de sa bonté Dieu donnait cette preuve,
Trouva — sans deviner jamais par quel ami —
Sa quenouille filée et son fils endormi.

FRANÇOIS COPPÉE.
[*Récits épiques.* Lemerre et Cie, édit.]

Explications et questions.

Les mots. — 1. *Pierre :* il s'agit de l'apôtre Pierre qui fut un des disciples de Jésus.

2. *Génézareth :* nom d'un lac et d'une petite ville de la Tibériade en Judée.

3. *dont le tombeau s'apprête :* dont la mort est proche.

4. *obole :* monnaie de très petite valeur chez les anciens.

5. *sans surseoir :* sans remettre à plus tard, sans hésiter.

Les idées. — 1. Remarquer dans cette poésie trois tableaux successifs : 1° la veuve assise devant sa cabane. 2° la veuve et le mendiant. 3° Jésus filant la quenouille et berçant l'orphelin.

2. Quel reproche Pierre adresse-t-il à cette mère ?

3. Comment Jésus approuve-t-il au contraire ce qu'elle a fait ?

4. Comment la veuve fut-elle récompensée de sa bonne action ?

Conseils pour la lecture ou pour la récitation.

Lire où réciter très simplement sans chercher les effets. L'idée, qui est très belle, se suffit à elle-même.

Jusqu'à : sans être vus, c'est une simple introduction. Puis, le mendiant implore : il a besoin d'aide, mais il n'est pas sûr d'être secouru. Pierre désapprouve et critique, il gronde un peu : mettre en relief : Mais, peu de raison, le premier venu l'eût porté. Jésus parle gravement comme un maître qui est sûr de dire la vérité. Détacher les mots : un pauvre, un plus pauvre, bienfait, fila et berça.

Marquer un arrêt après : partit ; et dire les 4 derniers vers avec le ton du récit en détachant bien dans le dernier vers les mots quenouille filée et fils endormi.

Remarquer que certains groupes de mots doivent être dits un peu vite et avec peu de voix de manière à disparaître en quelque sorte du récit où ils sont d'ailleurs inutiles : Ex : le 7e vers : Retenant dans ses yeux... le vers A qui de sa bonté Dieu... et — sans deviner jamais par quel ami —

Bien lier : errant sur la rive..., je n'accomplirai pas ce travail,... peu de raison d'abandonner...; sa maison pour..., mon Père veille, s'asseoir sur le.

BORDEAUX

Une faible brise maritime nous a ramenés à Bordeaux. L'énorme ville entasse[1] le long du fleuve ainsi que des bastions[2] ses maisons monumentales ; le ciel rouge est crénelé[3] par leur bordure. Elles d'un côté, le pont de l'autre, protègent d'une double ligne le port où s'entassent les vaisseaux comme une couvée de mouettes; ces gracieuses carènes [4], ces mâts effilés, ces voiles gonflées ou flottantes, mêlent leurs mouvements et leurs formes sur la magnifique pourpre du couchant. Le soleil s'enfonce au milieu du fleuve qu'il embrase; les agrès noirs, les coques rondes, font saillie dans son incendie [5], et ressemblent à des bijoux de jais [6] montés en or.

Autour de Bordeaux, des collines riantes, des horizons variés, une rivière peuplée par la navigation incessante, de fraîches vallées, une suite de villes et de villages harmonieusement posés sur les coteaux ou dans les plaines, partout la plus riche verdure, le luxe de la nature et de la civilisation, la terre et l'homme travaillant à l'envi [7] pour enrichir et décorer la plus heureuse vallée de la France.

TAINE [8].

[*Voyage aux Pyrénées*. Hachette et Cie, édit.

Explications et questions.

Les mots. — 1. *entasser* : mettre en tas.

2. *bastion* : ouvrage fortifié.

3. *crénelé* : la bordure est découpée comme par des *créneaux*.

4. *carène* : partie de la coque d'un navire jusqu'à fleur d'eau.

5. *incendie* : les lueurs rouges du couchant.

6. *jais* : minéral d'un noir brillant.

7. *à l'envi* : à qui mieux mieux (remarquer l'orthographe).

8. *Taine* : écrivain et philosophe français du XIXe siècle, 1828-1893.

Les idées. — 1. Comment est situé Bordeaux par rapport à la rivière ?

2. Que voit-on dans le port ?... Comment apparaissent-ils sur le soleil couchant ?

3. Comment est le pays autour de Bordeaux ?

Exercice et sujet de devoir.

Exercice de grammaire. — Sujets multiples : *Trouvez les sujets des verbes suivants :* protègent, mêlent, font, ressemblent, travaillent. — *Tirez de vos observations la règle d'accord du verbe qui a plusieurs sujets.*

Sujet de devoir et vocabulaire. — *Expliquez le sens des mots :* brise maritime, port, vaisseaux, mouettes, carènes, mâts, voiles, agrès, coques.

Lecture du Samedi

LE POT DE MIEL

Un jour, tante Annette me dit :

« Voici que la saison approche ; si tu veux un de ces matins, nous monterons au Mas[1] des Truphèmes.

— Pourquoi faire ?

— Pour renouveler notre provision de miel. Autrefois, dès les premiers beaux jours, la femme nous l'apportait ; mais, maintenant, elle est trop vieille.

— Et, est-ce loin, le Mas des Truphèmes ?

— Non, deux petites lieues, à mi-chemin de Lure. »...

Deux petites lieues en montée — et l'on sait combien ces lieues s'allongent, une fois parti ! — il y avait de quoi faire réfléchir un Parisien. Mais quelle belle occasion de renouveler connaissance avec la montagne à travers les mille changements qui, des oliviers dont le feuillage déjà s'argente, et des amandiers prématurément fleuris, vous conduisent, par d'imperceptibles transitions, aux pentes ombragées de frênes, aux fourrés de grands buis glacés[2], aux roses étendues de lavandes et aux sommets que seule égaie la verdure des genévriers.

J'acceptai donc la promenade.

Le lit du torrent sert de chemin ; puis c'est un chemin pierreux fort semblable au lit du torrent, un chemin qui n'en finit pas de se tordre au flanc de la côte abrupte[3].

Et tout le temps je me disais :

« Certes, la route est pittoresque, mais quelle singulière idée a la tante d'aller chercher son miel si haut ! »

LE POT DE MIEL

*Vous m'avez fait peur, je vous prenais pour un huissier.... Heureusement
que j'ai reconnu mademoiselle.*

MIRONNEAU. — *Lectures. C. Moyen, 1ᵉʳ degré.*   7

Enfin on arrive au Mas, bizarre bâtisse en cailloux roulés, derrière laquelle, s'étagent sur un bloc calcaire naturellement coupé en gradins, une centaine de ruches, — tout autour desquelles, bourdonnant dans le soleil, tourbillonnent des vols d'abeilles, innombrables, mouvantes et pressées comme des flocons de neige d'or.

La vieille, qu'une poule suivait, s'avança timide et prudente.

« Vous m'avez fait presque peur : je vous prenais pour un huissier⁴... Heureusement, j'ai reconnu mademoiselle.

— Vous avez donc quelque procès ?

— Non ; mais on n'est jamais sûr quand on est pauvre.

— Comment ! pauvre ! avec toutes ces ruches.

— Ah ! mon pauvre monsieur, si vous saviez, cela rend si peu ! »

En effet, la pauvreté, une pauvreté décente, se lisait d'un coup d'œil à tous les coins de l'humble logis.

La vieille nous servit sur un bout de nappe très blanche une collation de pain bis, de noix et d'eau claire, puis on fit marché pour un certain nombre de pots de miel qu'un homme qui travaillait plus haut dans le bois nous apporterait au prochain samedi, en allant vendre ses fagots à la ville.

Les pots pesés, l'argent compté, tante Annette tira quelques menus présents d'un panier dont le contenu m'intriguait.

« Tenez ! voici pour vous une capeline de laine et un couteau à plusieurs lames pour votre cadet qui s'est mis berger. »

Un reflet humide et fugitif — c'est ainsi qu'on pleure à soixante-dix ans — brilla dans les yeux de la vieille qui tournait, retournait le couteau, et, de ses mains ridées, palpait lentement la chaude étoffe. Elle hésitait pourtant, avec une enfantine envie d'accepter.

« Vous êtes de braves gens !... la capeline me tiendrait

chaud cet hiver, et Cadet sera bien heureux... Mais j'aurais trop peur que les abeilles...

— Prenez, mais prenez donc ! Les abeilles n'ont rien à voir là-dedans... C'est en dehors du prix du miel, c'est pour votre pain et vos noix. »

Nous étions déjà au bout du champ, et la vieille répétait encore :

« Pour le pain et les noix, c'est bien cela ! sans quoi les abeilles seraient dépitées [5]. »

Quand elle nous eut quittés :

« Voilà bien du mystère pour l'achat de quelques malheureux pots de miel ! M'expliquerez vous, tante Annette, ce que veut dire cette vieille avec son histoire d'abeilles qu'on dépite ?...

— Comment ! tu ne sais pas ?... Mais c'est la croyance du pays... Les abeilles, tout le monde ici te l'apprendra, ont l'argent et l'avarice en grande horreur. Elles ne permettent pas qu'on change le prix de leur miel qui doit rester toujours le même, tel qu'il fut fixé dans l'ancien temps. Et si quelqu'un, par désir de trop gagner, se hasardait à l'augmenter, ne fût-ce que d'un sou, alors ce ne serait pas long, et les abeilles essaimeraient [6] au loin, laissant l'avare seul à se lamenter devant ses ruches vides. »

N'est-ce pas que voilà une superstition touchante et une admirable leçon ?

D'après PAUL ARÈNE [7].

[Nouveaux Contes de Noël. Flammarion, édit.]

Explications et questions.

Les mots. — 1. *mas :* maison de campagne dans le midi de la France.

2. *buis glacés :* dont les feuilles sont revêtues d'un vernis luisant poli comme la *glace.*

3. *côte abrupte :* qui s'élève presque à pic.

4. *huissier :* officier ministériel chargé de notifier les actes de justice aux intéressés. Les paysans ont une crainte instinctive des gens de justice : c'est cette crainte qui paraît dans les paroles de la vieille femme.

5. *dépité :* qui éprouve du *dépit*

c'est-à-dire du chagrin mêlé de colère.

6. *essaimer* : quitter la ruche pour former une colonie nouvelle.

7. *Paul Arène* : écrivain français auteur de romans et de nouvelles (1843-1896).

Les idées. — 1. Quel est le but du voyage au Mas des Truphèmes?
2. Comment est le chemin ?
3. Pourquoi ce chemin doit-il faire réfléchir un Parisien ?
4. Que voit-on en montant? (*distinguez quatre zones.*)
5. Comment sont accueillis la tante Annette et son neveu ?
6. Pourquoi donne-t-on à la vieille femme une capeline et un couteau ?
7. Pourquoi, d'après elle, ne doit-on pas augmenter le prix du miel ?... Que pensez-vous de cette croyance ?
8. N'y a-t-il pas une leçon à tirer de la sagesse qu'on prête aux abeilles ?

Exercice et sujet de devoir.

Exercice de grammaire. — Accord du verbe en personne avec son sujet : *Nous avons vu que le verbe s'accorde en nombre ; montrez au moyen d'exemples qu'il s'accorde également en personne. Les élèves peuvent trouver dans le texte un exemple pour chacune des 3 personnes du singulier et du pluriel (Bien montrer que le verbe est à la même personne et au même nombre que son sujet.)*

Sujet de devoir. — *Dites ce que vous voyez sur l'image (s'efforcer de suivre un plan d'observation méthodique).*

LE CHEMIN

Plein de silence, embaumé
Du chaud parfum de la terre,
C'est un chemin solitaire[1]
Du village bien-aimé.

Il quitte les vieilles rues
Pour s'en aller dans les bois :
C'est le chemin des charrois[2],
Des troupeaux et des charrues.

Un bonhomme de chemin[3]
Qui passe entre les chaumières,
Lentement, à la manière
Des trop vieux sans lendemain[4].

Et flâneur, il fait sa ronde
Sous les pommiers en berceau.
Creusé du double ruisseau
De ses ornières profondes.

Il s'attarde sous les branches,
Entre les fossés des cours,
Et fait de jolis détours[5]
Au seuil clair des maisons blanches.

FRANCIS YARD[6].

[*A l'Image de l'Homme.* Bernard Grasset, édit.]

Explications et questions.

Les mots. — 1. *chemin solitaire :* où il ne passe que rarement quelqu'un.

2. *charrois :* charrettes chargées.

3. *un bonhomme de chemin :* un chemin tranquille et sans façon.

4. *sans lendemain :* qui n'ont plus que peu de jours à vivre.

5. *jolis détours :* il semble s'attarder avec plaisir tout près du seuil des maisons blanches et ne s'en éloigner qu'à regret.

6. *Francis Yard :* poète français contemporain.

Les idées. — 1. Résumez chaque strophe en une courte phrase. Ex. pour la 1re strophe : *C'est le chemin silencieux du village.*

2. Notez tous les détails qui montrent que le poète considère le chemin comme une personne. Ex. : *il fait sa ronde, il s'attarde...*

Conseils pour la lecture ou la récitation.

Le poète parle avec amour de ce chemin « du village bien aimé »; il faut s'efforcer de rendre ce sentiment.

C'est un vieux chemin, il avance lentement comme les vieillards, il s'éloigne à regret : donc éviter le débit précipité; bien détacher : lentement, en flâneur, il s'attarde.

Attention à la première strophe : marquer un arrêt après silence, et après terre. Bien lier : embaumé du chaud... — La dernière strophe est particulièrement gracieuse : montrer le vieux chemin s'attardant et faisant de jolis détours.

UNE BONNE PARTIE QUI FINIT MAL

Un jour, je jouais dans la chambre de ma mère avec Ursule et Hippolyte, tandis qu'elle dessinait. Elle était tellement absorbée par son travail, qu'elle ne nous entendait pas faire notre vacarme[1] accoutumé.

Nous avions trouvé un jeu qui passionnait nos imaginations. Il s'agissait de passer la rivière. La rivière était dessinée sur le carreau avec de la craie et faisait mille détours dans cette grande chambre. En certains endroits elle était fort profonde, il fallait trouver l'endroit guéable[2] et ne pas

Hippolyte imagina de prendre le pot d'eau et de le verser par terre.

se tromper. Hippolyte s'était déjà noyé plusieurs fois, nous l'aidions à se retirer de grands trous où il tombait toujours, car il faisait le rôle[3] du maladroit ou de l'homme ivre, et nageait à sec sur le carreau en se débattant et en se lamentant...

Nous arrivâmes, Ursule et moi, au bord de notre rivière,

dans un endroit où l'herbe était fine et le sable doux. Elle le tâta d'abord, et puis elle m'appela en disant : « Vous pouvez vous y risquer, vous n'en aurez guère plus haut que les genoux... »

Je fis observer que, puisque l'eau était basse, nous pouvions bien passer sans nous mouiller ; il ne s'agissait que de relever un peu nos jupes et d'ôter nos chaussures. « Mais, dit-elle, si nous rencontrons des écrevisses, elles nous mangeront les pieds. — C'est égal, lui dis-je, il ne faut pas mouiller nos souliers, nous devons les ménager, car nous avons encore bien du chemin à faire. »

A peine fus-je déchaussée, que le froid du carreau me fit l'effet de l'eau véritable, et nous voilà, Ursule et moi, pataugeant dans le ruisseau. Pour ajouter à l'illusion [4] générale, Hippolyte imagina de prendre le pot à eau et de le verser par terre, imitant ainsi un torrent et une cascade. Cela nous semblait délirant d'invention [5]. Nos rires et nos cris attirèrent enfin l'attention de ma mère. Elle nous regarda et nous vit tous les trois pieds et jambes nus, barbotant dans un cloaque [6], car le carreau avait déteint, et notre fleuve était fort peu limpide. Alors elle se fâcha tout de bon, et surtout contre moi, qui étais déjà enrhumée ; elle me prit par le bras, m'appliqua une correction manuelle [7] assez accentuée et, m'ayant rechaussée elle-même en me grondant beaucoup, elle chassa Hippolyte dans sa chambre et nous mit en pénitence, Ursule et moi, chacune dans un coin.

GEORGE SAND [8].

[*Histoire de ma vie.* Calmann-Lévy, édit.]

Explications et questions.

Les mots. — 1. *vacarme :* bruit assourdissant.
2. *guéable :* qu'on peut passer à gué, c'est-à-dire traverser à pied
3. *rôle :* mis pour personnage.
4. *illusion :* erreur qui fait

prendre l'apparence pour la réalité.

5. *délirant d'invention:* si ingénieux et si amusant qu'on en éprouvait une joie qui allait jusqu'au *délire.*

6. *cloaque :* lieu malpropre.

7. *correction manuelle :* correction donnée avec la *main.*

8. *George Sand :* illustre romancière française (1804-1876).

Les idées. — 1. Où se trouvent ces trois enfants ?
2. A quel jeu jouent-ils ?...
3. Que représentent les traits de craie ?
4. Que s'agit-il de faire ?... Que faisait Hippolyte ?...
5. Que disent les deux petites filles ?
6. Quelle idée vient à Hippolyte ?... Quelles en furent les fâcheuses conséquences ?

Exercice et sujet de devoir.

Exercice de grammaire. — Compléments du verbe : *Quels mots répondant à la question* QUI ?... *ou* QUOI ? *faite après* (Ex: nous avions trouvé quoi?... un jeu.) *Les verbes suivants :* Nous avions trouvé..., qui passionnait..., il s'agissait de passer..., la rivière faisait..., il fallait trouver..., il faisait...

Quels mots répondent à la question avec QUI ?... *par* QUOI ?... *faite après les verbes:* je jouais avec..., était absorbée par..., était dessinée avec... me prit par...

Sujet de devoir. — *De tous les jeux que vous connaissez, quel est celui que vous préférez ? Dites pourquoi...*

RESPECT DE L'UNIFORME

Je me promenais un soir dans les faubourgs d'une ville où plusieurs régiments d'infanterie et de cavalerie tiennent garnison. Je vis venir à moi un groupe de quatre ou cinq fantassins ivres. Ils marchaient en battant les murs[1] et chantaient à tue-tête le refrain de quelque grossière chanson.

Tandis que je regardais ce triste spectacle, un cuirassier vint à passer. C'était un grand garçon qui avait les yeux bleus et la chevelure un peu rousse, une figure énergique et fière. Je le vis qui allait à la rencontre des ivrognes. Arrivé près d'eux, il s'arrêta et se mit à leur parler d'une voix indignée. Ce qu'il leur dit alors, je ne pourrais guère vous le répéter, car le brave soldat emporté par une généreuse colère, les traitait en termes fort vifs. Il leur reprochait de déshonorer l'uniforme, d'être un objet de scandale[2] pour les passants et une honte pour le régiment dont ils portaient le numéro au collet de leur capote.

Deux d'entre eux, que cette véhémente apostrophe[3] avait un peu dégrisés, firent mine de vouloir se fâcher et levèrent la main sur lui. Il les saisit l'un et l'autre par l'épaule, et les secoua de telle sorte que personne n'eut plus envie de provoquer un si robuste gaillard...

Après cette petite scène, les fantassins s'éloignèrent tout penauds[4], et le cuirassier reprit sa marche. Je m'approchai alors de lui, et je le félicitai vivement. Il me répondit avec un bon sourire :

« Dame, monsieur, moi qui suis Alsacien, moi qui ai quitté le pays pour ne pas servir dans un régiment prussien, vous comprenez que ça me dégoûte de voir des militaires qui galvaudent[5] ainsi l'uniforme!... »

Je vous laisse à penser si je serrai la main de ce brave garçon.

GEORGES DURUY[6].
[*Pour la France.* Hachette et Cie, édit.]

Explications et questions.

Les mots. — 1. *battre les murs : sens figuré*, aller dans la rue, d'un mur à l'autre en titubant.

2. *scandale :* mauvais exemple produit par un acte honteux.

3. *apostrophe véhémente : apostrophe :* interpellation brusque ; *véhémente :* énergique et vigoureuse.

4. *penaud :* honteux et embarrassé.

5. *galvauder :* avilir, déshonorer par un mauvais usage.

6. *Georges Duruy :* écrivain français contemporain, professeur à l'École polytechnique.

Les idées. — 1. Quel spectacle attrista un soir celui qui parle ?
2. Pourquoi ce spectacle était-il triste ?

3. Que fit le cuirassier ?

4. Comment voulurent répondre deux des fantassins ?... Que se passa-t-il ?

5. Comment ces soldats déshonoraient-ils leur uniforme ?

6. Pour quelles raisons le cuirassier était-il si indigné ?... Approuvez-vous ce qu'il fit ?... Pourquoi ?

Exercice et sujet de devoir.

Exercice de grammaire. — Compléments directs et compléments indirects : *Trouver dans le texte : 1° trois compléments directs ; 2° trois compléments indirects et indiquer les verbes dont ils complètent l'idée.*

Sujet de devoir. — *Supposez que vous avez assisté à la scène décrite. Racontez-la dans une lettre à votre frère qui est soldat.*

DESCENTE DANS UNE MINE DE HOUILLE

Un jeune ouvrier, Étienne, va descendre pour la première fois dans une mine. En attendant son tour, il regarde disparaître dans le sombre puits un premier groupe de mineurs.

Dès quatre heures, la descente des ouvriers commençait. Ils arrivaient pieds nus, la lampe à la main, attendant par petits groupes d'être en nombre suffisant...

Et dans les berlines[1] vides, ils s'empilaient cinq par cinq, jusqu'à quarante d'un coup, lorsqu'ils tenaient toutes les cases.

Un ordre partait d'un porte-voix, un beuglement sourd et indistinct... Puis, après un léger sursaut, la cage plongeait silencieuse, tombait comme une pierre, ne laissant derrière elle que la fuite vibrante[2] du câble.

« C'est profond ? demanda Étienne à un mineur qui attendait près de lui, l'air somnolent.

— Cinq cent cinquante-quatre mètres, répondit l'homme.

Mais il y a quatre accrochages[3] au-dessus, le premier à trois cent vingt. »

Étienne prend place dans la cage avec d'autres mineurs.

Tous deux se turent, les yeux sur le câble qui remontait. Étienne reprit :

« Et quand ça casse ?

— Ah ! quand ça casse... »

Le mineur acheva d'un geste.

La cage remonte bientôt et Étienne y prend place avec d'autres ouvriers, parmi lesquels Maheu, un vieux mineur.

Enfin une secousse l'ébranla et tout sombra autour de lui.

« Nous voilà partis, dit paisiblement Maheu. »

Tous étaient à l'aise. Lui, par moments, se demandait s'il descendait ou s'il montait. Il y avait comme des immobilités, quand la cage filait droit, sans toucher aux guides[1]; et de brusques trépidations se produisaient ensuite, qui lui donnaient le peur d'une catastrophe.

Tout à coup on traversa un rapide éblouissement, la vision d'une caverne où des hommes s'agitaient, à la lueur d'un éclair. Déjà on retombait.

Maheu disait :

« C'est le premier accrochage. Nous sommes à trois cent vingt mètres.., Regardez la vitesse. »

Levant sa lampe, il éclaira un madrier des guides, qui filàit ainsi qu'un rail sous un train lancé à toute vapeur; et, au delà, on ne voyait toujours rien. Trois autres accrochages passèrent, dans un envolement de clartés[5]. La pluie[6] assourdissante battait les ténèbres.

« Comme c'est profond ! murmura Étienne. »

Cette chute semblait avoir duré des heures. Il souffrait de la fausse position qu'il avait prise, n'osant bouger. Lorsque la cage, enfin, s'arrêta au fond, à cinq cent cinquante-quatre mètres, il s'étonna d'apprendre que la descente avait duré juste une minute.

ÉMILE ZOLA[7].
(Œuvres. Fasquelle, édit.]

Explications et questions.

Les mots. — *berline* · chariot servant dans les mines au transport et à la montée du charbon.

2. *fuite vibrante* : le câble se déroule si rapidement qu'il semble fuir et comme il est tendu, il *vibre*.

3. *accrochage* : sens spécial, à chaque étage d'une mine, point de départ pour la montée.

4. *guides* : tiges verticales entre lesquelles glisse la cage.

5. *envolement de clartés* : elles semblent passer rapides comme des oiseaux qui *volent*.

6. *pluie* : il s'agit de l'eau qui ruisselle sur les parois du puits.

7. *Emile Zola* : romancier français du XIXᵉ siècle (1840-1902).

Les idées. — 1. Dites comment se fait la descente des ouvriers.
2. Quel sentiment éprouve Etienne en voyant disparaître la cage ?
3. Que signifie le geste du mineur après : *Ah! quand ça casse...* ?
4. Qu'est-ce qui inquiète Etienne pendant la descente ?
5. Quel étonnement éprouve-t-il en arrivant au fond ?

Exercice et sujet de devoir.

Exercice de grammaire. — Compléments circonstanciels indiquant : le lieu, le temps, la manière : *Indiquez quelles idées ajoutent aux verbes les compléments qui suivent:* descend *dans une mine;* disparaître *dans le sombre puits; la descente commençait dès 4 heures; ils arrivaient pieds nus, la lampe à la main; ils s'empilaient dans les berlines, cinq par cinq; tombait comme une pierre; qui attendait près de lui, l'air somnolent.* Ex. : MINE, *indique le lieu où se fait l'action.*

Sujet de devoir et vocabulaire. — *Expliquez les mots:* mine, houille, puits, mineur, lampe, berline, porte-voix, cage, câble, accrochage, guides, catastrophe, *et faites-les entrer dans des phrases en vous inspirant du récit.*

Lecture du Samedi

L'ESPAGNOLE

Pendant la guerre d'Espagne, un bataillon français fut chargé de chasser des environs d'une forêt de la province de Burgos des groupes d'irréguliers espagnols qui inquiétaient nos troupes. Ordre avait été donné au commandant de se montrer sévère envers les habitants d'un village voisin qui, en maintes circonstances, avaient renseigné l'ennemi. Après une marche très pénible, les soldats français atteignent enfin le village.

... Arrivés devant le village, le commandant n'aperçoit aucun mouvement, n'entend aucun bruit... Quelques soldats s'avancent... Rien... une solitude absolue... Le chef se méfiant de quelque embûche, prescrit la plus grande circonspection[1]. On entre dans l'unique rue du village, on arrive sur une petite place où fument encore des gerbes de maïs, de froment, des pains encore entiers mais carbonisés ; ils étaient là gisant à terre, dans des flots de vin coulant encore des outres[2] ou peaux de bouc percées. Les habitants avant leur départ, avaient tout détruit pour que les Français ne trouvassent aucune provision.

Dès que nos soldats eurent acquis la certitude qu'après une si longue et si dangereuse fatigue, ils n'auraient aucun réconfort dans ce village abandonné, ils poussèrent des hurlements de rage. Et nulle vengeance à exercer. Tous les habitants se sont enfuis dans la forêt. Tout à coup des cris se font entendre dans l'une des chaumières abandonnées où les soldats s'étaient répandus, dans l'espoir de trouver quelque butin ou quelque nourriture. C'était une femme jeune, et portant dans ses bras un tout petit enfant d'un an ; les soldats l'entraînent devant leur lieutenant.

« Tenez, mon lieutenant, dit l'un d'eux, voilà une femme que nous avons trouvée auprès d'une autre vieille qui ne peut plus parler ; questionnez-la un peu. »

La jeune femme était pâle, mais elle ne tremblait pas ; elle portait le costume des paysannes de la région.

« Pourquoi es-tu seule ici ? lui demanda le lieutenant.

— J'y suis demeurée auprès de ma grand'mère qui, étant paralytique, n'a pu suivre les nôtres dans la forêt, répondit-elle avec une sorte de fierté. Je suis restée pour la soigner.

— Pourquoi les tiens ont-ils quitté ce village? Les yeux de l'Espagnole s'allumèrent; elle regarda le lieutenant avec une étrange expression, puis elle lui dit:

— Vous le savez bien : ne deviez-vous pas nous massacrer? »

Le lieutenant leva les épaules.

« Mais pourquoi avoir brûlé ce pain, ce blé? avoir défoncé ces outres?

— Pour que vous ne trouviez rien... Ils ne pouvaient pas tout emporter; alors il fallait bien le brûler. »

Dans ce moment des cris, mais cette fois des cris de joie, se firent entendre: les soldats apportaient plusieurs jambons, quelques pains, mais surtout plusieurs peaux de bouc remplies de vin. Ils avaient trouvé toutes ces provisions dans une cave, dont l'entrée était cachée par la paille sur laquelle était couchée la vieille paralytique. En voyant les soldats possesseurs de ces provisions, la jeune femme leur jeta un regard de vengeance infernal. Le lieutenant eut un moment de joie, car ses hommes n'avaient qu'un peu de pain, et il ne savait comment les faire souper. Le soleil se couchait, et il était impossible de prolonger la marche dans l'état de fatigue où ils étaient. Cependant plusieurs malheurs récents, lui donnant de la défiance, il dit à la jeune paysanne :

« D'où viennent ces vivres?

— Ce sont les mêmes qui ont été brûlés... nous les avions cachés pour les porter aux nôtres.

— Est-ce que ton mari est dans la forêt?

— Mon mari est au ciel? répondit-elle en y levant les yeux... Il est mort pour la bonne cause, celle de Dieu et de Ferdinand [1] !...

— As-tu donc des frères parmi eux?

— Je n'ai plus personne que mon pauvre enfant. »

Elle le serra contre elle. La pauvre petite créature était

L'ESPAGNOLE

Et ton enfant, fais-le boire aussi, dit le lieutenant.

maigre et jaune, et ses grands yeux noirs brillaient dans son pâle visage en regardant sa mère.

« Mon commandant, s'écrièrent les soldats ordonnez donc la distribution, car nous avons bien faim et diablement soif.

— Un instant, mes enfants. Écoute, dit-il à la jeune femme, ces vivres-là sont bons, j'espère? »

Et il attachait sur elle un œil défiant, car déjà plusieurs citernes avaient été empoisonnées par les habitants des montagnes.

« Comment seraient-ils mauvais? répondit l'Espagnole. Ils n'étaient pas pour vous.

— Puisque ce vin est bon, dit-il à la jeune femme, tu en boiras bien un verre, n'est-ce pas?

— Oh! mon Dieu, tant que vous voudrez. »

Elle prit la tasse de campagne que lui remplit le lieutenant, et la vida d'un trait.

« Hourra! hourra! crièrent les soldats, tout joyeux.

— Et ton enfant, fais-le boire aussi, dit le lieutenant; il est si pâle que cela lui fera du bien. »

L'Espagnole avait bu sans hésiter, En prenant la tasse pour l'approcher des lèvres de son fils, sa main trembla, mais ce mouvement fut inaperçu, et l'enfant vida la tasse. Tous les soldats burent le vin des outres et mangèrent le pain et les jambons.

Tout à coup l'un d'eux, qui regardait en ce moment la jeune Espagnole et son fils, vit l'enfant devenir livide; ses traits se contractèrent, et sa bouche, tordue par la souffrance, laissa échapper des cris perçants. Sa mère elle-même, quoique plus forte, pouvait à peine se contenir; elle retenait ses plaintes, mais ses souffrances ne pouvaient se dissimuler sur son visage décomposé.

« Malheureuse, s'écria le commandant, tu nous as empoisonnés !

« — Oui, dit-elle, avec un affreux sourire, en se laissant tomber sur la terre à côté de son enfant qui râlait déjà pour la mort ; oui, je vous ai empoisonnés. Je savais bien que vous iriez chercher les outres là où elles étaient. Oui, oui, vous allez mourir, et mourir damnés[4] ; moi j'irai au ciel. »

Vingt-deux hommes périrent par suite de cette action, que je ne puis cependant appeler autrement que grande et courageuse.

(Général DE MARBOT[5]. *Mémoires*. Plon-Nourrit et Cie, édit.)

Explications et questions.

Les mots. — 1. *circonspection* : surveillance prudente.

2. *outres* : récipients formés avec des peaux de bouc et dans lesquels on conserve certains liquides.

3. *Ferdinand* : roi d'Espagne détrôné par Napoléon.

4. *damnés* : condamnés aux peines de l'enfer.

5. *de Marbot* : général célèbre par sa bravoure et par ses *Mémoires*, 1782-1854.

Les idées. — 1. Où et vers quelle époque se passe la scène racontée ?

2. Pourquoi les paysans avaient-ils détruit les vivres ?

3. Pourquoi le lieutenant français prend-il tant de précautions avant d'autoriser ses hommes à se partager les vivres trouvés ?

4. Quand elle boit, l'Espagnole sait-elle que le vin est empoisonné ?

5. Pourquoi boit-elle ?

6. Pourquoi sa main tremble-t-elle en faisant boire son enfant ?

7. Regrette-t-elle ce qu'elle a fait ?

8. Pourquoi l'auteur déclare-t-il *grande* et *courageuse* l'action de cette femme ?

Exercice et sujet de devoir.

Exercice de grammaire. — Révision des compléments du verbe : *Quels sont les compléments des verbes suivants (indiquer la nature : direct, indirect, circonstanciel de...) :* n'aperçoit ; n'entend ; se méfiant ; prescrit ; on entre ; on arrive ; fument ; ils n'auraient ; se font entendre.

Sujet de devoir. — *Dans le récit qui vient d'être lu, relève quelques détails qui montrent que la guerre est toujours affreuse.*

CE QUE DIT
LA PLUIE

*C'est un mendiant qui parle, un
de ces « chemineaux » qui passent
leur vie sur les routes, marchant
toujours sans jamais arriver au
terme du voyage.*

M'a dit la pluie[1] : Écoute
Ce que chante ma goutte,
Ma goutte au chant perlé.
Et la goutte qui chante
M'a dit ce chant perlé :
Je ne suis pas méchante[2],
Je fais mûrir le blé.

Ne fais pas triste mine,
J'en veux à la famine[3].
Si tu tiens à ta chair,
Bénis l'eau qui t'ennuie
Et qui glace ta chair;
Car c'est grâce à la pluie
Que le pain n'est pas cher.

Le ciel toujours superbe
Serait la soif à l'herbe⁴
Et la mort aux épis.
Quand la moisson est rare
Et le blé sans épis
Le paysan avare
Te dis : Crève, eh ! tant pis.

Mais quand avril se brouille,
Que son ciel est de rouille⁵,
Et qu'il pleut comme il faut,
Le paysan bonasse⁶
Dit à sa femme : Il faut
Lui remplir sa besace,
Lui remplir jusqu'en haut.

M'a dit la pluie : Écoute
Ce que chante ma goutte,
Ma goutte au chant perlé.
Et la goutte qui chante
M'a dit ce chant perlé :
Je ne suis pas méchante,
Je fais mûrir le blé.

JEAN RICHEPIN⁷.
(*La Chanson des Gueux*, E. Fasquelle, édit.)

Explications et questions.

Les mots. — 1. *m'a dit la pluie :* mis pour : la pluie m'a dit.

2. *pas méchante :* je suis ennuyeuse peut-être, mais je ne fais pas le mal.

3. *j'en veux à la famine :* combats la famine en faisant mûrir le blé.

4. *la soif à l'herbe :* la soif pour l'herbe (l'herbe qui donne l'épi de blé).

5. *rouille :* le ciel est terni par la brume ou les nuages gris.

6. *bonasse :* disposé à la *bonté.*

7. *Jean Richepin :* poète et romancier français contemporain.

Les idées. — 1. Que dit la pluie (1re strophe) ? (*Répondez par une seule phrase*)

2. Pourquoi le mendiant ne doit-il pas s'attrister quand il pleut ?
3. Qu'arrive-t-il quand il ne pleut pas assez ?
4. Qu'arrive-t-il au contraire quand il pleut comme il faut ?
5. Quelle conclusion peut-on tirer du morceau ?

Conseils pour la lecture ou la récitation.

C'est une chanson, il faut donc la dire d'un rythme léger, bien cadencé, assez vif et d'un ton un peu chantant.

Liez : Écoute ce que chante; grâce à la pluie que le pain; superbe serait; avare te dit; bonasse dit à sa femme, il faut lui remplir...

Mettez en valeur les mots essentiels, par exemple, dans la 1re strophe: écoute, chante, goutte, chant perlé, pas méchante... Tenez longuement la virgule après méchante; dites lentement le dernier vers en détachant bien les mots : mûrir, blé.

AU JARDIN

I

A LA RECHERCHE DE CE QUI N'EXISTE PAS

*En 1809, M*me *Hugo s'installa avec ses enfants dans une maison du quartier des Feuillantines. Un jardin abandonné depuis la Révolution était attenant à la maison. C'est dans ce jardin que Victor Hugo et ses frères prenaient leurs ébats.*

L'école n'empêchait pas le jardin. Elle ne prenait les deux frères[1] qu'une partie de la journée et les lâchait, matin et soir, dans les allées. L'hiver vint, moins amusant que l'été, mais qui a encore les boules de neige qu'on se jette au visage ; puis le printemps revint, et les boutons d'or[2], pour lesquels ils avaient une adoration respectueuse et qu'ils craignaient de froisser, presque autant que les bêtes à bon Dieu. Mais ce qu'ils trouvaient encore de plus beau dans le jardin, c'était ce qui n'y était pas. C'était ce qu'y mettait leur imagination d'enfant. Que de choses il y avait pour eux dans le puisard[3] desséché, où il n'y avait rien !

Il y avait surtout « le sourd, ce monstre fabuleux qui a des écailles sous le ventre et qui n'est pas un lézard, qui a des pustules[4] sur le dos et qui n'est pas un crapaud, qui habite les trous des vieux fours à chaux et des puisards desséchés, noir, velu, visqueux[5], rampant, tantôt lent, tantôt rapide, qui ne crie pas, mais qui regarde, et qui est si terrible que personne ne l'a jamais vu ». A peine revenu de l'école, Victor disait à Eugène : « Allons au sourd ! » Et vite, jetant leurs cahiers, sans donner à leur mère le temps de les embrasser, ils se précipitaient, roulaient dans le puisard, écartaient les ronces, ôtaient les briques, fouillaient les trous, « Je le tiens ! — Le voilà ! » et étaient fort désappointés[6] lorsque, après une heure de recherche acharnée, ils n'avaient pas trouvé cette bête qu'ils savaient ne pas exister.

[*Victor Hugo raconté par un témoin de sa vie.* Hachette et Cie, édit.]

Explications et questions.

Les mots. — 1. *les deux frères :* Eugène et Victor, les deux plus jeunes enfants de Mme Hugo.

2. *et les boutons d'or :* sous-entendu : *revinrent aussi.*

3. *puisard :* sorte de puits peu profond destiné à recevoir les eaux de pluie.

4. *pustule :* gros bouton qui laisse échapper du pus ou du venin.

5. *visqueux :* qui est couvert d'un enduit gluant.

6. *désappointés :* trompés dans leur espoir.

Les idées. — Que voyaient les deux frères dans le jardin des Feuillantines ?

2. Le « sourd » existait-il réellement ?

3. Comment leur imagination leur représentait-elle le « sourd » ?

4. Essayez d'expliquer comment ils pouvaient être désappointés de n'avoir pas trouvé ce qu'ils savaient ne pas exister ?

Exercice et sujet de devoir.

Exercice de grammaire. — **Le présent et le passé :** *Trouves* *dans le texte lu: 1° six verbes indiquant que l'action se fait au moment où l'on parle (présent); 2° six verbes indiquant une action qui s'est faite dans un temps passé.*

Sujet de devoir écrit ou exercice oral. — Citez des jeux où l'on boit dans des verres qui ne contiennent rien, où l'on mange des mets qui n'existent pas ; où l'on tue avec des fusils de bois des ennemis imaginaires, où l'on fait, à cheval sur un bâton ou sur une chaise, des courses prodigieuses, etc... (Voir ensuite les lectures: Petite guerre, page 80; Une bonne partie qui finit mal, page 198 et Jeux d'enfants, page 236.)

AU JARDIN

II

LA BALANÇOIRE ET LA BROUETTE

Le dimanche, Abel[1] avait congé et s'ajoutait à la joie. Mais on n'était au grand complet que lorsque Mme Foucher[2] amenait ses enfants, son fils Victor et sa fille Adèle, déjà en âge de trotter, de s'amuser et de mêler son petit tapage au vacarme des garçons.

C'était à qui userait et abuserait de la balançoire. Personne n'en abusait plus que Victor; une fois monté dessus, on ne pouvait plus l'en faire descendre; debout sur l'escarpolette[3], il mettait toute sa force et tout son amour-propre à la lancer le plus haut possible, et il disparaissait dans le feuillage des arbres qui s'agitai comme au vent.

Quelquefois on daignait offrir une place à la petite fille, qui s'y laissait hisser, honorée et tremblante, et recommandant bien de la balancer moins haut que la dernière fois.

L'escarpolette avait une rivale : c'était une vieille brouette boiteuse. On mettait Mlle Adèle dans la brouette et on lui bandait les yeux. Puis les garçons la voituraient dans les allées, et il fallait qu'elle dise où elle était, et c'était une explosion de bonheur et de rires[4] quand elle se trompait et qu'elle était perdue dans le jardin. De temps en temps, elle disait juste, mais on regardait le bandeau,

On mettait Mlle Adèle dans la brouette et on lui bandait les yeux.

et on s'apercevait qu'elle avait triché. Alors les garçons se fàchaient.

[Victor Hugo raçonté par un témoin de sa vie. Hachette et Cie, édit]

Explications et questions.

Les mots. — **1.** *Abel :* le frère aîné.

2. *Mme Foucher :* une amie de la famille Hugo ; sa fille Adèle devait plus tard épouser Victor Hugo.

3. *escarpolette* : siège ou plan-chette de la balançoire.

4. *explosion de rires :* les rires éclatent comme des fusées.

Les idées. — 1. Quels autres enfants se joignaient, le dimanche, à Victor et à Eugène ?

2. Comment Victor abusait-il de la balançoire ?

3. Pourquoi la petite-fille était-elle *honorée?...* et *tremblante ?*

4. Racontez le jeu de la brouette ?

Exercice et sujet de devoir.

Exercice de grammaire. — Conjugaison à la forme affirmative et à la forme négative. *Conjuguez oralement au présent de l'indicatif, à l'imparfait, au passé simple et au futur :* 1° Je me balance moins haut que la dernière fois ; 2° Je ne me balance pas moins haut que la dernière fois.

Sujet de devoir écrit ou exercice oral. — *Dites ce que c'est que tricher au jeu.* — *Expliquez comment on peut tricher à deux jeux que vous connaissez.*

UN MAUVAIS SOLDAT

Prost est un mauvais soldat. Pour échapper à la dure vie de l'hivernage dans les neiges des Alpes, il simule une crise de rhumatismes et, à mesure que l'hiver approche, la maladie paraît s'aggraver.

Il passait les journées étendu sur son lit, droit comme une momie[1], les yeux seuls vivants dans une face contractée ; lui fallait-il se lever, il semblait en verre, se tenait les genoux comme s'il avait peur de les casser, grimaçait affreusement et voûtait son corps rigide. Et cependant, personne ne croyait à la sincérité de sa maladie.

Le lieutenant Clerget se refusait à croire possible une telle fourberie, quand soudain Susbielle[2] parvint à la démasquer[3]. Il lui suffit de dire à Prost : « Vous partirez demain avec le courrier. Vous êtes trop malade pour rester ici. Vous rentrerez au corps[4]. »

Une joie diabolique se peignit sur le visage de Prost. Il lui fallut toute sa raison pour ne pas manifester sa jubilation[5] en faisant la culbute sur son lit. Cinq minutes après, Clerget le surprenait bourrant son sac avec une agilité

Cinq minutes après Clerget le surprenait bourrant son sac avec une agilité singulière.

singulière, courant comme un fou dans la chambrée et esquissant un pas de gigue[6] en criant : « Y a du bon pour la classe[7] ! » au milieu du dédain un peu ironique de ses camarades.

« Prost, fit la voix sévère de l'officier, et vos rhumatismes ? »

Le tonnerre tombant au milieu de la salle, Prost n'eût pas été pétrifié davantage.

« Vous préparez vos jambes pour déguerpir. Vous avez du nerf maintenant? » Prost, blême, balbutia.

« Vous n'étiez pas malade, reprit Clerget, vous jouiez la comédie, vous vous dispensiez de tout service, vous laissiez la besogne à vos camarades. C'est honteux, pour un soldat. Je ne vous infligerai pas les huit jours de prison que mérite votre ignoble[8] conduite. Vous serez châtié autrement. Vous avez voulu vous dérober au devoir de servir le pays avec vos camarades dans un poste d'honneur. Eh bien, ce sont vos camarades qui ne veulent plus de vous. Moi, votre chef, je vous renie[9]. Ici, nous n'avons pas besoin de fricoteur, de traîne-la-patte[10] et de comédien. Ici, chacun travaille, chacun s'aide, chacun concourt à l'intérêt commun. Je n'ai pas besoin de vous, je vous chasse. Bouclez votre sac!... »

Et il tourna les talons.

PAUL et VICTOR MARGUERITTE[11].
[*Le Poste des Neiges*. Nilsson, édit.]

Explications et questions.

Les mots. — 1. *momie : au sens propre :* corps embaumé et conservé d'après les procédés des anciens Égyptiens. — Signifie ici, comme un cadavre.

2. *Susbielle :* le médecin-major.

3. *démasquer : au sens propre :* enlever le *masque :* Ici, c'est le *sens figuré* qui signifie découvrir, mettre en évidence.

4. *au corps :* dans la ville où se trouve le régiment.

5. *jubilation :* joie bruyante et qui se manifeste par des gestes très vifs.

6. *gigue :* danse d'origine anglaise, très vive et comportant de grands mouvements des jambes.

7. *y a du bon pour la classe :* expressions de caserne signifiant à peu près : le départ (la classe) est le bienvenu.

8. *ignoble :* le mot vient de *non noble :* il signifie aujourd'hui *bas, infâme.*

9. *je vous renie :* je ne vous connais plus, je vous repousse.

10. *fricoteur et traîne-la-patte :* expressions de caserne signifiant mauvais soldat.

11. *Paul et Victor Margueritte :* romanciers français contemporains.

Les idées. — 1. Comment Prost s'y prend-t-il pour faire croire qu'il est malade ?

2. Ses camarades et ses chefs croient-ils à sa maladie ?... Pourquoi ?

3. Quel moyen emploie le médecin-major pour découvrir le mensonge ?

4. Pourquoi les camarades de Prost le regardent-ils avec dédain quand il manifeste sa joie indiscrète ?

5. Que lui dit le lieutenant Clerget ?... Quel est le mot le plus sévère adressé à Prost ?

Exercice et sujet de devoir.

Exercice de grammaire. — Présent, passé, futur : *Faites la liste des verbes en notant à la suite de chacun, suivant le cas, présent, passé, futur.*

Sujet de devoir. — *Que pensez-vous de la conduite de ce mauvais soldat et de la punition qui lui a été infligée ?*

Lecture du Samedi

LE PEUPLIER

Impressionnés par la lecture de Robinson Crusoé *deux enfants veulent entreprendre une expédition lointaine dans des pays inconnus.*

La veille du départ, nous rangeâmes sur une table, en ordre parfait, nos petites haches préalablement aiguisées, deux bâtons, deux frondes et deux sacs de toile, où se trouvait, entre autres choses, un morceau de pain énorme, en prévision des hasards que nous pouvions courir dans notre voyage. Une émotion involontaire nous serrait le cœur quand, le lendemain, à cinq heures du matin, nous sortîmes de la maison. Trois sansonnets[1] s'envolèrent du toit de la tourelle et pointèrent vers la gauche.

« Ils indiquent la route, dis-je à mon frère ; il faut les suivre. »

Les trois sansonnets, mouchetés d'or et de violet, se perdirent bientôt au-dessus des arbres pressés du vallon, et nous continuâmes à longer la rivière, large de quatre à cinq mètres au plus, qui descendait de par là, vive, sur son lit de cailloux blancs, claire, par endroit, comme un morceau de ciel[2], ombreuse le plus souvent entre ses bords plantés de toutes les essences forestières. Les merles abondaient dans les petits prés tortueux, inondés chaque printemps ; nos frondes ne leur faisaient pas grand mal ; mais l'espoir allait toujours devant, et le jour était pur, et les pays nouveaux s'ouvraient devant nous. Nous commencions même à apercevoir entre les branches les fenêtres du moulin à vent, qui ressemblait, vu de la maison, à deux plumes de ramier, mises en croix, tournant sur un bouchon.

Que de chemin derrière nous ! Le soleil chauffait dur et ployait les hautes fleurs de l'herbe quand nous nous arrêtâmes, vers dix heures, fiers et un peu inquiets de nous être égarés si loin. Il n'y avait pas une ferme dans le cercle de nos regards, pas un homme traversant les champs. La terre mûrissait, tranquille, ses moissons.

« Je suis d'avis, dit mon frère, que nous passions la rivière, car nous ne pouvons pas revenir par le même chemin. Jamais nous ne serions rentrés pour midi, tandis qu'en traversant...

— Oui, mais il faut traverser.

— Si nous construisions un radeau[3] ?

— C'est un peu long, répondis-je. Rappelle-toi Robinson Crusoé[4] ; et puis, nous n'avons pas de planches et pas de tonneaux vides. Il vaut mieux faire comme les sauvages et couper un arbre. »

LE PEUPLIER

« Était-il bien gros ? dit-elle.
— Comme vos deux bras, à peu près, madame. »

Au premier moment, cette idée de couper un arbre me parut toute naturelle. Nous étions perdus dans le désert, seuls, nous semblait-il, dans des régions où le voyageur est à lui-même toute sa ressource et se sert librement des choses. Nous prîmes à nos ceintures nos petites haches, et nous nous mîmes à frapper, chacun d'un côté, sur le tronc vert et lisse d'un jeune peuplier, qui poussait sur le bord. Nous l'attaquions savamment par la face qui regardait la rivière. Les copeaux blancs volaient. Bientôt un craquement se fit entendre, et le beau panache de feuilles légères et fines, décrivant un demi-cercle, s'abattit parmi les aulnes de l'autre rive, et se coucha sur le pré voisin.

Le pont était jeté. Nous passâmes à califourchon, nos haches tout humides au côté.

Mais, comme nous battions en retraite vers la maison, tous deux silencieux, sous la grande chaleur qui faisait se taire les oiseaux et chanter les grillons, nos pensées se modifièrent. L'arbre devait appartenir à quelqu'un, bien sûr. On l'avait planté, on attendait de lui, dans l'avenir, des lattes ou des chevrons de toiture. Et nous avions coupé l'arbre, perdu l'avenir, touché au bien d'autrui !

« C'est toi qui l'as voulu, me dit mon frère. Nous allons être grondés. »

Le retour fut triste ; nous arrivâmes en retard, et, sitôt nos haches enfermées dans une cachette, de peur d'une confiscation possible, nous avouâmes très franchement et avec détails le meurtre du peuplier. On nous gronda moins fort que nous ne l'avions redouté ; seulement, après déjeuner, mon père, s'adressant à moi, me dit :

« Ce n'est pas tout d'avoir avoué une sottise, mon ami : il faut la réparer. Tu es l'aîné. Dans cinq minutes, tu monteras dans le cabriolet avec le vieux Baptiste, et tu iras tout seul demander pardon à Mme la baronne du Vollier, à qui l'arbre appartient. »

Me voilà donc dans le cabriolet[5] bleu, à côté de Baptiste, qui portait dans la poche de sa veste une lettre de mon père à l'adresse de la baronne.

Je n'étais pas, à beaucoup près, aussi fier que le matin. Je n'avais jamais vu la baronne, que je me figurais très vieille, très sèche et très maussade[6].

Elle était vieille, en effet, et sèche comme un fuseau. Mais, quand on m'eut introduit devant elle, et que je vis, tricotant, dans un angle ensoleillé de la chambre, cette petite dame, à deux papillotes d'argent[7], mince et vêtue de noir, je compris qu'elle avait encore un cœur jeune et capable d'attendrissement. Cela se voit dans le regard. J'étais quand même très troublé, et j'avais la lettre entre les doigts.

« Ah ! madame, lui dis-je, je viens, parce que, en faisant le sauvage, j'ai coupé un peuplier.

— Comment ! mon petit ami, vous faisiez le sauvage ?

— Oui, madame, dans votre pré. Nous avions nos haches, nos frondes aussi. Il fallait un pont. J'ai bien du regret de ce que j'ai fait, madame… mais je vous assure qu'en tombant, il n'a pas abimé un seul aulne. D'ailleurs, voici la lettre… »

Elle n'avait rien compris à mon explication. Pendant qu'elle lisait, je me demandais ce qu'elle allait exiger en compensation du peuplier.

Elle releva la tête. Elle souriait.

« Était-il bien gros ? dit-elle.

— Comme vos deux bras à peu près, madame.

— Alors, vous ne m'avez pas causé grand dommage, mon petit ! Mais que faire d'un baliveau[8] pareil ? Le bois ne vaut rien pour brûler. Le donner serait dérisoire. »

Elle réfléchit un moment.

« Tenez, me dit-elle, en me tendant la main, nous n'en reparlerons plus jamais ; c'est oublié. Cependant, je vous imposerai une pénitence, oh ! pas bien dure. Je suis très vieille, mes voisins m'oublient : je laisserai l'arbre où il est tombé ; vous repasserez par là un jour ou l'autre et vous penserez, malgré vous, à la propriétaire, qui ne vous fera plus peur. Peut-être même aurez-vous l'idée de revenir la voir. »

Je l'ai eue cinq ans de suite, tant que la vieille dame a vécu. Au bout d'un an, les rejets vigoureux de l'arbre avaient jailli du tronc brisé. Après deux ans ils formaient une souche longue et feuillue. Le printemps suivant, un merle y faisait son nid, et des légions de champignons rongeaient la tige étendue sur le pré voisin. Le pont même devenait dangereux, mousseux tout du long, saisi et recouvert aux extrémités par des forêts d'iris jaunes et de roseaux. Les martins-pêcheurs[9] seuls en usaient. Je suppose qu'une crue l'a emporté.

Le remords était fini. Le souvenir m'est resté.

RENÉ BAZIN[10].
[*Les Contes de bonne Perrette*. Calmann-Lévy, édit.]

Explications et questions.

Les mots. — 1. *sansonnet :* oiseau gris moucheté de jaune appelé encore étourneau.

2. *un morceau de ciel :* dans les endroits découverts, le ciel se reflète dans l'eau.

3. *radeau :* assemblage de pièces de bois liées ensemble et formant un plancher flottant.

4. *Robinson Crusoé :* jeté seul dans une île déserte à la suite d'un naufrage, Robinson sut, par son ingéniosité et son énergie, suffire à tous ses besoins pendant de nombreuses années.

5. *cabriolet :* voiture légère à deux roues.

6. *maussade :* d'humeur chagrine, désagréable.

7. *papillotes d'argent : papillotes :* mèches de cheveux enroulées sur elles mêmes, d'argent, blanches comme de l'argent.

8. *baliveau :* arbre jeune.

9. *martin-pêcheur :* petit oiseau aux couleurs brillantes qui vit au bord des rivières.

10. *René Bazin :* écrivain et romancier français contemporain.

Les idées. — 1. Quelles précautions prirent ces enfants la veille du départ ?

2. Par quoi le chemin à suivre leur est-il indiqué ?

3. Vers dix heures ne sont-ils pas déjà inquiets ?... Pourquoi ?
4. Comment passèrent-ils la rivière ?
5. Comment purent-ils croire que ce peuplier n'appartenait à personne ?
6. Quel regret vint les assaillir pendant le retour ?
7. Que décida le père comme punition de la faute commise ?
8. Comment cet enfant fut-il accueilli par la vieille dame ?
9. Que devait-il faire pour être pardonné ?
10. Quelle phrase indique que cet enfant est resté reconnaissant à la vieille dame de son indulgent accueil ?

Exercice et sujet de devoir.

Exercice de grammaire. — Auxiliaires avoir et être : *Relevez dans la lecture : 1° les verbes employés avec l'auxiliaire* avoir *; 2° les verbes employés avec l'auxiliaire* être.

Sujet de devoir écrit ou exercice de conversation. — *Dites ce que vous voyez sur la gravure qui illustre la lecture ? (Procéder avec beaucoup d'ordre : le lieu de la scène, la position des personnages, leur attitude, leurs gestes.)*

LA BATAILLE

Là-bas, vers l'horizon du frais pays herbeux
Où la rivière, lente et comme désœuvrée[1],
Laisse boire à son gué de longs troupeaux de bœufs,
Une grande bataille autrefois fut livrée.

C'était, comme aujourd'hui, par un ciel de printemps
Dans ce jour désastreux, plus d'une fleur sauvage
Qui s'épanouissait, flétrie en peu d'instants,
Noya tous ses parfums dans le sang du rivage.

La bataille dura de l'aube jusqu'au soir;
Et, surpris dans leur vol, de riches scarabées[2],
De larges papillons jaunes striés[3] de noir
Se traînèrent mourants parmi les fleurs tombées.

La rivière était rouge : elle roulait du sang.
Le bleu martin-pêcheur en souilla son plumage,
Et le saule penché, le bouleau frémissant,
Essayèrent en vain d'y trouver leur image.

Le biez[4] du Moulin Neuf en resta noir longtemps.
Le sol fut piétiné, des ornières creusées,
Et l'on vit des bourbiers sinistres, miroitants[5],
Où les troupes s'étaient à grand choc écrasées.

Et, lorsque la bataille eut apaisé son bruit,
La lune, qui montait derrière les collines,
Contempla tristement, vers l'heure de minuit,
Ce que l'œuvre d'un jour peut faire de ruines.

Pris du même sommeil[6], là gisaient par milliers,
Sur les canons éteints, les bannières froissées,
Épars confusément, chevaux et cavaliers
Dont les grands yeux ouverts n'avaient plus de pensées.

On enterra les morts au hasard... Et depuis
Les étoiles du ciel, ces paisibles veilleuses[7],
Sur le champ du combat passèrent bien des nuits,
Baignant les gazons verts de leurs clartés pieuses[8];

Et les petits bergers, durant bien des saisons,
En côtoyant la plaine où sommeillaient les braves,
Dans leur gosier d'oiseau retenant leurs chansons,
Suivirent tout songeurs les grands bœufs aux pas graves.

ANDRÉ LEMOYNE[9].

[Paysages de Mer et fleurs des Prés. Lemerre, édit.]

Explications et questions.

Les mots. — 1. *désœuvrée* : la rivière va lentement comme quelqu'un qui se promène, n'ayant rien à faire.

2. *riches scarabées* : insectes de la même famille que les hannetons. Quelques-uns portent des couleurs brillantes d'où l'épi-thète *riches* ; ils sont *richement* vêtus.

3. *striés* : sillonné de *stries* ou rayures.

4. *biez ou bief* : petit canal qui conduit au moulin l'eau de la rivière.

5. *miroitants* : qui réflétaient

la lumière comme un *miroir*.

6. *du même sommeil :* du sommeil de la mort.

7. *veilleuses :* les petites lumières des étoiles ¡apparaissent comme pour remplacer les lueurs des veilleuses.

8. *clartés pieuses*: qui reviennent fidèlement chaque nuit comme pour rendre un hommage aux morts.

9. *André Lemoyne :* poète français contemporain (1822-1907)

Les idées. — 1. A quel moment de l'année fut livrée la bataille que décrit le poète ?

2. Par quoi le plumage du martin-pêcheur fut-il souillé?...

3. Pourquoi les saules des rives ne voyaient-ils plus leur image?...

4. Quels sentiments sont prêtés à la lune?....aux étoiles?... aux petits bergers ?

5. Relevez les noms des animaux et des végétaux que le poète fait intervenir dans son récit.

Conseils pour la lecture ou la récitation.

Récit d'une mélancolie et d'une émotion attendries.

Les 5 premières strophes nous représentent la nature surprise, meurtrie et ensanglantée par la bataille. Les deux suivantes montrent l'horreur du champ de bataille: il faut essayer de rendre le bruit et le mouvement : débit plus vif, plus accentué, mise en valeur des mots exprimant le mouvement et le bruit. Marquez un long temps d'arrêt après on enterra les morts au hasard...

Les deux dernières strophes, à partir de : Et depuis représentent la nature rassérénée et maternelle veillant pieusement sur les tombes ;... s'efforcer de rendre par l'intonation et la lenteur du débit ce calme, grave et mélancolique.

MA PREMIERE LEÇON DE BOTANIQUE

Je pris, un matin, ma première leçon de botanique, sous les auspices[1] d'une vieille grand'tante qui avait « des clartés de tout[2] » et qui ne dédaignait pas de répondre aux interrogations posées sans relâche par un petit-neveu de dix ans, singulièrement questionneur.

Ce matin-là, j'étais préoccupé de savoir d'où venait le miel dont j'avais mangé une tartine.

« Comment fait-on le miel, grand'tante ?

— Ce sont les abeilles qui le fabriquent.

— Avec quoi ?

— Avec du sucre qu'elles vont chercher dans les fleurs.

— Ah ! il y a du sucre dans les fleurs ! (Cette découverte réjouissait mes instincts de gourmand.)

Et, me posant le pistil humide et vert sur les lèvres : « Goûte », ajouta-t-elle.

— Oui », répondit la tante.

Elle se baissa, cueillit une primevère, enleva délicatement la corolle[3], et me posant le pistil[4] humide et vert sur les lèvres : « Goûte », ajouta-t-elle.

Et j'y goûtai et je trouvai qu'effectivement cela avait une petite saveur sucrée.

Alors la bonne femme reprit une primevère et elle m'expliqua le mystère des étamines[5], le pollen[6] tombant en poudre d'or sur le pistil imbibé de suc, et, par une métamorphose[7] vraiment féerique, la fleur se changeant en fruit.

Pour compléter la démonstration, elle m'ouvrit la capsule[8] d'un pavot défleuri et me montra les milliers de petites graines vertes qui y dormaient encore.

A partir de cette matinée, mon attention s'est trouvée fortement attirée par le règne végétal et, je le déclare, je n'ai jamais regretté un seul des moments passés dans l'intimité des plantes.

Aussi, je bénis la mémoire de ma chère grand'tante qui m'a introduit la première dans ce merveilleux domaine des fleurs.

ANDRÉ THEURIET[9].

[Années de printemps. Librairie Ollendorff.]

Explications et questions.

Les mots. — 1. *sous les auspices de* : sous la direction de... guidé et conseillé par...

2. *« clartés de tout »* : connaissances sur toutes choses. L'expression est empruntée à Molière.

3. *corolle* : partie généralement colorée de la fleur qui enveloppe les étamines et le pistil.

4. *pistil* : l'organe unique situé au centre de la fleur et qui prolonge l'ovaire.

5. *étamines* : les organes qui entourent le pistil.

6. *pollen* : poussière jaune qui s'échappe de l'extrémité des étamines.

7. *métamorphose féerique* : *métamorphose* signifie changement de forme ; *féerique* qui semble produit par une *fée*.

8. *capsule* : enveloppe dure et sèche quand elle est à maturité et qui renferme les graines de certaines plantes, le pavot, par exemple.

9. *André Theuriet* : romancier et poëte français, (1833-1907).

Les idées. — 1. Qui a donné à cet enfant sa première leçon de botanique?

2. De quoi fut-il question d'abord?

3. Quelle fleur montra la grand'tante?... Quelles parties de la fleur furent examinées?

4. Que montra-t-elle ensuite?

5. Quel fut pour l'enfant le résultat de cette première leçon?

Exercices et sujet de devoir.

Exercices de grammaire. — I. Temps simples et temps com-

posés. Faites une liste de dix verbes employés dans le texte à un temps simple et une liste de cinq verbes employés à un temps composé. Après chaque verbe, indiquer le temps auquel il appartient.

II. Participe présent et participe passé : *Faire la liste des participes présents et celle des participes passés contenus dans le texte lu.*

Sujets de devoir. — 1° Décrivez *une plante que vous connaissez.* **2° Exercice de Vocabulaire. — Cherchez** *le sens des mots suivants et faites-les entrer dans des phrases :* Botanique, fleurs, primevère, corolle, pistil, étamines, pollen, capsule, graines, défleuri, fruit, règne végétal, plantes.

LE PIGEON VOYAGEUR

Le lendemain de la victoire de Coulmiers (10 novembre 1870), six pigeons voyageurs lâchés à Tours devaient porter, avec la bonne nouvelle, un peu de joie et d'espoir à Paris assiégé.

Les six pigeons emportaient, lié à la maîtresse plume de leur queue, un petit papier roulé, qui annonçait à Paris assiégé l'immense effort de la province, l'armée de la Loire victorieuse à Coulmiers, Orléans repris...

Très haut dans la nuit brumeuse, à travers laquelle les pigeons venaient de se précipiter, un d'eux, tandis que les autres hésitaient, un beau pigeon bleuté, à col roux, se dirigeait d'un vol sûr vers Paris, les ailes larges ouvertes...

Il avait dépassé Blois, Mer¹, Orléans. Il volait depuis une heure et demie ; il avait franchi sans les voir les cantonnements des corps d'armée de d'Aurelles et de Chanzy² ; il atteignit Pithiviers. Puis ce furent les nappes sombres de la forêt de Fontainebleau, le ruban d'étain de la Seine, puis les toits de Melun et des villages, des villages... Il n'arriverait donc jamais ! Un abattement le glaçait ; il était presque perclus³ d'épuisement et de froid... Il volait toujours.

Villeneuve-Saint-Georges⁴ parut, en même temps, un

fourmillement noir, des masses d'hommes qui serpentaient le long des routes... Il traversait les lignes* allemandes.

Des coups de feu claquèrent. Il perçut vaguement des détonations lointaines, et, tout près, des sifflements singuliers. Soudain un heurt brutal, une horrible sensation de douleur. Il tomba d'une cinquantaine de mètres, sous le choc de la balle. Il avait la patte gauche brisée. Mais, plus fort que la mort, l'indomptable instinct était en lui... Il volait toujours.

Maintenant c'étaient des champs hérissés de maisons, la banlieue ruinée et déserte de la grande ville. Un opaque brouillard couvrait toutes choses. Éperdu, saignant, le pigeon volait droit vers le but, la tour octogonale* invisible, la tour dressée rue de Grenelle, au-dessus du ministère des Postes. Encore trois mille mètres, deux mille peut-être, et le colombier allait apparaître.

Mais, à bout de forces, il s'abattit; il resta assommé, un instant, à l'angle du toit. Il voulut repartir, dut se poser encore à l'appui d'un balcon.

Tous regardaient s'élever le pigeon à col roux.

D'en bas, une foule l'avait aperçu, levait vers lui des mains secourables, lui adressait des encouragements et des prières. Un messager! Qu'apportait-il? Des nouvelles des absents, l'annonce d'une défaite, qui sait? L'annonce d'une victoire peut-être?...

Et un murmure attendri montait de la foule, puis soudain, un hourra[7] joyeux, des bravos et des cris.

Tous, le cœur battant, regardaient s'enlever dans un suprême effort le pigeon bleuté à col roux, et, à travers la brume incertaine, la douce bête blessée reprendre enfin, pour de bon cette fois, le chemin du colombier. Tous, sans se douter qu'ils saluaient l'annonciateur de la victoire, regardaient, émus, passer le bienvenu, le messager qui portait, sur ses ailes, l'élan joyeux de la Patrie.

PAUL ET VICTOR MARGUERITTE[8].
[Les Braves gens. Plon-Nourrit et Cie, édit.]

Explications et questions.

Les mots. — 1. *Mer* : chef-lieu de canton situé entre Blois et Orléans.

2. *d'Aurelles et Chanzy* : généraux français qui se distinguèrent pendant la guerre de 1870-71.

3. *perclus* : qui a perdu l'usage de ses membres : paralysé.

4. *Villeneuve-Saint-Georges* : localité de la banlieue parisienne.

5. *lignes* : front de l'armée allemande assiégeant Paris.

6. *octogonale* : à huit faces.

7. *hourra* : cri d'acclamation et d'applaudissement.

8. *Paul et Victor Margueritte* : romanciers français contemporains.

Les idées. — 1. Quelle nouvelle devaient porter à Paris les pigeons voyageurs ?

2. Quel chemin suivait le beau pigeon à col roux ?

3. Par quoi était ralentie la rapidité de son vol ?

4. Que lui arriva-t-il en traversant les lignes allemandes ?

5. Quel était le but à atteindre ?

6. Quelle nouvelle cause ralentissait son vol ?

7. Comment arriva-t-il à Paris?

8. Quels sentiments éprouvait la foule assiégée en voyant ce pigeon blessé et épuisé de fatigue?

Exercice et sujet de devoir.

Exercice de grammaire. — Accord du participe passé employé sans auxiliaire (épithète) : *Nous voyons dans le texte : Paris assiégé ; Orléans repris ; la patte brisée ; des champs hérissés ; la banlieue ruinée ; la tour dressée ; la douce bête blessée. Dites le genre et le nombre du nom et du participe et tirez vous-même la règle d'accord.*

Sujet de devoir ou exercice oral. — *Si, en temps de guerre, vous trouviez un pigeon voyageur blessé ou épuisé de fatigue, que feriez-vous ?*

(Deux cas à envisager ou le pigeon après quelques soins pourra repartir ou il reste incapable de reprendre son vol.)

JEUX D'ENFANTS[1]

Le grand écrivain Tolstoï raconte un souvenir de son enfance. La scène se passe donc en Russie.

« A quoi allons-nous jouer? demanda Lioubotchka en clignant des yeux à cause du soleil, et en sautant sur l'herbe.

— Jouons à Robinson.

— Non... c'est ennuyeux, fit Volodia[1], qui s'étendit paresseusement dans l'herbe en mâchant des brins de feuillages, — toujours Robinson! »

Ce jeu consistait dans la représentation de scènes du *Robinson suisse,* que nous avions lu peu auparavant.

« Je t'en prie... Pourquoi nous refuser ce plaisir? lui demandèrent les petites filles.

— Tu seras Charles, ou Ernest, ou le père[2]... comme tu voudras, dit Kategnka en le tirant par la manche et en essayant de le soulever de terre.

— Non, vraiment, cela ne me plait pas. Cela m'ennuie, déclara Volodia en souriant d'un air suffisant[3].

— Il aurait mieux valu rester à la maison, si personne ne veut jouer, » dit Lioubotchka à travers ses larmes.

Lioubotchka était une terrible pleurnicheuse.

« Eh bien! soit, mais je t'en prie, ne pleure pas... je ne puis souffrir cela. »

La condescendance[4] de Volodia nous procura peu de plaisir; quand nous nous assîmes par terre, pour figurer le départ en canot pour la pêche, et que nous nous mîmes à ramer de toutes nos forces, Volodia resta les mains croisées et dans une posture qui ne ressemblait en rien à celle d'un marinier.

Je lui en fis l'observation. Il me répondit que nous ne gagnerions rien à agiter nos bras et que cela ne nous ferait pas voguer plus loin. Je dus en convenir.

Ensuite, quand j'entrai dans la forêt, un bâton sur l'épaule en guise de fusil, pour simuler[5] le départ pour la chasse, Volodia s'étendit sur le dos, les mains croisées derrière la tête, et me dit qu'il était déjà revenu. Cette manière d'agir nous refroidissait[6] dans notre jeu et nous était très désagréable.

Je savais très bien qu'avec un bâton on ne pouvait tirer le moindre coup de feu, ni par suite tuer un oiseau; mais puisque c'était un jeu !

Si on se mettait à raisonner de cette manière, alors on ne devrait pas non plus monter à cheval sur les chaises. Et pourtant Volodia devait bien se rappeler, lui aussi, que pendant les longues soirées d'hiver nous couvrions de châles un fauteuil et que nous le transformions en voiture. L'un faisait le cocher, l'autre le laquais, et les petites filles se plaçaient au milieu ; les trois chaises formaient la troïka[7] des chevaux, et nous nous mettions ainsi en route. Et que d'aventures nous arrivaient pendant ce voyage imaginaire ! Et avec quelle brièveté passaient ces longues et joyeuses soirées d'hiver !... Si on voit tout avec les yeux de la sagesse[8], il n'y a plus moyen de jouer. Et si l'on ne joue pas, que reste-t-il, alors[9] ?

TOLSTOÏ[10].

(Mes Mémoires. Perrin et Cie, édit.)

Explications et questions.

Les mots. — 1. *Volodia :* c'est le nom du grand frère.

2. *Charles, Ernest, le père :* personnages du *Robinson suisse.*

3. *air suffisant* : air important, content de l'attitude qu'il avait prise.

4. *condescendance* : acceptation complaisante, mais peu empressée.

5. *simuler* : imiter, faire semblant

6. *refroidissait* : *sens figuré*, ralentissait... notre ardeur, enlevait tout entrain à notre jeu.

7. *troïka* : voiture russe attelée de trois chevaux de front.

8. *les yeux de la sagesse* : qui font voir les choses comme elles sont et détruisent les effets de l'imagination.

9. *que reste-t-il alors ..?* : c'est un enfant qui parle. Il ne comprend pas la vie sans le jeu.

10. *Tolstoï* : grand romancier russe contemporain (1828-1910).

Les idées. — 1. Quel jeu est proposé ?
2. Devinez-vous, d'après la lecture, en quoi consistait ce jeu ?
3. Quelle attitude prend Volodia ?... Pourquoi ?
4. Comment empêche-t-il le jeu d'être amusant ?
5. A quels jeux jouaient ces enfants pendant les soirées d'hiver ?
6. Comment celui qui parle montre-t-il qu'il ne faut pas trop raisonner quand on joue à certains jeux ?

Exercice et sujet de devoir.

Exercice de grammaire : Conjugaison à la forme interrogative *(temps simples)* : *Conjuguez oralement, au présent, à l'imparfait, et au futur simple : A quoi vais-je jouer ?*

Sujet de devoir ou exercice de vocabulaire : *Quels sont à votre école, les jeux d'hiver ?... les jeux de la belle saison ? Y a-t-il une raison pour jouer à tels jeux pendant l'hiver et tels autres pendant l'été ?*

Lecture du Samedi

LA PORTE DE PARIS

Un article de l'armistice qui, en janvier 1871, mit fin aux hostilités, spécifiait qu'avant de se retirer, les troupes allemandes entreraient à Paris par la porte Maillot, la place de l'Étoile et descendraient les Champs-Élysées jusqu'à la place de la Concorde.

Le premier jour de mars, l'an mil huit cent soixante
Et onze, la patrie étant agonisante,

LA PORTE DE PARIS

L'enfant frappa du poing les naseaux du cheval

Deux cavaliers prussiens, deux clairons allemands,
Cheveux jaunes, reins lourds, soldats des régiments
D'avant-garde massés en haut de Courbevoie,
Poussèrent leurs chevaux au milieu de la voie
Qui s'étend vers Paris : puis, redressant le cou,
Et la face gonflée, ensemble tout à coup
Soufflèrent, pour aider les autres à les suivre,
Je ne sais trop quel air fanfaron, dans leur cuivre.
Au signal, escadrons, cuirassiers blancs, uhlans[1],
Canonniers, dragons bleus, fantassins, à pas lents,
Ceux de Hesse et de Saxe, et ceux de Bavière,
Tous les mangeurs de porc, tous les buveurs de bière,
S'ébranlèrent, pesants. On vit leurs bataillons
Tour à tour défiler sous les pâles rayons
Du matin, et vers l'Arc triomphal de l'Étoile[2],
Que la brume à cette heure enveloppait d'un voile,
Prodigieux témoin qui hausse jusqu'aux cieux,
Sur ses flancs de granit, le renom des aïeux[3]
Et fait un seuil de gloire à l'immortelle ville,
Ils allaient lentement. — Ils étaient trente mille.
Sous le portail géant, des enfants attendaient.

Les petits de Paris, comme s'ils répondaient
A quelque vœu suprême et que seul entend l'âme,
Amaigris, résolus, gardant du siège infâme
Les haillons à l'échine, aux yeux le feu des pleurs,
Hélas ! et sur les fronts de douze ans, les pâleurs
De cinq mois de famine et de rancœurs accrues[4],
S'étaient mis dès l'aurore en marche par les rues.
Descendant des faubourgs, par un, par deux, par trois
Longeant les quais déserts, touchant du front parfois,
Les longs drapeaux de deuil suspendus aux fenêtres,
Ils étaient venus là, tous les pauvres chers êtres ;
Ils attendaient, debout, — ils étaient bien trois cents.

Trois cents ! Les plus âgés à peine adolescents.
Devant eux, l'ennemi ; derrière eux, le silence[5] ;
Et le brouillard partout, comme un linceul immense...

Et voilà que du sol monte en sourds grondements
Comme un râle dans l'air. Ce sont les Allemands ;
Ils approchent.
           Soudain, désespérée, aiguë,
Jaillit une clameur : tout ce que sait la rue
De malédictions, d'injures et de cris,
Toute l'âme en fureur des pavés de Paris,
Tragique, véhémente, intrépide et difforme.
Le bataillon chétif[6] huait l'armée énorme...

Or, l'un des chefs, celui des Prussiens triomphants
Qui venait le premier, voyant tous ces enfants
Immobiles, barrant le passage de gloire,
Poussa violemment contre eux sa jument noire,
Et l'animal superbe en ses harnais guerriers,
Et le soldat farouche aux regards meurtriers
Semblaient ne faire qu'un, cavalier et monture.
Et le centaure était d'effrayante stature.
Alors l'un des petits fit face à l'officier.
Un gamin qui semblait fort peu se soucier
De vivre vieux. C'était, si j'ai bonne mémoire,
Le fils d'un de ceux-là qui rêvent la victoire,
Endormis pour toujours aux champs de Buzenval[7].

L'enfant frappa du poing les naseaux du cheval.

Et l'Allemand, tandis que sa bête se cabre,
Se retourne, la main sur le pommeau du sabre,
Et, mécaniquement, sans paraître étonné,
Interroge quelqu'un...

Un ordre fut donné.
Par qui ? Je n'en sais rien. Fut-ce pitié ? clémence ?
Fut-ce compassion pour un désastre immense ?
Ou crainte de jeter de suprêmes défis
A ceux dont la vaillance enfantait de tels fils ?
Je ne sais : mais enfin cette horde barbare,
Ces noirs clairons sonnant leur altière fanfare,
Ces durs soldats, rompus, ô guerre ! à tes travaux,
Ce tourbillonnement d'hommes et de chevaux
Que précède aujourd'hui la victoire fantasque,
Tous ces peuples, Prussiens aux fronts coiffés du casque,
Wurtembergeois, Saxons, Badois et Bavarois,
Ce tas de tout-puissants, d'égorgeurs et de rois,
Renonçant à franchir la porte inviolée[8],
Firent un demi-cercle, et, par la longue allée,
Soulevant au passage un nuage poudreux,
Disparurent, troublés de laisser derrière eux,
Sous l'arche du Passé, pareille à l'Espérance,
Indomptée et debout, la marmaille de France !

ANDRÉ GILL[9].
[E. Flammarion, édit.]

Explications et questions.

Les mots. — 1. *uhlans:* cavaliers éclaireurs de l'armée allemande.

2. *Arc de l'Etoile :* arc de triomphe élevé à la gloire de la Grande Armée.

3. *renom des aïeux :* il rappelle les victoires de nos aïeux ; tous les noms des généraux de l'Empire sont inscrits sous ses voûtes.

4. *rancœur :* haine, rancune accumulée.

5. *le silence:* en signe de deuil, et pour protester contre cette profanation, Paris avait fermé ses fenêtres, vidé ses rues et suspendu toute vie extérieure.

6. *le bataillon chétif:* celui des faibles enfants.

7. *Buzenval:* village près de Paris ; une bataille sanglante y fut livrée par l'armée assiégée (19 janvier 1871).

8. *porte inviolée :* la porte même de l'Arc de Triomphe qu'aucun ennemi n'avait jamais franchie.

9. *André Gill :* poète français du XIXᵉ siècle (1840-1885).

Les idées. — 1. A quel moment se passe la scène décrite ?

2. Quel événement va se produire?

3. Que voit-on sous l'arc de triomphe de l'Etoile avant l'arrivée des Allemands ?

4. Pourquoi sont-ils là ?

5. Quand arriva pour passer sous l'Arc, l'officier qui marche en tête des troupes, que fait l'un des enfants ? (*voir la gravure.*)

6. Que se passe-t-il alors d'imprévu?... (*Les Allemands contournèrent le monument et renoncèrent à passer sous la porte triomphale.*)

7. Qu'avaient fait les enfants de Paris?

Conseils pour la lecture ou la récitation.

C'est un récit épique qui rappelle un des plus tristes jours de l'Année Terrible, il doit être dit avec une énergie et une émotion contenues.

La description des Allemands qui s'avancent nombreux et lourds et des enfants qui se réunissent doit être dite comme un récit en mettant en relief les mots caractéristiques. Depuis soudain jusqu'à énorme, dire avec énergie et force en donnant toute sa voix mais sans crier et en détachant bien les mots les plus expressifs.

Puis le ton du récit animé reprend jusqu'à ...cette horde barbare. A partir de cet endroit le débit doit s'animer de plus en plus, s'enfler et éclater sur le dernier vers...

Dit avec l'expression qui convient, ce morceau produit une impression très forte.

CONNAIS-TU MON BEAU VILLAGE?

Connais-tu mon beau village,
Qui se mire au clair ruisseau?
Encadré dans le feuillage,
On dirait un nid d'oiseau.
Ma maison, parmi l'ombrage,
Me sourit comme un berceau.
Connais-tu mon beau village,
Qui se mire au clair ruisseau?

Loin du bruit de la grand'ville[1],
A l'abri du vieux clocher,
Je cultive un champ fertile,
Un jardin près d'un verger;
Sans regret ni vœu stérile,
Mon bonheur vient s'y cacher,
Loin du bruit de la grand'ville,
A l'abri du vieux clocher,

Quand ta voix, cloche argentine[2],
Retentit dans nos vallons,
Appelant sur la colline
Les bergers et leurs moutons,
Moi, joyeux, je m'achemine
En chantant vers mes sillons,
Quand ta voix, cloche argentine,
Retentit dans nos vallons.

Sous ton ciel, ô ma patrie,
Mon village est le plus beau[3] !
Plein de lui[4], l'âme attendrie,
Je le vois dans ton drapeau,
Et je veux qu'il me sourie
Dans mes fils jusqu'au tombeau !
Sous le ciel de ma patrie
Mon village est le plus beau !

FRÉDÉRIC BATAILLE[5].
[*Les trois Foyers.* Juven, édit.]

Explications et questions.

Les mots. — 1. *la grand'ville :* mis pour grande ville, cette ancienne orthographe a survécu dans grand'route, grand'messe, grand'mère, grand'tante (v. p. 230)

2. *cloche argentine :* c'est la cloche qui, d'un son clair comme celui de *l'argent,* sonne l'angelus du matin.

3. *le plus beau :* cet amour du pays natal fait apparaître ce village comme le plus beau.

4. *plein de lui :* son cœur est tout rempli du souvenir de son village.

5. *Frédéric Bataille :* poète français contemporain.

Les idées. — 1. Montrez que la 1re strophe contient une brève description du village.

2. Quels sentiments exprime la 2e strophe ?... Y trouvez-vous un détail qui complète la description du village ?

3. Résumez la 3e strophe en une courte phrase.

4. Montrez que la dernière strophe rattache l'amour du village à l'amour de la patrie.

Conseils pour la lecture et la récitation.

Poésie simple et gracieuse qui exprime simplement l'amour profond du poète pour son village. C'est donc cet amour teinté d'admiration (mon beau village!) qu'il faut s'efforcer de rendre.

Remarquer que les deux premiers vers de chaque strophe reparaissent à la fin comme une sorte de refrain. Pour que cette répétition ne soit pas monotone. il faut varier le ton en y apportant une nuance nouvelle: Ainsi, en tête de la strophe: Connais-tu mon beau village? est une simple interrogation. A la fin, après la description, le même vers semble dire: Maintenant, tu le connais mon beau village ; il y a là une nuance à faire bien sentir.

LA MORT DE MARKO KRALIEVITCH

En Serbie, Marko Kralievitch est le héros de l'indépendance nationale. Comme le Roland de la légende française, il personnifie à la fois le courage guerrier et le dévouement à la patrie. Encore aujourd'hui, il reste, pour le peuple serbe, le héros idéal dont le souvenir enflamme tous les cœurs.

Un dimanche matin, Marko partit de bonne heure et, avant le lever du soleil, il gravissait les premières pentes du mont Ourvina.

Tout à coup son bon cheval Charatz se mit à glisser sans pouvoir se retenir pendant que de grosses larmes roulaient de ses yeux.

« Qu'y a-t-il, Charatz, mon bon cheval, dit Marko, fort troublé ? Depuis si longtemps que nous combattons ensemble, jamais tu n'as bronché[1]. Et voilà maintenant que tu trébuches et que tu verses des larmes ! Dieu le sait, il ne nous arrivera rien de bon. »

Pendant qu'il parlait ainsi, la Fée l'appela au milieu de la montagne.

« Mon frère, lui dit-elle, sais-tu pourquoi ton cheval pleure? il s'afflige sur son maître car bientôt son maître va mourir.

— Blanche Fée, dit Marko, tu sais que j'ai parcouru

toute la terre et que je n'ai pu trouver aucun héros qui soit mon égal? »

« Monte jusqu'au sommet de la montagne. »

La blanche Fée répondit :

« Mon frère, je le sais, tu ne peux mourir de la main d'un guerrier, mais tu dois mourir de la main de Dieu.

« Monte jusqu'au sommet de la montagne et tu verras

deux grands pins, dont la cime dépasse en hauteur toute la forêt. Entre ces deux pins se trouve une fontaine; agenouille-toi sur le bord et regarde. Dans le miroir des eaux claires tu verras que bientôt tu dois mourir. »

Marko fit ce que la Fée avait ordonné. Arrivé au sommet de la montagne, il aperçut les deux grands pins et à leurs pieds la fontaine. Il s'approcha, se pencha doucement et, dans le miroir des eaux limpides, il vit qu'il devait mourir le jour même.

Pendant quelques moments, Marko versa des larmes puis il se ressaisit, et, s'avançant vers son cheval qu'il avait attaché tout près :

« Charatz, dit-il, tu ne dois pas tomber aux mains des Turcs : ils te feraient porter de l'eau[2] dans des seaux. » Aussitôt il défit ses liens, le caressa doucement et le laissa aller sous les grands arbres, dans la forêt sans fin.

Puis il rompit sa lance de guerre et en jeta les morceaux dans les branches des sapins. Enfin saisissant de la main droite sa terrible massue, il la lança dans la mer profonde qui baigne les pieds du mont Ourvina.

Quand Marko se fut ainsi séparé de son bon cheval et de ses armes, il entra dans une grotte qui se trouvait tout près de là : après avoir enfoncé avec vigueur son sabre dans la voûte, il enleva son dolman[3] vert, l'étendit sur le sol, puis il fit sa prière, s'assit sur le dolman, rabattit sur son visage la fourrure de son bonnet et ferma les yeux pour mourir.

Mais personne en Serbie ne veut croire à la mort du vaillant Marko. On assure que lorsque le pays aura besoin de ses services, le sabre tombera de lui-même de la voûte où il est fixé et sa chute réveillera le héros endormi.

Charatz, dont on croit entendre le galop furieux sur la terre gelée pendant les nuits d'hiver, le brave Charatz viendra attendre son maître à l'entrée de la grotte et

Marko apportera encore une fois au peuple serbe le secours de son bras invincible.

C'est ainsi que le souvenir des héros morts reste une grande force pour les peuples qui défendent leur patrie.

[*D'après une légende populaire serbe.*]

Explications et questions.

Les mots. — 1. *broncher :* faire un faux pas.

2. *porter de l'eau :* le noble cheval serait réduit au rôle d'une bête de somme.

3. *dolman :* veste ornée de brandebourgs et parfois de fourrure en usage dans les pays d'Orient.

Les idées. — 1. Quel événement singulier se produisit tandis que Marko gravissait la montagne ?

2. Que dit la fée à Marko ?

3. Que fit Marko en arrivant au sommet du mont ?

4. Que fit-il de son cheval ?... Pourquoi ?...

5. Que fit-il de ses armes victorieuses ?

6. Comment s'arrangea-t-il pour mourir ?

7. Que raconte une autre légende serbe ? (*avant-dernier alinéa.*)

Exercices et sujet de devoir.

Exercices de grammaire. — Accord du participe passé : 1° employé avec être ; 2° employé avec avoir.

1° L'épée *fut fixée* à la voûte : — Ses armes *furent jetées* au loin. — Il *est resté* endormi ; ils *sont restés.* — *Observez et tirez la règle d'accord.*

2° Tu n'as *pas bronché ;* j'ai *parcouru* la terre ; j'ai *traversé* la forêt ; la forêt que j'ai *traversée* ; tu m'as *rendu* des services. Quels services *t'ai-je rendus ?* — *Observez et tirez la règle.*

Sujet de devoir. — *Notez, dans ce récit les détails merveilleux que la légende a ajoutés à l'histoire.*

UNE MINE D'OR DANS LE COLORADO

(États-Unis)

C'est toujours au sommet des monts que l'or se trouve, de sorte que l'accès en est très difficile, dans ce pays surtout où il n'y a pas de chemins...

Un paysage de fin du monde [1] et de misère affreuse. Partout la neige s'étendait uniforme. Aucune animation. Je me sentais mal à l'aise. Ma tête bourdonnait, et l'air que je respirais me paraissait rester dans mes poumons aussi froid qu'il y était entré. Je demandai à quelle hauteur nous nous trouvions. « 4 200 mètres, me dit le directeur. C'est bien haut. Aussi la plupart des mineurs sont malades, presque tous cardiaques [2]. Il faut souvent changer d'ouvriers, car, au bout de peu d'années, ils ne peuvent plus supporter l'altitude. »

Le superintendant vint au-devant de nous et nous guida vers la veine [3]. C'était un petit homme trapu, vulgaire, aux mâchoires solides, au teint terreux, à la voix sombrée. Nous entrâmes sous une galerie humide, chacun tenant à la main une chandelle.

A un tournant de la galerie, nous vîmes arriver à toute vitesse un train de minerai que poussait une mignonne machine électrique. Nous eûmes à peine le temps de nous coller contre le roc pour laisser passer le train et ses vingt wagonnets de minerai d'or.

Nous pataugeâmes un quart d'heure encore dans l'eau, la boue et l'obscurité. Arrivés à un carrefour, notre guide me dit:

« Voici la veine. »

Je regardai, je tâtai, je ne vis rien qu'un roc grisâtre, avec des taches de quartz [4], et, de-ci de-là, une petite particule d'or, grosse à peine comme la tête d'une épingle.

« Alors, voici l'or en question?

— Oui, la veine a 2 m. 10 de large, et nous sommes à 90 mètres de profondeur.

— Et quelle quantité d'or contient le minerai?

— De 30 à 50 dollars (150 à 250 francs) la tonne. C'est très riche. Au Transvaal, ils ne retirent que 6 à 10 dollars par tonne (30 à 50 francs). »

Je ne pus me défendre d'une désillusion. Mon imagination d'adolescent s'était autrefois figuré des galeries souterraines, profondes, cachées, qui conduisaient à l'endroit mystérieux où l'or gisait... Mais une fois là, ce devait être un éblouissement, une féerie opulente[5] et tentatrice. Les murs étaient sûrement d'or vierge[6], et leur éclat, aux lueurs de la lampe, souriait aux yeux charmés.

Voilà ce que devait être une mine d'or.

Au lieu de cette caverne d'Ali-Baba[7] en or pâle, en or jaune, en or citron, aux reflets brûlants, voilà des tas de grès sales comme les cailloux des routes, et il faut une voiture de ce macadam[8] pour en tirer un louis. Cela ne vaut vraiment pas la peine.

Trois quarts d'heure après, nous étions de retour au moulin.

JULES HURET[9].
[En Amérique. Fasquelle, édit.]

Explications et questions.

Les mots. — 1. *paysage de fin du monde :* où tout paraît détruit comme si la fin de toute chose était déjà arrivée.

2. *cardiaque :* qui a une maladie de *cœur.*

3. *veine :* partie de la roche ou se trouve le minerai à extraire.

4. *quartz :* nom scientifique du cristal de roche.

5. *féerie opulente :* apparition merveilleuse de riches trésors comme dans les contes de *fées.*

6. *or vierge :* à l'état naturel.

7. *Ali Baba :* personnage d'un conte des *Mille et une nuits ;* il possède une caverne où des voleurs avaient accumulé de prodigieuses richesses.

8. *macadam :* empierrement des routes ; employé ici dédaigneusement pour cailloux à mettre sur les routes.

9. *Jules Huret :* écrivain et publiciste français contemporain (1864-1915).

Les idées. — 1. Où se trouvent généralement les mines d'or ?

2. Quel inconvénient l'altitude offre-t-elle pour les ouvriers ?

3. Racontez l'entrée de l'auteur dans la galerie.

4. Que vit-il ?

5. Pourquoi fut-il déçu ?

6. *Cela ne vaut vraiment pas la peine...* : Achevez vous-même la pensée du visiteur désappointé.

Exercice et sujet de devoir.

Exercice de grammaire. — *Conjugaison aux temps composés: forme affirmative et forme négative. Conjuguez oralement au passé composé, au plus-que-parfait et au futur antérieur* regarder et ne rien voir. *Ex : passé composé:* J'ai regardé et je n'ai rien vu....

Sujet de devoir écrit ou exercice oral. — *Quels renseignements curieux avez-vous trouvés dans cette lecture?*

UN ORAGE

Il y eut, cette année-là, des chaleurs telles que je ne me rappelle pas en avoir subi de semblables. Une incessante menace[1] était dans l'air; elle me faisait sans force, accablé du poids de mes membres. Nous en étions quittes, parfois, pour de sourds roulements dans le ciel obscurci, mais des orages éclatèrent à plusieurs reprises et nous causèrent de réelles frayeurs.

L'un d'eux atteignit une grande violence. Toute la matinée avait été lourde, mais ce fut seulement vers quatre heures que la tempête se déchaîna. Un subit crépuscule[2] s'abattit sur la campagne, et la foudre déchira la nue, suivie d'immédiates détonations. Nous nous hâtâmes de gagner l'intérieur et de clore la maison; ma tante aurait même voulu tirer les volets de la petite salle; la peur de faire entrer l'orage la retint; elle se contenta de tourner son fauteuil vers la cheminée et de se couvrir la face en se signant à chaque éclair. Ma mère continuait de travailler près de nous avec un visage placide[3] qui éloignait un peu la crainte de mon cœur...

Une tragique lueur[4] nous venait de la fenêtre, où le ciel chargé se montrait béant d'une plaie[5] jaune. A cette clarté, ma mère était blême autant que le linge qu'elle ourlait, la figure de ma tante devenait de cire...

Longtemps, éclairs et roulements se succédèrent; ma mère priait à son tour, et je m'étais blotti près d'elle pour cacher mon visage entre ses mains, sur ses genoux. Enfin la pluie commença de tomber, lourde, serrée, en un ruis-

A cette clarté, ma mère était blême autant que le linge qu'elle ourlait.

sellement de cataracte; une heure durant, elle mit son voile derrière les vitres et son bruit de déluge autour de nous; mais la fraîcheur vint avec elle; la fenêtre fut rouverte pour le dîner, les massifs exhalaient leur arome, le ciel s'éclairait, tout respirait la délivrance et le confiant abandon.

ANDRÉ LAFON.
[*L'élève Gilles.* Perrin et Cie, édit.]

Explications et questions.

Les mots. — 1. *incessante menace* : menace qui *ne cesse pas.* Cette menace, c'était l'orage près d'éclater.

2. *crépuscule* : moment qui suit le coucher du soleil jusqu'à la nuit close ; mis ici pour obscurité.

3. *placide* : calme et paisible, que rien n'émeut.

4. *tragique lueur* : une lueur qui paraissait menaçante.

5. *béant d'une plaie* : béant, ouvert ; la tache jaune semblait une plaie dans le ciel sombre.

6. *André Lafon* : voir page 5, note 13.

Les idées. — 1. A quel moment de l'année pensez-vous qu'on se trouve quand cet orage se produit ?

2. Quels furent les signes précurseurs de l'orage ?

3. Que firent les membres de la famille installés dans le jardin ?

4. Quelles observations fit l'enfant qui rappelle ses souvenirs ?

5. Comment se termina l'orage ?

Exercices et sujet de devoir.

Exercices de grammaire: L'infinitif: les groupes. — *1° Trouver l'infinitif des verbes suivants :* eut, subi, faisait, obscurci, éclatèrent, atteignit, fut, s'abattit, hâtâmes, clore, aurait, voulu, retint, continuait, venait, ourlait, devenait, blotti, mit, vint, rouverte, exhalaient, confiant. *2° Classez-les par groupe.*

Sujet de devoir. — *Rappelez et classez vos souvenirs sur le dernier orage que vous avez entendu.*

Lecture du Samedi

DANS LE JARDIN PLEIN DE ROSES

En Alsace, 28 juillet 1914.

Mme Elsbeth coupait les roses fanées aux rosiers de son jardin. A chaque coup bref du sécateur une rose roulait dans son tablier, et le rosier, déchargé des taches rousses[1] qui lo déparaient, semblait reprendre avec la vivacité de son coloris cet air de santé robuste qui lui va si bien. Le parfum des roses dans le jardin se mêlait à la moiteur aromatique[2] de l'été. Et parfois des pétales[3] tombaient, sans bruit, comme la pluie sur la mousse, au pied des rosiers.

Mme Elsbeth allait lentement, sans se presser, coupant de-ci de-là des choses mortes. Et quand elle rencontrait une rose plus noblement fleurie que ses voisines, elle se penchait pour en respirer l'arome à même les pétales...

Les roses jaunies tombent une à une dans son tablier; des pétales blancs, des pétales rouges neigent sans arrêt. Le jardin est tout entier rempli du parfum des roses.

La petite sonnette du jardin a tinté. Mme Elsbeth se retourne, son tablier plein serré à deux mains. Son fils Jean est entré et, avant qu'elle ait pu le modérer, il la serre dans ses bras et l'embrasse fortement. Et les roses malades roulent sur le gravier.

« Te voilà, Jean. Ah! toutes les roses!

— Comment vas-tu, mère?

— Tu as congé? déjà... Et la scierie[4]?

— Mère, je n'ai pas de congé. Mais je viens te dire au revoir. Laisse les roses. Viens sur le banc.

— Au revoir, as-tu dit. Et de quel air encore...

— Mère, tu auras du courage. Voilà, je ne peux pas le retenir, c'est la guerre!

— La guerre, mon enfant, la guerre! Où vas-tu chercher ça...

— Mère, écoute-moi. J'étais dans la montagne, tu le sais, pour choisir et marquer les arbres que les hommes devaient couper. On travaillait vite et ferme, malgré la chaleur...

— La guerre, tu as dit...

— Écoute-moi... Alors un jour le garde forestier est passé, un certain Schutz dont la figure ne me revenait pas. Il a rôdé autour de nous tout un matin. Puis, vers midi, il a rejoint Wolfgang et Haller, deux bûcherons de l'Oden-wald[5], deux hommes guère plus dégrossis que les souches qu'ils taillent... Le soir les deux hommes ont demandé leur compte : ils avaient reçu des nouvelles de chez eux, disaient-ils ; ça n'allait pas... Bref, on leur a remis la paye. Mais ça me semblait louche[6], et aux autres...

— Mais tu disais, mon enfant...

— Alors, mère, le petit Gaspard Sanders, qui n'a pas l'esprit dans sa poche, est descendu avec eux. Il voulait acheter du tabac au village, disait-il. En route, il essaya de faire causer les hommes... mais ils se méfiaient. Pourtant, à l'auberge, quand il eut fait venir la troisième bou-teille, les langues ont marché. Et voilà, mère : le garde leur avait remis l'ordre de filer tout de suite sur Karlsruhe[7], où est leur régiment. C'est la guerre, je te dis. Gaspard a vu la feuille. C'est aussi vrai que je suis ici. C'est la guerre, je te dis. Depuis, des tas de choses me sont reve-nues à l'esprit. *Ils*[8] vont nous tomber dessus. Et la pauvre France qui ne sait pas...

— Alors, Jean...

— Alors, mère, nous sommes descendus à la scierie ; le patron nous a dit de partir tout de suite, qu'il nous rejoin-drait. Nous irons par Bâle, car pour traverser la frontière chez nous, je me méfie. *Ils* doivent nous guetter. Voilà, mère. Alors, je suis venu t'embrasser.

— Mon enfant, mon enfant ! tu t'en vas. Et notre pauvre pays.

— T'en souviens-tu ? nous en avons assez parlé, le soir, de cette heure de la délivrance. Elle est là... comprends-tu ? *Ils* vont se jeter sur la France ; *ils* vont la piétiner, l'insulter, assouvir sur elle leur vieille rancune cente-

DANS LE JARDIN PLEIN DE ROSES

Oui, mon enfant, c'est dur, mais c'est ainsi que cela doit être.

naire... Ah! mais nous serons là! Et tu sais, n'aie pas peur. Un Français, ça vaut dix Allemands. Et puis, nous, les fils d'Alsace, ah! nous en avons dans le cœur! Tiens, il valait mieux que ça finisse!

— Oui, mon enfant. C'est dur. Mais c'est ainsi que cela doit être.

— Mère, écoute encore. Si... si je ne revenais pas, dis-moi, tu n'useras pas tes pauvres yeux à pleurer. Tu ne t'habilleras pas de noir. Tu souriras, dis. Tu seras fière et joyeuse. Je te jure que je serai mort content. Réponds-moi.

— Oui, mon enfant.

— Mais au moins, *ils* ne vont pas te tourmenter, à cause de moi?... Si tu partais?

— Non, Jean. Ici j'attendrai plus patiemment. Et puis, vois-tu, si jamais les Français entraient chez nous, je voudrais être là pour les recevoir...

— Et si j'y étais, pense donc...

— Mon enfant, tu dois partir. Ta mère te bénit. Ne regarde pas derrière toi. Va, mon fils, va. Pense à nous et fais ton devoir... Va. »

Dans les allées, les roses défuntes ont roulé. Aux rosiers, les roses laissent choir leurs pétales. C'est l'été, le bel été calme et doux, sous le parfum des roses.

MARIE HOLLEBECQUE[9].
[*La Grande mêlée des peuples.* Lib. Larousse.]

Explications et questions.

Les mots. — 1. *taches rousses :* les roses fanées.

2. *moiteur aromatique :* moiteur : chaleur douce un peu humide ; *aromatique :* chargée d'arômes, ou parfums.

3. *pétales :* parties colorées de la fleur.

4. *et la scierie :* Jean travaille dans une scierie de la montagne.

5. *Odenwald :* région montagneuse et forestière située vers Mayence, sur la rive droite du Rhin.

6. *louche :* qui n'est pas clair, qui paraît peu sincère,

7. *Karlsruhe ou Carlsruhe* : capitale du grand duché de Bade en Allemagne, près du Rhin.

8. *Ils* : les Allemands, les ennemis héréditaires.

9. *Mme Marie Hollebecque* : auteur de contes pour les enfants et de récits sur la grande guerre.

Les idées. — 1. Que fait Mme Elsbeth dans son jardin.

2. Est-elle inquiète ou troublée ?

3. Pourquoi est-elle si surprise lorsque Jean lui dit : « c'est la guerre ? »

4- Comment Jean a-t-il été renseigné ?...

5. Les Allemands se préparaient donc à nous attaquer avant la déclaration de guerre ?

6. Que veut faire Jean ?

7. Que signifient ces paroles de Jean : Si... si je ne revenais pas ?... Pourquoi hésite-il à dire cela ?

8. La mère s'oppose-t-elle à son départ ?... Pourquoi ?

9. Remarquez que l'été rayonne de toutes parts et que les roses continuent à répandre leurs parfums dans l'air. Ce qui prouve que la nature reste indifférente aux colères des hommes.

Exercice et sujet de devoir.

Exercice de grammaire. — Conjugaison interrogative et interrogative-négative : *Conjuguer oralement au passé composé, au plus-que-parfait et au futur antérieur :* 1° ai-je entendu sonner la cloche ? et 2° n'ai-je pas entendu sonner la cloche ?

Sujet de devoir. — *Relevez toutes les paroles par lesquelles la vaillante mère exprime la pensée que le sacrifice doit être accepté, et que le devoir doit être fait quoi qu'il en coûte.*

LE REPAS PRÉPARÉ

Ma fille, laisse là ton aiguille et ta laine,
Le maître[1] va rentrer; sur la table de chêne
Avec la nappe neuve aux plis étincelants[2]
Mets la faïence claire et les verres brillants.
Dans la coupe arrondie à l'anse au col de cygne[3]
Pose les fruits choisis sur des feuilles de vigne :
Les pêches qu'un velours fragile[4] couvre encor,
Et les lourds raisins bleus mêlés aux raisins d'or.
Que le pain bien coupé remplisse les corbeilles,
Et puis ferme la porte et chasse les abeilles...
Dehors le soleil brûle, et la muraille cuit[5].
Rapprochons les volets, faisons presque la nuit,
Afin qu'ainsi la salle, aux ténèbres plongée,
S'embaume toute aux[6] fruits dont la table est chargée.
Maintenant, va puiser l'eau fraîche dans la cour;
Et veille que surtout la cruche, à ton retour,
Garde longtemps, glacée et lentement fondue,
Une vapeur légère à ses flancs suspendue.

ALBERT SAMAIN[7].
[*Aux flancs du Vase. Édition Mercure de France.*]

Explications et questions

Les mots. — 1. *le maître :* le père, le chef de la famille.

2. *plis étincelants :* la nappe est d'une blancheur éclatante.

3. *au col de cygne :* à la courbe gracieuse comme le col d'un cygne.

4. *velours fragile :* le léger duvet qui couvre les pêches et qui tombe dès qu'on les touche.

5. *la muraille cuit :* chauffée comme si elle devait être cuite.

6. *aux ténèbres : aux* mis pour *dans les ; aux fruits, aux* mis pour *par les.*

7. *Albert Samain :* poète français qui fut un écrivain original et délicat, 1859-1900.

Les Idées. — 1. Classez les ordres que la mère donne à sa fille : *a.* Ceux qui sont relatifs à la table ; *b.* Ceux qui sont relatifs à d'autres soins.

2. Montrez qu'elle ne donne pas seulement des ordres mais qu'elle y joint quelques conseils.

3. Quels soins faut-il prendre pour que la salle soit agréable et fraîche.

4. Le maître sera-t-il content ?... Pourquoi ?

5. Avez-vous été particulièrement frappé par l'harmonie de quelques vers ? Citez-les.

Conseils pour la lecture et la récitation.

Le poète parle des humbles choses du ménage avec une simplicité infiniment harmonieuse et poétique. Donc, dire simplement en laissant au vers le soin de joindre sa musique et sa poésie.

Trouver le ton familier d'une mère donnant à sa fille des indications sur la manière de préparer la table.

Bien veiller à observer la ponctuation. Exemples : arrêt marqué après : va rentrer *; légère pause après* choisis *pour éviter l'équivoque ; pas d'arrêt après :* étincelants, cygne.

AVIONS CONTRE ZEPPELINS

C'était pendant une claire nuit de l'été 1915 ; trois aviateurs anglais du front des Flandres quittèrent leur parc pour franchir les lignes allemandes et faire une reconnaissance[1] en Belgique.

Vers deux heures et demie du matin, comme ils arrivaient aux environs de Bruxelles, les premières clartés de l'aube leur permirent de reconnaître le hangar d'Evere ou se trouvait remisé un zeppelin[2].

Deux des aviateurs, les lieutenants Mills et Wilson, descendirent en tournant au-dessus du hangar et, dès qu'ils furent à bonne hauteur, ils lancèrent leurs bombes. Aussitôt une flamme gigantesque accompagnée d'une formidable explosion fit connaître aux courageux aviateurs que le résultat cherché était atteint. Ils reprirent joyeux la direction de l'ouest.

Cependant le troisième aviateur, le sous-lieutenant Warneford, poursuivait sa reconnaissance.

Vers trois heures du matin, alors que déjà le petit jour était venu, l'aviateur crut apercevoir au loin, dans la brume matinale, la silhouette[3] d'un énorme zeppelin qui semblait surveiller la région entre Bruxelles et Gand.

Aussitôt, le courageux aviateur se dirigea vers l'ennemi en prenant le plus de hauteur possible pour survoler[4] le monstrueux aéronef[5] et échapper ainsi au feu de ses mitrailleuses.

Lorsqu'il eut accompli sa manœuvre, il descendit à une trentaine de mètres au-dessus du zeppelin où une grande inquiétude semblait se manifester. Six bombes furent lâchées de l'avion. La sixième éclata en plein sur le dirigeable et une explosion terrible se produisit.

Le déplacement d'air fut tel que le petit avion en fut complètement retourné. Mais le sous-lieutenant Warneford parvint heureusement à redresser son appareil et à reprendre de la hauteur.

Dès qu'il eut le loisir de regarder vers la terre, il vit, gisant sur la toiture d'une maison, les restes du zeppelin que les flammes achevaient de consumer.

Certain que l'équipage du dirigeable avait été tué sur le coup, l'héroïque aviateur reprit la direction de la côte, et, après avoir passé au large de Dunkerque et de Calais, il vint atterrir au cap Gris-Nez[6].

***

Explications et questions.

Les mots. — 1. *une reconnaissance :* expédition pour *reconnaître* une région et savoir ce qui s'y fait.

2. *zeppelin :* ballon dirigeable rigide inventé par un Allemand le comte *Zeppelin.*

3. *silhouette :* voir page 55, note 4.

4. *survoler :* mot de création récente formé de *voler* et de *sur*, au-dessus.

5. *aéronef :* formé de deux parties : *nef* ou navire et *air :* navire de l'air.

6. *cap Griz-Nez :* situé sur la côte sud-est du Pas-de-Calais.

Les idées. — 1. Quel était le but de la sortie des trois aviateurs ?

2. Que firent les deux lieutenants.

3. Qu'aperçut, vers trois heures du matin, le sous-lieutenant Warneford ?

4. Comment manœuvra-t-il pour prendre avantage sur le zeppelin ?

5. Racontez la lutte…

6. Quel grave danger courut l'aviateur ?

7. Que vit-il dès qu'il put regarder vers le sol ?

Exercice et sujet de devoir.

Exercice de grammaire. — Verbes en *e* et verbes en *s*. *Les verbes du 1er groupe sont terminés par* e *à la 1re personne du singulier du présent de l'indicatif; tous les autres verbes se terminent par un* s *à la même personne.* — *Classez les verbes du texte lu en verbes en* e *et en verbes en* s.

Sujet de devoir écrit ou exercice de vocabulaire. — *Définissez et faites entrer dans des phrases les mots :* avion, aviateur, parc, reconnaissance, zeppelin, hangar, bombes, explosion, survoler, aéronef, mitrailleuses, manœuvre, dirigeable, équipage, atterrir.

UN ROBINSON POUR RIRE

Un jour, à l'étalage d'un libraire ambulant, j'avais fait l'acquisition d'un livre, d'un admirable livre, qui était *le Robinson suisse*[1].

L'impression fut profonde, si profonde qu'elle m'absorba. Je vivais dans un songe[2] permanent, et je m'en allais au delà des mers, dans des pays où il y a des caver-

Partout où je pouvais prendre une latte, une planche, je m'en emparais.

nes de sel, des autruches sur lesquelles on peut monter, et des animaux dont on ne sait pas le nom.

Je m'étais confectionné un arc et des flèches ; je m'exerçais à tuer les oiseaux ; je ne réussis qu'à éborgner un canard, ce qui me valut une semonce énergique. Parfois je m'en allais par un chemin creux, je passais derrière une blanchisserie et je gagnais un pré traversé par un ruisseau et où il y avait un groupe de frênes. Là, je n'apercevais plus de maisons, je n'entendais plus le tic-tac du moulin, l'horizon m'était fermé par les haies dont la prairie était entourée; j'étais seul, j'étais libre.

Dans un buisson, au pied d'un hêtre, j'avais creusé une cachette où je déposais des provisions, c'est-à-dire du chocolat et des macarons. J'avais pris chez mon oncle un marteau et des clous que j'avais enfouis à côté de la soute[3] aux vivres. Partout où je pouvais prendre une latte, une planche, je m'en emparais; je les apportais dans le pré, et je les dissimulais dans l'épaisseur de la haie vive. Je voulais construire un radeau, le charger de mes provisions et m'abandonner au cours de la Sarthe. Où devais-je aller ainsi? Je ne m'en doutais guère, mais il me paraissait certain que je ne pouvais aborder qu'à une île déserte, où je dresserais des buffles[4], où je pêcherais des tortues et où je verrais des flamants roses[5] marcher à travers les herbes....

MAXIME DU CAMP[6].
[*Souvenirs littéraires*. Hachette et Cie, édit.]

Explications et questions.

Les mots. — 1. *Robinson suisse :* roman pour les enfants.

2. *vivre dans un songe :* comme dans un rêve, hors de la réalité.

3. *soute :* partie de la cale d'un navire où l'on accumule les réserves : soute aux vivres, aux munitions, etc.

4. *buffle :* sorte de taureau sauvage.

5. *flamant rose :* oiseau échassier de grande taille (1^m,40) dont le dessous des ailes est osé.

6. *Maxime du Camp :* écrivain français qui a raconté ses voyages (1822-1894).

Les idées. — 1. Quel est le livre qui produisit une impression si forte sur l'esprit de cet enfant?

2. En quoi consistait cette impression?

3. Quel usage fit-il de son arc?

4. Où se rendait-il souvent?...

5. Que voulait-il construire?... Dans quel but?

6. Que pensez-vous de ces projets :

Exercice et sujet de devoir.

Exercice de grammaire. — Le conditionnel. *Copiez le dernier* *paragraphe du texte lu en mettant les verbes au conditionnel. Ex: Si j'étais en vacance, je creuserais une couchette...*

Sujet de devoir. — *Citez un livre ou un récit dont la lecture vous a vivement intéressé. Dites ce qui vous a particulièrement plu.*

LE CAPORAL PHILIP

Au 24e régiment d'infanterie coloniale[1], qui compta tant de héros, le caporal Philip était considéré comme un brave entre les plus braves.

Un jour le colonel, qui avait besoin de renseignements précis sur les positions et les forces ennemies, fit appeler Philip auprès de lui.

« Je te sais courageux et avisé[2], lui dit-il, c'est pourquoi je veux te charger d'une mission importante, mais très périlleuse.

« La nuit venue, tu prendras vingt-cinq hommes et tu iras sur cette crête, là-bas, où l'on voit des soldats allemands creuser une tranchée. Tu tâcheras de rester là jusqu'au matin en te cachant toi et tes hommes, puis tu viendras me rendre compte demain matin de ce que tu auras vu et entendu.

— C'est compris, mon colonel, j'irai, dit Philip sans une minute d'hésitation.

— Sais-tu que tu risques ta vie?

— Je le sais, mon colonel, mais je ne crains pas la mort, c'est pour la France! »

Ému par cette fière et tranquille bravoure, le colonel serre les mains du brave caporal et s'éloigne en mordillant sa moustache pour cacher ses larmes.

Philip n'eut qu'un signe à faire pour recruter les vingt-cinq volontaires qui devaient l'accompagner. La nuit venue, la petite troupe quitte la tranchée française et bientôt elle disparaît dans l'ombre.

Arrivé près de la crête[3], Philip aperçoit la sentinelle allemande debout près des soldats allemands qui creusent la tranchée. Il fait cacher ses hommes dans un petit bois avec défense de bouger quoi qu'il arrive et il part avec un camarade auquel il donne ses ordres, puis l'un prend à droite pendant que l'autre se dirige vers la gauche.

Les deux hommes s'avancent sans bruit en glissant sur les genoux et sur le ventre. Bientôt ils ne sont plus qu'à quelques pas de l'Allemand qui marche en fredonnant une chanson de route. A ce moment, sur la gauche, le camarade de Philip, exécutant la consigne, remue sa baïonnette dans le fourreau. La sentinelle se retourne vivement en criant : « Werda ! (Qui va là !) ». C'est ce qu'avait prévu Philip ; il bondit sur l'Allemand qui s'écroule sans pousser un cri, percé de part en part d'un coup de baïonnette. Philip met sur ses épaules le manteau de la sentinelle, se coiffe du casque à pointe, prend le fusil et se met à monter la garde à vingt mètres des soldats allemands qui achèvent de creuser la tranchée.

Au petit jour, le travail étant terminé, les soldats s'éloignent pour rejoindre le gros de leurs troupes.

Dès qu'ils ont disparu, Philip jette manteau et casque à pointe, court vers le bois où ses camarades l'attendent. Quelques minutes plus tard, les vingt-six coloniaux sont installés dans la tranchée et attendent, l'œil et l'oreille au guet.

Bientôt, ils aperçoivent une compagnie bavaroise[4] qui vient occuper la nouvelle tranchée. Les soldats marchent sans défiance, riant et plaisantant entre eux. Quand ils ne sont plus qu'à quelques pas, Philip commande : « Feu ! » et les premiers rangs ennemis tombent fauchés par les balles. Les Allemands font une tentative d'assaut, mais le tir des Français est si meurtrier qu'il n'est plus de salut que dans la fuite. Pendant ce temps, le 24ᵉ colonial accourt au pas de charge, colonel en tête. Philip s'avance et dit simplement :

« Mon colonel, j'ai le plaisir de vous offrir cette tranchée ; vous y pourrez observer à loisir la position et les forces allemandes. »

Le colonel, au comble de l'émotion, embrasse Philip, pendant que le régiment tout entier applaudit et crie bravo.

Devant toutes les troupes réunies, le caporal Philip reçut la médaille militaire.

***

Explications et questions.

Les mots. — 1. *infanterie coloniale :* destinée en principe, à défendre nos *colonies.*
2. *avisé :* qui a l'esprit alerte et prudent.

3. *crête :* partie supérieure d'une montagne ou d'une colline.
4. *bavaroise :* de la Bavière, un des royaumes d'Allemagne.

Les idées. — 1. Pourquoi le colonel choisit-il Philip ?
2. Quelle mission lui confia-t-il ?
3. Expliquez en détail comment Philip s'y prit pour faire disparaître la sentinelle allemande ?
4. Qu'est-ce qui rendait l'opération délicate ?
5. Que fit le caporal Philip, après avoir tué la sentinelle ?
6. Comment s'assura-t-il la possession de la tranchée ?
7. Racontez ce qui se passa ensuite.

Exercice et sujet de devoir.

Exercice de grammaire : Analyse. Les divers compléments.
Analysez les mots suivants en indiquant la fonction grammaticale de chacun : héros, te, mission, crête, me, ce, l', tranchée, bois, sans bruit, fourreau, épaules, manteau, sentinelle, au petit jour.

Sujet de devoir ou exercice oral. — *Rappelez ce que le colonel a demandé à Philip ? Et dites ce que Philip a fait ? Tirez une conclusion.*

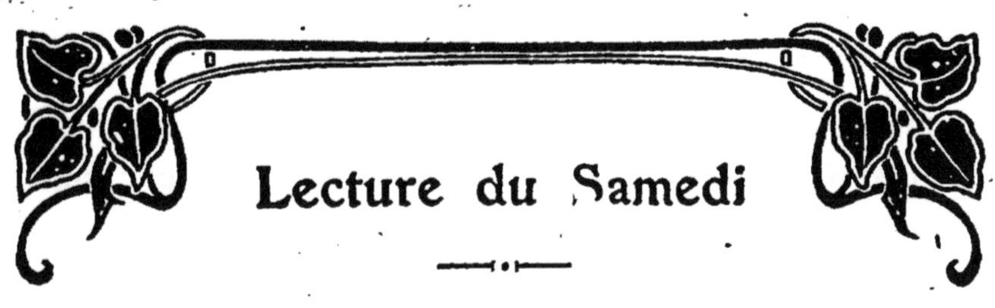

LE NID D'AIGLE

C'était dans le petit village norwégien d'Entregard, que de hautes murailles de rochers à pic[1] dominent de plusieurs côtés.

Si resserrée et en même temps si profonde est la vallée que le soleil reste invisible pendant plusieurs mois d'hiver. Aux plus longs jours de l'été, dès quatre heures du soir, il disparaît derrière les montagnes.

On ne voyait autour du village que quelques petits jardins bien abrités et quelques bandes étroites de prairies allongées près du torrent et puis, tout de suite, le sapin ou le roc.

Sur une haute corniche[2] de rochers dominant le village des aigles avaient placé leur nid, et chaque année, tandis que la femelle couvait, le mâle enlevait un agneau, une petite chèvre; une fois, même, il saisit dans ses serres[3] un tout petit enfant et l'emporta. Le père se tua le lendemain en essayant d'atteindre le nid d'aigle pour y retrouver son enfant et la pauvre mère mourut de douleur quelques semaines plus tard. Les habitants étaient donc sans cesse menacés par ce dangereux voisinage, mais personne ne se croyait en état d'atteindre le nid pour le détruire.

On racontait bien, qu'autrefois, un jeune homme avait pu grimper jusqu'au nid et l'avait détruit, mais depuis nul n'avait osé recommencer et, chaque année, les aigles avaient élevé leur couvée sans être troublés.

L'idée de détruire le nid restait dans l'esprit de tous les

jeunes gens comme une idée fixe. Pendant la belle saison, on voyait souvent les enfants s'essayer à grimper contre les parois des rochers, et quand on leur demandait pour quoi ils s'exerçaient ainsi :

« Tiens, disaient-ils, mais c'est pour grimper au nid d'aigle quand nous serons grands. »

Cependant, on voyait grandir dans le village un garçon aux cheveux frisés, aux petits yeux vifs, qui annonçait à tous qu'il saurait bien détruire le nid d'aigle.

Ce garçon s'appelait Leif.

Lorsqu'il eut atteint l'âge de 16 ans, Leif entreprit l'escalade⁴ du roc des aigles. C'était un dimanche matin, au commencement de l'été, les jeunes aiglons devaient être éclos depuis peu. A la nouvelle de cette audacieuse tentative, une grande foule s'était rassemblée sur une petite place au pied du rocher.

En quelques sauts, Leif atteignit des broussailles qui croissaient dans les anfractuosités⁵ des rochers et se mit à grimper lentement. Des cailloux et des morceaux de rochers se détachaient sous ses pieds et roulaient jusque vers les curieux. Les conversations avaient cessé, et un silence impressionnant régnait.

Leif grimpait déjà depuis longtemps lorsqu'il atteignit un rocher dont la paroi était presque à pic. Parfois, il se tenait cramponné d'une main, cherchant du pied un point d'appui qu'il ne pouvait voir. Les femmes se détournaient avec épouvante blâmant ce jeune fou d'avoir tenté une pareille aventure.

Mais Leif trouvait toujours le point d'appui cherché pour la main ou pour le pied.

A un moment Leif glissa… Des cris étouffés se firent entendre parmi la foule ; mais le hardi garçon retrouva bientôt son équilibre, et, quoiqu'il parût fatigué, il reprit sa dangereuse ascension.

LE NID D'AIGLE

*— Il tombe! il tombe! cria la foule, et tous les bras se tendaient vers lui
pour le retenir. »*

Alors on entendit tout à coup crier :

« Leif!... Leif!... pourquoi fais-tu cela ? »

C'était, Dagmar, une grande jeune fille qui s'était tenue jusque-là à l'écart de la foule, les yeux fixés sur Leif.

« Descends criait-elle, suppliante, les bras tendus vers l'imprudent, descends, tu cherches ton malheur : »

A ces cris, on vit Leif hésiter une minute, puis résolument il continua à grimper. Pourtant il paraissait fatigué ; ses arrêts étaient plus fréquents et il avait plus de difficulté à trouver des points d'appui pour ses pieds et des points de prise pour ses mains.

Tout à coup, une grosse pierre se détacha sous ses pieds et roula en grondant vers la vallée.

Leif, à ce moment, tâtait le roc de la main droite pour s'élever encore.

Alors, — Dagmar le vit nettement —, sa main glissa sur la roche ; il se retint fortement de l'autre main jusqu'à ce que celle-ci lâchât prise à son tour.

« Leif ! s'écria Dagmar d'une voix désespérée.

— Il tombe ! il tombe ! cria la foule, et tous les bras se tendaient vers lui comme pour le retenir. »

Il tombait en effet au milieu des débris de pierres et de roches qui roulaient avec lui ; il tombait, tombait toujours plus vite.

Tous se détournèrent pour ne pas voir l'horrible chose qui allait se produire. On entendit un craquement puis un bruit sourd comme ferait en tombant un sac de terre humide.

Quand ils osèrent regarder, Leif était là brisé sur le sol, écrasé, méconnaissable.

Dagmar tomba sans connaissance et son père aussitôt la prit dans ses bras et la porta jusqu'à sa maison.

« C'était insensé, dit un vieillard, pendant qu'on emportait les restes de l'infortuné Leif, c'était insensé, mais il est bon tout de même qu'il existe des choses si élevées que personne n'y puisse atteindre. »

(D'après un conte norvégien.)

Explications et questions.

Les mots. — 1. *rocher à pic :* dont la paroi est verticale.

2. *corniche :* petit espace à peu près plan situé en haut d'un précipice.

3. *serres :* les doigts d'un oiseau de proie.

4. *escalade :* sens primitif, assaut avec des *échelles ;* rapprocher de *escalier.* — Action d'atteindre un lieu élevé.

5. *anfractuosités :* petites crevasses dans les rochers.

Les idées. — 1. Où était placé le nid d'aigles ?
2. En quoi ce nid d'aigle inquiétait-il les habitants d'Entregard ?
3. Quelle était l'idée fixe des jeunes gens ?
4. Comment était Leif ?
5. Racontez sa tentative ?
6. Que pensaient les gens sensés ?
7. Pourquoi Leif ne voulut-il pas descendre ?
8. Qu'arriva-t-il ?
9. Comprenez-vous le sens des paroles du vieillard ? *(Il est bon qu'il y ait des choses que personne ne peut atteindre : 1° parce qu'elles poussent les hommes à des efforts qu'ils ne feraient point si elles étaient facilement accessibles. 2° Quand les hommes constatent l'impuissance de leurs efforts, ils prennent conscience de leur faiblesse et deviennent plus modestes.)*

Exercice et sujet de devoir.

Exercice de grammaire : Temps et personnes des verbes. — A quels temps et à quelles personnes sont les verbes suivants ? était, dominent, disparaît, saisit, tua, mourut, avait pu, serons, avaient élevé, régnait, fais-tu, descends, cherches, détournèrent.

Sujet de devoir. — *Imaginez quel accueil aurait été fait à Leif par les villageois, s'il avait réussi dans son entreprise.*

CONTRASTE IRREGULIER

Contraste insuffisant
NF Z 43-120-14

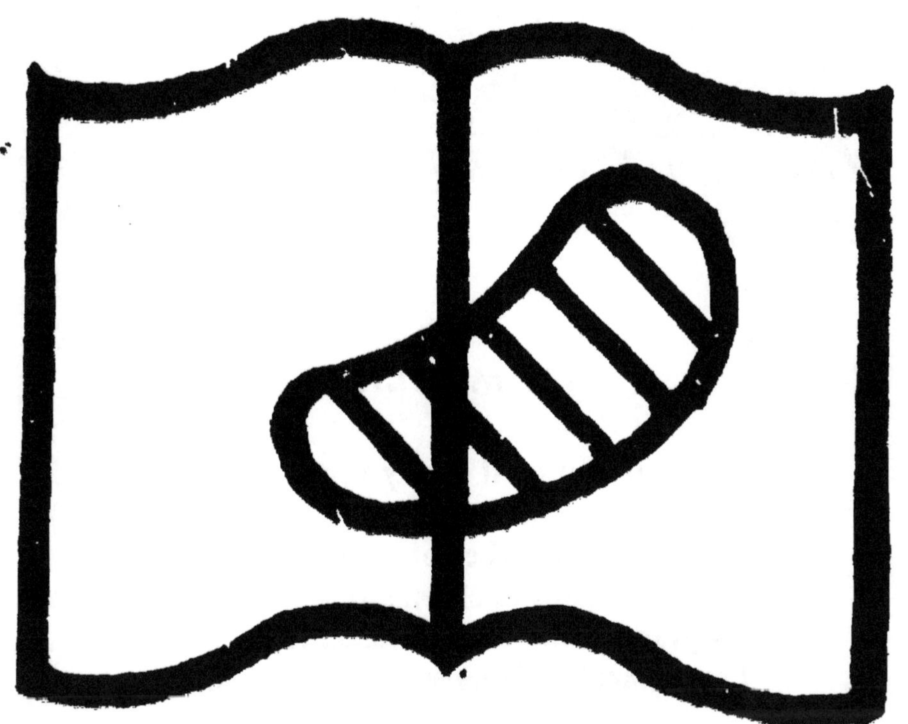

ILLISIBILITE PARTIELLE

LE MOULIN

C'est par eau qu'il faut y venir.
La berge a peine à contenir
Le fouillis¹ d'herbes et de branches,
Ce monde petit et charmant,
La grande roue en mouvement,
Les vannes² et leurs ponts de planches.

Un bruit frais d'écluses³ et d'eau
Monte derrière le rideau
De la ramure⁴ ensoleillée
Quand on approche, il est plus clair ;
Le barrage jette dans l'air
Comme une odeur vive et mouillée.

Pour arriver jusqu'à la cour,
On passe, chacun à son tour,
Par le moulin plein de farine,
Où la mouture⁵ en s'envolant,
Blanche et qui sent le bon pain blanc,
Réjouit l'œil et la narine.

Voici la ferme ; entrons un peu.
Dans l'âtre on voit flamber le feu
Sur les hauts chenets de cuisine :
La flamme embaume le sapin ;
La huche [6] de chêne a du pain,
La jatte de lait est voisine.

Oh ! le bon pain et le bon lait !
Juste le repas qu'on voulait ;
On boit, sans nappe sur la table,
Au tic-tac joyeux du moulin,
Parmi les bêtes, dans l'air plein
De l'odeur saine de l'étable.

Lorsque vous passerez par là,
Entrez dans le moulin. Il a
Des horizons [7] pleins de surprises,
Un grand air d'aise et de bonté,
Et contre la chaleur d'été
De la piquette [8] et des cerises.

ALBERT MÉRAT [9].

(Au fil de l'Eau. Lemerre, édit.)

Explications et questions.

Les mots. — 1. *fouillis d'herbes* : amas confus d'herbes et de branches.

2. *vannes* : portes qui règlent l'arrivée de l'eau vers la grande roue à palettes.

3. *écluse* : réservoir destiné à maintenir l'eau toujours au même niveau.

4. *ramure* : ensemble des rameaux des arbres voisins.

5. *mouture* : mis pour la farine ; les fines poussières de la mouture volent dans l'air.

6. *huche* : sorte de coffre de bois où l'on pétrit et où l'on serre le pain.

7. *horizons* : employé au sens restreint de ce que l'on voit ; mis ici pour *aspects*.

8. *piquette* : boisson aigrelette faite avec des raisins et de l'eau.

9. *Albert Mérat* : poète français contemporain, 1840-1909.

Les idées. — 1. Quel est ce petit monde que contiennent les berges ?
2. Quand le bruit de l'eau est-il plus clair ?

3. Où passe-t-on pour entrer dans la cour?
4. Que voit-on en entrant dans la cuisine de la ferme?
5. Pourquoi le poète nous invite-t-il à entrer dans le moulin?
6. Dans cette description, notez avec soin: 1° ce qu'on voit; 2° ce qu'on entend; 3° ce qu'on sent; 4° ce qu'on goûte (*Cette 6° question peut être traitée comme devoir écrit*).

Conseils pour la lecture et la récitation.

Description gracieuse et familière qui doit être dite simplement, mais il faut s'efforcer de rendre le sentiment de plaisir que le poète éprouve à contempler ce joli moulin et à jouir de l'aimable hospitalité qu'il y reçoit.

Liez bien, contenir le fouillis — et d'eau monte; rideau de la ramure; le feu sur les...; plein de l'odeur; et surtout Il a des horizons. — [Une lecture attentive permettra de distinguer les mots qui méritent d'être mis en relief par la récitation. Par exemple, dans 'a dernière strophe: Entrez dans le moulin; grand air... de bonté; piquette, cerises en marquant bien ce qu'il y a d'amusant dans ce rapprochement de la bonté et des cerises.

UNE LETTRE HÉROIQUE

Cette belle lettre fut adressée à un soldat aviateur. Écrite par la jeune sœur, elle a été dictée par la vieille mère qui avait onze des siens sous les drapeaux et dont huit étaient déjà morts pour la France après un mois de guerre.

Moyen, 4 septembre 1914.

Mon cher Édouard,

J'apprends la nouvelle que Charles et Lucien sont morts dans la journée du 28 août. Eugène est blessé grièvement; quant à Louis et Jean, ils sont morts aussi.

Rose est disparue.

Maman pleure, elle dit que tu sois fort[1] et désire que tu ailles les venger. J'espère que tes chefs ne te refuseront pas ça. Jean avait eu la Légion d'honneur; fais comme lui.

Ils[2] nous ont tout pris ; sur onze[3] qui faisaient la guerre, huit sont morts.

Mon cher frère, fais ton devoir, l'on ne demande que ça. Dieu t'a donné la vie, il a le droit de te la reprendre, c'est maman qui le dit.

Nous t'embrassons de tout cœur, quoique nous voudrions bien te revoir avant.

Les Prussiens sont ici. Le fils Jandon est mort, ils ont tout pillé. Je reviens de Gerbevilliers[4] qui est détruit. Les lâches !

Pars, mon cher frère, fais le sacrifice de ta vie ; songe au grand-père de 1870 ; nous avons l'espoir de te revoir, car quelque chose comme un pressentiment[5] nous dit d'espérer.

Nous t'embrassons de tout cœur. Adieu et au revoir, si Dieu le permet.

Ta sœur.

C'est pour nous et pour la France.

Songe à tes frères et au grand-père en 70.

Explications et questions.

Les mots. — 1. *sois fort* : sois énergique et courageux.

2. *Ils* : les Allemands.

3. *onze* : onze fils ou petits-fils.

4. *Gerbevilliers* : petite ville lorraine qui fut pillée, brûlée et détruite de fond en comble.

5. *pressentiment* : sentiment vague qui fait craindre ou espérer quelque chose.

Les idées. — 1. Comment cette sœur et cette mère parlent-elles des frères morts ou grièvement blessés.

2. La mère pleure mais que désire-t-elle ?

3. Qu'est-ce que les Prussiens ont fait, dans le voisinage ?

4. Pourquoi la jeune sœur rappelle-t-elle avec insistance le souvenir du grand'père de 1870 ?

5. Pourquoi, après la mère, recommande-t-elle à son frère de faire au besoin le sacrifice de sa vie

6. Pourriez-vous expliquer pourquoi le style de cette lettre paraît un peu décousu ? (*La douleur des deux femmes, leur colère contre l'ennemi ; — elles parlent, l'une après l'autre et se répètent forcément un peu.*)

Exercice et sujet de devoir.

Exercice de grammaire. — Forme active et forme passive: *Trouvez des verbes exprimant une action faite par le sujet (forme active). Ex.: maman pleure. — Trouvez des verbes dont le sujet supporte l'action exprimée: Ex.: Eugène est blessé.*

Sujet de devoir. — *Essayez de faire la réponse d'Edouard à sa sœur*

LA LESSIVE

Au pays, c'était fête les jours de lessive.

Une fois le coulage[1] fait, quand on avait ouvert les fenêtres, chassé la buée, éteint le feu, la gaieté renaissait.

On entrait dans l'eau jusqu'à mi-jambes...

On partait alors pour la rivière, et sur l'herbe verte, on étendait le linge blanc; on venait, de temps en temps, jeter des gouttes d'eau comme des perles, et le soleil éclairait cette neige[2] dont les flocons s'agitaient au vent.

Toute la famille était là: grands-parents, petites cousines. On riait et l'on se battait; vers midi, on s'asseyait en rond autour d'un gigot froid ou d'une daube, et l'on mangeait avec un appétit du ciel[3]. On laissait l'eau dans la rivière, et l'on buvait, pour cette fois-là, du vin pur. Quand on se levait *de table*[4], les parties de barres s'engageaient, ou bien on jouait aux quatre coins. C'était presque toujours le même qui était le « pot[5] ».

La digestion faite et la sueur du front essuyée, on entrait dans l'eau jusqu'à mi-jambes, et l'on poursuivait sous les pierres bleues de petits poissons qu'on n'attrapait pas. Si par hasard on en prenait un, on lui enlevait, à force de le tripoter, les écailles, comme si l'on eût gratté un clou d'argent ! On faisait le poisson aussi, et l'on allait dans l'eau jusqu'à ce qu'on en eût à la poitrine.

La rivière babillait, joyeuse : dans quelques coins, muette et calme, elle dormait à l'ombre des arbres qui miraient[6] dans le flot tranquille leur tête ébouriffée.

Et les mères d'avoir peur !... mais on revenait sur la rive, pesant, et les habits collés ; la brise séchait la laine des culottes, la soie des cheveux, on fumait[7] au soleil. Un baiser par-ci, une calotte par-là, tout était dit.

Le soir, on rentrait bien heureux, bien las ; le linge était blanc, on en avait pour une année ! Et la vieille servante, de ses mains honnêtes[8] et pleines d'écailles, empilait le tout dans l'armoire qui grinçait doucement et sentait bon.

JULES VALLÈS[9].
[*L'Enfant.* Fasquelle, édit.]

Explications et questions.

Les mots. — *1 coulage :* action de verser l'eau de la lessive sur le linge contenu dans un cuveau. Cette eau coule dans une chaudière placée sur le feu ; elle est ensuite reversée sur le linge, etc...

2. *cette neige :* le linge blanc.

3. *appétit du ciel :* comme on suppose que doivent en avoir les saints du paradis...

4. *de table :* employé ironiquement, car il n'y avait pas d'autre table que le sol.

5. *le « pot » :* expression spéciale désignant celui qui, n'ayant pas de coin, cherche à occuper le coin d'un autre.

6. *miraient :* du verbe *mirer :* mis pour regarder son image comme dans un *miroir.*

7. *on fumait :* au soleil, l'eau des vêtements s'évaporait en *fumée.*

8. *mains honnêtes :* qui ont toujours fait leur devoir avec fidélité.

9. *Jules Vallès :* romancier et journaliste français (1832-1885).

Les idées. — 1. Pourquoi dit-on que la gaieté renaissait? *(Songez que le coulage de la lessive est un dur travail.)*
2. Où allait-on laver le linge?
3. Comment se passait le déjeuner?
4. Que faisaient ensuite les enfants? *(Jeux et amusements.)*
5. Citez un joli petit tableau de la rivière.
6. Pourquoi rentrait-on heureux le soir?

Exercice et sujets de devoir.

Exercice de grammaire. — La phrase et la proposition: *1° Signalez une phrase ne contenant qu'une seule proposition. 2° Combien la 3e phrase contient-elle de propositions? 3° Quels sont les mots appartenant à la proposition qui a pour verbe empilait? (dernier paragraphe.)*

Sujets de devoir. — *1° Dites comment se fait la lessive chez vos parents?*

2° A la ville, on décrira la venue de la blanchisseuse.

ÉMILE DESJARDINS

Après avoir submergé l'héroïque Belgique sous le flot[1] de leurs bataillons, les Allemands franchirent notre frontière du nord au commencement de septembre 1914 et pénétrèrent dans la Flandre française.

Un groupe d'éclaireurs[2] prussiens surprit un jour sur la route, entre Neuville-sur-Escaut et Douchy[3], le garde-voie[4] du passage à niveau. Soit par erreur, soit par défi, le garde-voie en apercevant les Allemands, cria: « Vive la France! Vive l'Angleterre! » Aussitôt il fut empoigné et emmené par les ennemis.

Comme le groupe, en traversant le bourg de Neuville, passait devant un cabaret, le garde-voie aperçut un jeune garçon du voisinage, Émile Desjardins:

« Émile, cria-t-il, apporte-moi une chope[5]! »

Aussitôt, obéissant comme à un ordre reçu, Émile Desjardins entre dans un cabaret et une minute après il en sort tenant une chope de bière à la main. Il court après le groupe qui a pris de l'avance et l'atteint bientôt. Mais l'un des Allemands de l'escorte renverse la bière d'un coup de crosse. Le malheureux garde-voie paraît si déçu qu'Émile revient en courant vers le cabaret et reparaît bientôt avec une nouvelle chope.

Cette fois, c'est l'officier prussien qui écarte brutalement le jeune garçon :

« Ce n'est pas de la bière qu'il faut lui donner, dit-il, mais du plomb[6]. Prends ce fusil et tire. »

Émile Desjardins, sans hésiter, prend le fusil chargé qu'on lui présente ; lentement, il vise le garde-voie, mais faisant tout à coup un quart de tour, il tire, tue à bout portant l'officier prussien et s'enfuit à toutes jambes vers Douchy.

Les Allemands sont si stupéfaits qu'ils ne songent ni à courir après lui, ni même à faire usage de leurs armes.

Dès le soir, Émile Desjardins fût découvert, caché dans une ferme voisine, et le lendemain il était fusillé avec le vieux paysan qui l'avait caché et le garde-voie à l'endroit même où l'officier allemand avait été tué.

Gardons pieusement le nom du jeune héros qui sacrifia sa vie pour punir la lâche cruauté d'un officier ennemi.

* * *

Explications et questions.

Les mots. — 1. *submergé... flot* : on compare l'invasion à une inondation.

2. *éclaireurs* : soldats chargés de reconnaître la situation de l'ennemi.

3. *Neuville-sur-Escaut* et *Douchy* : bourgs du département du Nord situés près de Valenciennes.

4. *garde-voie* : soldat territorial chargé de garder les voies des chemins de fer, les ponts, etc.

5. *chope* : grand gobelet de verre ou de grès dans lequel on sert la bière.

6. *du plomb* : c'est-à-dire des balles, des coups de fusil.

Les idées. — 1. Par qui fut surpris le garde-voie ?... Comment excita-t-il la colère des Prussiens ?

2. A qui demanda-t-il une chope ?

3. Que fit Emile Desjardins pour le satisfaire?
4. Que propose à Emile l'officier prussien ?
5. Comment Emile répond-il à cette offre ? .
6. Qu'arrive-t-il ?
7. Que pensez-vous de la conduite d'Emile Desjardins ?

Exercice et sujet de devoir.

Exercice de grammaire. — Forme passive et forme active: 1° *Changez la forme passive en forme active dans les deux cas suivants: il fut empoigné par les ennemis... La chope fut apportée par Emile. 2° Changez la forme active en forme passive dans les cas suivants: surprit un jour le garde-voie;... renverse la bière; il tue l'officier.* Pour chaque groupe, formulez la règle.

Sujet de devoir écrit ou exercice oral. — *Auriez-vous porté au garde-voie la chope de bière qu'il demandait ? Réfléchissez, répondez franchement, et justifiez votre réponse.*

Lecture du Samedi

LE CŒUR DU PEUPLE

La Lièvre de Juin.

Pitalugue labourait son champ, dans la plaine au-dessous de Bormes.

Tout d'un coup, tirant sur les brides de corde, il arrêta doucement et en silence son cheval et, les yeux écarquillés et fixes, il regarda attentivement un creux de sillon, dans son labour de la veille, à vingt pas devant lui, à sa main droite, sous le vent[1].

Voyons, il ne se trompait pas: cette espèce de paquet

gris et rougeâtre qui ne remuait pas, c'était une lièvre[1]. Elle dormait. « Mais quelle lièvre !... Une lièvre grosse comme un gros chien, mon ami ! »

Que faire pour l'avoir ?

Se taire d'abord et réfléchir, mais réfléchir un peu vite et prendre un parti au plus tôt.

Donc, Pitalugue réfléchissait, immobile, les deux mains serrant, d'émotion, les manchons de l'araire[2], derrière son vieux cheval.

Heureusement qu'il y avait du vent, et pas de mouches ! — pourquoi ?... S'il y en avait eu, des mouches, le cheval, en les chassant du pied, aurait peut-être fait du bruit à réveiller la lièvre.

Elle dormait comme un plomb, pechère[4] ! Alors Pitalugue pensa : « Si je voyais là-bas quelqu'un de mes enfants, je lui ferais signe de m'apporter le fusil, mais je n'en vois pas. Quand on laboure, on devrait toujours être armé !... »

Pitalugue avait laissé son araire en plan, il avançait à pas silencieux vers la bête endormie.

Voici ce qu'il comptait faire : Arrivé près de la lièvre, quand il l'aurait presque à ses pieds, il se baisserait tout doucement, puis, d'un coup, laisserait tomber tout son corps de tout son poids sur elle... il l'écraserait ainsi sous sa lourde poitrine, car sans cela, de la prendre tout bonnement avec la main comme on cueille la figue à la figuière[5] il n'y fallait pas songer. C'est fort, une lièvre !

Donc, c'était décidé... Et malgré cela, en se détendant et se débattant, elle saurait peut-être se faire lâcher !

Il approcha, approcha. La lièvre ne s'éveilla point. Quelle lièvre, mon ami ! un petit âne d'Alger !... Pitalugue jeta encore un regard vers sa bastide[6] : personne.

Alors, résolument, il se laissa tomber comme un bloc de carrière sur la lièvre qui dormait toujours. Elle ne s'éveilla que sous le choc avec un cri, mon homme! que tu aurais dit de trois cents rats qui ont tous à la fois la queue prise dans une jointure de porte.

Quand il sentit la bête chaude et remuante contre son estomac : « Vé, que je l'ai! » cria-t-il, joyeux.

Et il travailla à lui prendre les pattes, deux dans chaque main !...

« Ah! par exemple! c'est une bonne affaire! Je n'ai pas manqué mon coup!... Voyez un peu, sans fusil, ce que peut faire le génie de l'homme. »

Quand il se releva, il aperçut ses quatre enfants et sa femme qui venaient à lui.

L'aîné des trois garçons portait le fusil; sa petite dernière courait devant la mère. Tous avaient vu de loin les manières de Pitalugue, et ils avaient compris, les monstres!

Pitalugue cria à son aîné qui était le plus rapproché :

« Pitalugue, j'ai de la ficelle à la poche, va vite la prendre dans ma veste qui est pendue à l'olivier là bas. »

Mais de la cordelette, Pitalugue fils en avait sur lui, et la lièvre fut liée par les quatre pattes, au milieu du rond que faisaient autour d'elle la femme, les quatre enfants et le père.

« Père, ne lui « fasse pas de mal! » disait la petite en se haussant, pour voir ce grand lapin sauvage qui gigotait de son mieux, pechère, mais sans pouvoir se tirer de ce mauvais pas.

La lièvre liée, chacun voulut tâter le rable.

Seule, la petite ne caressait que le poil.

« Quelle lièvre? Ça pèse bien huit livres!

— Ah! ça, huit livres! Elle en pèse au moins dix!

— S'il fallait l'acheter, tu la paierais bien dans les sept, huit francs!

LE CŒUR DU PEUPLE

« Ah!... si vous l'aviez vue filer, cette mère! »

— Ah! ça, sept, huit francs, dans cette saison! pour quinze*, tu ne l'aurais pas!

— C'est à Paris qu'ils seraient contents d'avoir la pareille, au mois de juin!...

— De lièvre, moi, dit l'aîné, je n'en ai pas mangé deux fois dans ma vie.

— C'est bon? dit le second.

— Meilleur que du poulet, bien sûr!

— Quand est-ce qu'on la mangera? demanda le plus petit des trois garçons. »

A ce moment, mère Pitalugue s'écria:

« Bon Diou! Elle a du lait, voyez, pechère! C'est une mère... C'est facile à comprendre que ses petits l'attendent quelque part...

— C'est embêtant, dit l'homme. »

Et tous, un long moment, gardèrent le silence, bien ennuyés.

« Pourquoi, embêtant? dit l'aîné. Est-ce qu'elle sera mauvaise?

— C'est embêtant qu'elle ait des petits, dit la femme. Ça fait peine, tout de même, de penser qu'ils vont mourir dans un trou! »]

La lièvre, bien liée par les pattes, fut déposée à terre. Et tous s'assirent autour d'elle, tenant conseil.

« Que faut-il faire? demanda Pitalugue. C'est bon, la lièvre. Et puis, il y a de quoi faire un gros repas à nous six. Ça compte, ça, dans une maison pauvre comme est la nôtre!... Qu'allons-nous faire?... Ce sont ces petits qui me tourmentent... J'ai tous ces petits levrantons* dans ma tête.

— Ils vont pleurer à fendre le cœur, dit sa femme.

— Et crever sans être utiles à personne, dit Pitalugue. »

Alors, la petite dernière se mit à sangloter:

« Je veux pas qu'on la tue, père ! Père ! il ne faut pas la tuer.

— Allons, dit la femme, ne contrarie pas la petite, c'est quinze francs de jetés par la fenêtre... lâche-la tout de même. »

Avec beaucoup de précautions pour ne pas lui casser les pattes, ils la délièrent.

Et quand elle fut déliée, Pitalugue et sa femme et tous en eurent comme un remords. Ils ne voulaient plus la lâcher :

« C'est dommage ! un si beau morceau, et si bon ! une lièvre de vingt francs, pour le moins !... Remets-lui vite la ficelle aux pattes, Pitalugue. »

Mais la petite cria :

« Laisse-la aller à sa maison, père !... ses petits appellent et puis, d'abord, moi, je la veux voir courir !...

— Lés petits ne sont pas loin, probable ! dit le père... elle en doit bien avoir trois ou quatre... Il faudra veiller. Nous les tuerons quand ils seront grands. Ne prenons pas les bêtes par traîtrise, quand elles ont des petits. »

La compassion l'emporta :

« Regardez bien ! Y êtes-vous ? Pas de regrets ?... une ! deux !... adesias [10] ! »

Posée à terre, la bête bondit.

« Ah !... si vous l'aviez vue filer, cette mère ! »

Et voilà le cœur du peuple.

JEAN AICARD [11].
(Maurin des Maures. Flammarion, édit.]

Explications et questions.

Les mots. — 1. *sous le vent :* le vent venait de l'endroit en question vers lui.

2. *une lièvre :* le mot est au féminin en provençal, on dit en français un lièvre ; la femelle se nomme *hase.*

3. *l'araire :* charrue légère.

4. *pechère :* exclamation provençale signifiant : *la pauvre !*

5. *la figuière* : mis pour le figuier.

6. *bastide* : petite cabane des champs, en Provence.

7. *à la poche* : expression du midi, pour dans ma poche.

8. *quinze...* : remarquez que le poids et le prix augmentent de minute en minute. Sept francs d'abord, vingt francs pour le moins au dernier moment. —

Pour la même raison « la lièvre » qui était d'abord grosse comme un gros chien apparaît bientôt grosse comme un petit âne.

9. *levrantons* : mis pour levrauts, petits lièvres.

10. *adesias* : forme patoise de: à dieu sois.

11. *Jean Aicard* : romancier et poète français contemporain.

Les idées. — 1. Comment Pitalugue s'y prit-il pour capturer « la lièvre » ?

2. Que pensez-vous des exagérations successives quant à la grosseur de « la lièvre » et quant à son poids et à sa valeur ?

3. Quelle fut la première pensée des Pitalugue ?

4. Quelle constatation les fit hésiter ?

5. Quel rôle joue la petite fille ?

6. De quelle qualité font preuve les Pitalugue ?

7. Pourquoi l'auteur dit-il : « Et voila le cœur du peuple » ?

Exercices et sujet de devoir.

Exercices de grammaire. — *Idée du futur et du conditionnel: Trouvez dans le texte lu: 1° Trois verbes exprimant une action devant être faite dans un temps à venir. — Remplacez ils vont mourir, ils vont pleurer par un seul verbe au futur.*

2° Six verbes exprimant une action qui ne peut être faite que moyennant une condition exprimée ou sous-entendue.

Sujet de devoir. — *Faites la liste des raisons que les Pitalugue auraient pu invoquer pour garder « la lièvre » et la liste des sentiments qui les amènent à la remettre en liberté.*

SALUT

1914.

Salut, ô premiers morts de nos premiers combats,
O vous tombés au seuil[1] de la grande espérance[2]
Dont palpite le cœur ébloui[3] de la France,
Héros, je vous salue et ne vous pleure pas[4] !

La Gloire[5] vous a pris, pieuse[6], dans ses bras,
Et d'un baiser d'amour sacre votre vaillance[7],
Et la Victoire, avant que son vol ne s'élance,
Posera ses pieds nus où marchèrent vos pas.

Lorsque le Coq gaulois[8] de son bec héroïque
Aura crevé les yeux de l'Aigle germanique,
Nous entendrons son chant vibrer au clair soleil.

Salut à vous, Héros[9], qui, d'une main hardie,
Cueillerez le laurier triomphal et vermeil
Pour l'offrir à l'autel sanglant[10] de la Patrie !

Henri de Régnier[11].

Explications et questions.

Les mots. — 1. *au seuil :* au *sens propre*, le seuil est la pierre placée horizontalement au bas d'une porte ; par extension, ce mot signifie encore entrée. — Seuil est ici employé au *sens figuré*, il signifie le commencement, le début.

2. *grande espérance :* l'espérance de la victoire.

3. *le cœur ébloui :* ébloui est ici employé au *sens figuré* ; l'espérance de la victoire fascine l'âme, la charme, l'éblouit.

4. *je ne vous pleure pas :* le poète s'incline devant les Morts glorieux, mais il ne les pleure pas parce que, pense-t-il, « *Mourir pour la Patrie est le sort le plus beau...* »

5. *La Gloire... la Victoire :* sont ici personnifiées.

6. *pieuse :* mis pour pieusement ; avec un profond sentiment d'amour et de respect.

7. *sacre votre vaillance :* c'est-à-dire donne à votre vaillance un caractère *sacré*, immortel.

8. *Coq. Aigle :* le Coq gaulois représente la France ; l'Aigle, l'Allemagne.

9. *Héros :* plus haut, ceux qui sont morts ; ici, ceux qui reviendront victorieux.

10. *l'autel sanglant :* Le poète voit les soldats victorieux déposant leurs lauriers sur l'autel *sanglant* de la Patrie en l'honneur de ceux qui donnèrent leur vie ou versèrent leur sang.

11. *Henri de Régnier :* poète français contemporain.

Les idées. — 1. Distinguer : *a.* Le salut aux héros morts pour la Patrie ; *b.* Le salut aux héros qui reviendront vainqueurs ; *c.* Le dernier vers qui réunit les deux idées : les *vainqueurs* déposent le laurier triomphal sur l'autel sanglant comme un pieux hommage à la mémoire de ceux qui sont *morts*.

2. Faire remarquer cette vénération profonde, cette reconnaissance infinie marquées aux Morts par la Gloire qui les berce pieusement dans ses bras et par la Victoire qui, avant de prendre son vol, cherche la trace de leurs pas pour poser ses pieds nus (Le poète veut nous faire entendre que nous serons victorieux en imitant leur vaillance, et leur sublime sacrifice).

Conseils pour la lecture et la récitation.

Les deux premiers quatrains doivent être dits avec un ton de douloureuse fierté : c'est d'abord la douleur qui s'exprime par un débit lent et attristé : Salut ô premiers morts... O vous tombés... Puis, le poète se raidit, il salue et ne veut pas pleurer. Donc bien détacher : je vous salue, marquer une pause, puis dire lentement et avec une sorte de volonté contenue : et ne vous pleure pas.

Le deuxième quatrain est tout imprégné d'amour et de reconnaissance ; détacher : pieuse, baiser d'amour ; dire à demi voix, un peu vite et sans accentuer : avant que son vol ne s'élance, de manière à ne pas briser la phrase : la Victoire posera ses pieds nus... bien détacher tous les mots de ce dernier vers qui est très beau.

Dire le premier tercet et les deux premiers vers du deuxième d'un ton assuré et résolu ; puis, quand arrive le dernier vers, songer aux morts, ralentir le débit, baisser un peu le ton et mettre bien en valeur le mot sanglant.

MON AMI LE GRILLON

Il avait creusé sa demeure sur la pente d'un talus[1] bien exposé afin de s'assurer sa part des joies du soleil. Une touffe d'herbes donnait à son seuil[2] une ombre agréable aux heures les plus chaudes de la journée.

Voici comment je fis sa connaissance. Passant un jour sur le sentier qui longe le pied du talus, j'entendis son gracieux cri-cri !... cri-cri ! Aussitôt je m'arrêtai, essayant de découvrir l'endroit où se trouvait le petit chanteur. Mais le chant semblait venir tantôt de droite, tantôt de gauche. C'était à croire que mon grillon passait rapidement d'un côté à l'autre pour se moquer de moi.

Très doucement je fis un pas, mais aussitôt, le chant cessa. Au bout de quelques minutes, discrètement d'abord, la chanson fut reprise. Un nouveau pas en avant et tout se tut encore une fois.

Je restai immobile un long moment. Enfin, presque à mes pieds, la petite chanson se fit entendre de nouveau. Cri-cri !... cri-cri ! En baissant les yeux, j'aperçus à l'entrée d'un trou, une grosse tête noire ornée de deux fines antennes[3] et où luisaient deux bons yeux étonnés.

Au mouvement que je fis pour me baisser, le grillon

effrayé rentra à reculons dans sa demeure. Mais décidé à ne pas partir sans avoir salué le grillon, je pris une fine paillette et je la glissai avec précaution dans le terrier en l'agitant doucement. Surpris de ce qui arrivait et sans doute un peu inquiet, l'insecte, après un moment d'hésitation, s'avance vers la porte. Enfin il apparaît dans l'ouverture du terrier, regarde et se décide brusquement à sortir. Mais il ne sut pas se cacher tant sa pauvre tête était troublée ; il fut donc bientôt pris.

Je le tins un moment dans une sorte de cage faite avec mes deux mains appuyées l'une contre l'autre. Peu à peu son agitation se calma, je pus écarter les doigts et examiner à loisir mon petit prisonnier. Les mouvements de ses antennes disaient assez son émotion [4], mais il ne cherchait presque plus à s'enfuir. Ses courtes ailes et ses longues pattes à sauter restaient immobiles.

Après avoir regardé mon grillon avec sympathie, je le replaçai doucement à la porte de sa demeure. Il disparut aussitôt dans les profondeurs du trou et je m'éloignais vite pour qu'il pût retrouver son calme et sa chanson.

Le lendemain, je repassai au même endroit. Mon ami le grillon, tout à fait remis des émotions de la veille, chantait sur son seuil. Je restai un moment à écouter sa chanson mélancolique à laquelle répondaient d'autres chansons voisines.

Puis, lentement, je m'éloignai, et depuis, nous ne nous sommes jamais revus.

* * *

Explications et questions.

Les mots. — **1.** *talus* : terrain en pente très inclinée.

2. *seuil* : au sens propre, pierre placée au bas d'une porte ; ici, entrée d'une demeure.

3. *antennes* : sorte de cornes flexibles que portent certains insectes.

4. *émotion* : trouble de l'âme, comme la joie, la peur,...

Les idées. — 1. Où se trouvait la demeure du grillon ?
2. Comment essaye-t-il de se soustraire aux visites indiscrètes ?
3. Comment peut-on le surprendre ?...
4. Par quel moyen peut-on le faire sortir de son trou ?
5. Pourquoi le grillon ne sut-il pas s'échapper ?
6. Comment, une fois pris, manifeste-t-il son émotion ?
7. Que fit l'auteur du récit, le lendemain ?

Exercice et sujet de devoir.

Exercice de grammaire. — Forme pronominale : *Conjuguez aux temps de l'indicatif : le verbe* se cacher dans sa demeure *en ayant soin d'employer un nom comme sujet à la 3ᵉ personne du singulier et du pluriel. Ex. :* je me cache dans ma demeure... le grillon se cache dans sa demeure... les grillons...

Sujet de devoir écrit ou exercice oral. — *Faites la description d'un grillon. — Comment vit-il ? Pourquoi a-t-il droit à notre sympathie ?*

LES COSAQUES DIABOLIQUES

Les Cosaques [1] sont d'incomparables cavaliers : montés sur des chevaux d'une rare vigueur et qu'ils savent manier avec la plus surprenante habileté, ils accomplissent chaque jour des actions qui stupéfient les Austro-Allemands. En passant de bouche en bouche, leurs extraordinaires prouesses [2] finissent même par paraître surnaturelles. Aussi, lorsque les Cosaques sont annoncés, aucune troupe ne croit pouvoir leur résister.

Une petite avant-garde cosaque ayant été surprise et faite prisonnière en Pologne, près de Lodz [3] le capitaine autrichien qui était lui-même un cavalier émérite voulut profiter de l'occasion pour rassurer ses hommes.

« Les Cosaques, leur dit-il, sont des soldats comme les autres ; ils ont des chevaux excellents, voilà tout. Qu'on m'amène un des chevaux pris hier soir ! »

Aussitôt le cheval fut amené : il était de petite taille

avec une longue crinière, une queue traînante et des

Il n'eut d'faire qu'un mouvement des genoux pour que le cheval partît d'un galop furieux, renversant tout sur son passage.

jambes nerveuses et fines qui paraissaient avoir de la peine à rester au repos.

L'officier s'approcha du cheval, le flatta de la main et, profitant d'un moment de calme, se mit en selle assez allègrement[4].

Mais malgré les encouragements de toutes sortes, malgré la cravache et l'éperon, le cheval refusa obstinément de faire un pas.

« Qu'on aille chercher le Cosaque à qui appartenait ce cheval », cria le capitaine impatienté.

Le Cosaque se présenta bientôt.

« Pourrais-tu faire marcher ton cheval ? dit le capitaine. Voilà un quart d'heure qu'il est là à trépigner sur place, sans vouloir avancer.

— Rien de plus facile, dit le Cosaque.» et, s'approchant, il sauta d'un seul bond sur la croupe du cheval en poussant un cri sauvage. Saisissant alors l'officier à bras le corps, il n'eut à faire qu'un mouvement des genoux pour que le cheval partît d'un galop furieux, renversant tout sur son passage.

L'officier hurlait de rage et criait : « A moi !... au secours ! », mais les soldats autrichiens, immobilisés d'abord par la surprise, n'osaient tirer dans la crainte de blesser leur capitaine.

Bientôt le cheval et ses deux cavaliers disparurent derrière de hautes broussailles et quelques minutes plus tard le Cosaque remettait l'officier autrichien entre les mains des Russes.

Depuis, lorsque les Autrichiens aperçoivent les cavaliers cosaques, ils s'enfuient en criant : « Les diables ! les diables ! »

* * *

Explications et questions.

Les mots. — 1. *cosaques* : peuples qui vivent en Russie dans la région du Don et qui sont d'incomparables cavaliers.

2. *prouesses* : actions de courage et d'audace.

3. *Lodz* : ville de la Pologne russe.

4. *allègrement* : avec agilité.

Les idées. — 1. Que savez-vous des Cosaques?
2. Qu'en pensaient les Austro-Allemands ?
3. Que voulait prouver à ses soldats le capitaine autrichien ?
4. Pourquoi le cheval refusait-il d'avancer?
5. Racontez ce qui se passa ?
6. Cette aventure rassura-t-elle les Autrichiens au sujet des Cosaques ?

Exercices et sujet de devoir.

Exercices de grammaire. — Analyse (sujets et compléments): 1° *Analysez les mots suivants :* actions, troupe, capitaine, m', se, selle, cheval (*à qui appartenait ce cheval*), cavaliers.
. 2° *Distinguez les deux propositions principales qui forment l'avant-dernier alinéa et groupez autour de chaque verbe le sujet et les compléments.*

Sujet de devoir. — *Le cavalier cosaque raconte à ses parents, dans une lettre, l'aventure qui est arrivée. Faites la lettre.*

LE CHAUDRONNIER

Le chaudronnier arrive sur la place, près de l'église : il attache son âne à un anneau de fer de la maison voisine. Il sort du panier son fourneau, son soufflet, son gros sac en cuir où sont les moules à cuillers, l'étain et le fer-blanc ; puis il commence à parcourir la ville :

« A rétamer[1] casseroles, chaudrons ! Avez-vous des cuillers à fondre, mesdames ? »

De chaque maison, le chaudronnier emporte des casserolles, des bidons, des chaudrons, des pots, des cafetières, et il s'en retourne ainsi chargé sur la place de l'église, où l'âne, pour se désennuyer, cherche de quoi manger dans un vieux sac à foin.

L'âne a dressé ses longues oreilles, il a entendu des cris. Ce sont les gamins qui sortent de l'école. Quelle joie pour eux, le chaudronnier est arrivé ! Ils l'entourent et le regar-

dent avec la curiosité qu'exige une si mystérieuse opération [2]... L'intérêt devient saisissant quand, sur les charbons
ardents du réchaud, le chaudronnier a vidé dans un vieux

Le chaudronnier s'est installé sous le grand tilleul près de l'église.

vase de fer toutes sortes de limailles, de vieux boutons, de
robinets usés. Quel drame [3] que de suivre l'affaissement de
ces objets se remuant d'abord un peu, s'inclinant dans l'eau
argentée du fond du vase de fer, puis tombant tout à fait
en défaillance [4] sous une croûte immobile et noirâtre ! Le
moule est ouvert, et sous cette crasse liquide [5] sort un
ruisseau brillant. Les enfants n'ont pas assez de leurs yeux
pour regarder.

Il faut attendre maintenant que les cuillères refroidissent. « Allons, dit le chaudronnier, qui s'impatiente de voir le cercle se resserrer de plus en plus autour de lui, n'entendez-vous pas la cloche de la classe? Allez lire votre leçon gamins, je n'ai pas besoin de vous pour fondre mon étain. Place! marmaille, place! » Il est de fait que les enfants semblent vouloir entrer dans le réchaud, tant la curiosité les tient.

Mais l'opération est finie, les cuillères sortent du moule un peu mates[6]. Le chaudronnier enlève délicatement les coutures qu'ont produites les ouvertures du moule; il apporte dans cette opération les soins délicats d'un sculpteur; et ce chiffon noir, gras et huileux est pourtant ce qui va donner le brillant de la lune aux cuillères neuves, filles des vieux boutons.

La fumée du charbon monte jusqu'aux branches du grand tilleul qui, de temps en temps, quand un vent frais souffle, laisse tomber une fleur sur le grand chapeau du chaudronnier.

CHAMPFLEURY[7].
[*Les Enfants.* Hachette et Cie, édit.]

Explications et questions.

Les mots. — 1. *rétamer* (*étamer de nouveau*): recouvrir un métal d'une mince couche d'*étain*.

2. *mystérieuse opération*: la transformation des vieux objets en cuillères d'étain neuves et brillantes apparaît aux enfants comme une opération extraordinaire.

3. *drame*: employé ici au sens étymologique, action qui excite vivement l'intérêt.

4. *en défaillance*: il semble en effet que les objets s'affaissent et « se trouvent mal. »

5. *crasse liquide*: la croûte noirâtre qui surnage sur l'étain fondu et brillant.

6. *mates*: sans éclat.

7. *Champfleury*, romancier français, 1821-1889.

Les idées. — 1. Que fait le chaudronnier en arrivant sur la place?
2. Pourquoi parcourt-il la ville?... Que recueille-t-il?... Pourquoi?
3. Pourquoi les enfants sont-ils contents de voir le chaudronnier?
4. En quoi la fonte des vieux objets est-elle intéressante?
5. Comment le chaudronnier fait-il les cuillères d'étain?
6. Montrez que le dernier paragraphe forme un petit tableau.

Exercices et sujet de devoir.

Exercices de Grammaire. — Conjugaison à la forme interrogative et à la forme négative-interrogative (temps composés) : *Conjuguer oralement ou par écrit, au passé composé, au plus-que-parfait, au futur antérieur et au 1er passé du conditionnel :* entendre sonner la cloche : *1° à la forme interrogative, ex. : passé composé:* ai-je entendu sonner la cloche ?...

2° aux mêmes temps, à la forme négative-interrogative — ex. : ...N'ai-je pas entendu sonner la cloche ?...

Sujet de devoir. — *Une vieille cuillère d'étain raconte son histoire.*

LE PETIT CHAPERON BLEU

Épisode de la défense du fort de Troyon, 10-14 septembre 1914.

C'est une histoire, je vous assure, qui n'a rien à voir avec le Petit Chaperon rouge, bien qu'on y parle aussi d'une galette et d'un pot de beurre et de loups dans la forêt. La petite fille qui marche là-bas a bien un petit chaperon sur la tête, mais il est de couleur bleue, et pour le reste de son vêtement il se compose d'un tablier noir sur une jupe brune et de gros souliers à clous qui font sonner la route.

Elle s'est levée ce matin à six heures, la petite Marie, après les oiseaux. Sitôt sa petite robe passée, on l'a vue balayer la salle de l'auberge tandis que sa mère, assise auprès du feu, moulait le café.

L'eau commence à bouillir: « Dépêche-toi, Marie, ils
doivent venir déjeuner de bonne heure, ce matin. »

Marie met son balai au coin du mur et regarde au
dehors, sur la route. On ne voit personne : « Ah ! pense-
t-elle, on les entendra bien venir. Et moi, je reconnaîtrai
la voix du caporal quand il crie, arrivé aux sapins :

Y a d' la goutte à boire là-haut,
Y a d' la goutte à boire !...

« C'est comme s'il frappait à la porte en disant : « Me
voilà ! »

Elle met la table. Vingt-quatre bols avec vingt-quatre
cuillères, propres et luisantes. La première troupe qui descend du fort comprend toujours vingt-quatre hommes ;
Marie les connaît tous, et comme elle sait qu'ils auront
à défendre le pays, elle ne voudrait pas qu'un seul pût
pâtir.

« Va donc voir, Marie, j'entends des pas sur la route. »

Et Marie se penche sur la fenêtre, au-dessus des pots
de géranium et de basilic, prête à faire signe de la main
à ses amis. Mais les pas viennent en sens inverse. Ils
montent lourdement au lieu de descendre... Elle se penche
davantage. Une troupe s'avance, mais une vraie troupe,
celle-là, qui couvre la route jusqu'au tournant, des cen-
taines d'hommes.

« Ah ! mère ! » La petite Marie a crié parce qu'elle ne
comprend pas. Voilà des hommes comme elle n'en a jamais
vu, les uns en costume bleu violacé avec une drôle de casquette, et les autres avec une grande capote grise.

La mère regarde aussi par-dessus sa petite fille.
« Seigneur Dieu !... Les Prussiens... pour sûr, ce sont les
Prussiens !... » Et elle se tient toute droite, sans plus
bouger.

Marie sent qu'elle étouffe et que la tête lui fait mal.

LE PETIT CHAPERON BLEU

Alors elle écarte les bras et crie : « Les Prussiens ! ils sont chez nous !... »

« Mère... et les nôtres qui vont descendre tout à l'heure. Ils les tueront...

— Tu as raison, ma fille. Les nôtres?... Tiens, mets ta capuche bleue et file par derrière. Tu rejoindras plus haut la grand'route. Monte au fort, ma fille, et préviens-les.

— Et si j'en rencontre, mère, de ceux-là?

— Ah! ma petite fille, tu diras... tu diras ce que tu trouveras. Va vi'e, et sois brave... Tiens, j'avais fait une galette pour nos soldats. Prends-la. Et le pot de beurre... que les autres ne trouvent rien... Tu diras...

— Ah! bien oui, je dirai que je vais chez ma mère grand'. »

Et Marie part en souriant. Elle est si pressée qu'elle n'a pas pris le temps d'embrasser sa mère. Et pourtant, qui sait, peut-être qu'elles ne se reverront pas.

Maintenant, elle court sur la route, la petite Marie, et elle a si chaud qu'elle enlève son capuchon bleu. Elle va, plus vite qu'un lièvre traqué[3]; elle va, l'angoisse au cœur. C'est dur de monter la route en courant; mais si elle ralentit, peut-être que ceux du fort atteindront les sapins. Ils chanteront et c'en sera fait d'eux.

Tout en courant, elle pense à eux. Elle croit les voir couchés dans un champ, les yeux clos et tout pâles.

Plus vite, il faut monter plus vite. Comme ils sont loin, les sapins! Pourvu qu'ils n'y arrivent pas avant elle. Mon Dieu! mon Dieu! s'ils allaient chanter. Elle court. Mais voilà son maudit point de côté qui la prend. Elle serre sa taille dans ses mains très fort, pour ne pas sentir la souffrance.

Elle pense à sa mère qui l'a envoyée ainsi, parce que c'était le devoir, sachant qu'on pourrait lui tuer son enfant... *Ils* doivent manger et rire, en bas, les Prussiens. Et la pauvre maman est obligée de les servir.

La petite Marie court. Maintenant elle aperçoit les

sapins. Personne n'est là. Elle s'arrête un instant, oppressée[4] par la joie. Mais, tout à coup, dans la descente, elle voit les hommes dévaler[5] sur la terre lourde, chargée de brindilles, et se pourchasser avec des rires joyeux... Ah! qu'elle soit avant eux aux sapins! Et elle repart, et elle court, et de la main elle leur fait un signe si pathétique qu'ils demeurent sur pied à l'attendre, sans un geste.

Elle les a joints. Elle est si essoufflée qu'elle ne peut pas parler. Ses joues sont très rouges et, pour rire, ils l'appellent « petite pomme d'api ». Mais elle les regarde si gravement, si profondément, son petit menton se crispe si nerveusement sous la montée des larmes que tous se taisent, étonnés. Alors elle écarte les bras et crie dans un soupir: « Les Prussiens! ils sont chez nous!... Je viens vous le dire! » Et elle éclate en sanglots.

Les hommes ont compris, et ils ne rient pas, je vous assure. Ils ne parlent pas non plus. Ils remontent donner l'alarme[6]. Tout à l'heure, ils surprendront les voleurs d'en bas, et ne laisseront pas corps sur âme. Ils ne disent rien, non, mais chacun sent — au battement ému de ses veines — que la petite Marie, tout simplement, leur a sauvé la vie.

MARIE HOLLEBECQUE[7].

[La Grande Mêlée des Peuples. Librairie Larousse.]

Explications et questions.

Les mots. — 1. *Ils* : les soldats français qui défendent le fort de Troyon.

2. *mère grand, la galette, le pot de beurre* : souvenirs du conte le *petit chaperon rouge*.

3. *traqué* : poursuivi et sur le point d'être pris.

4. *oppressé* : voir page 130, note 3.

5. *dévaler* : mis pour descendre. Remarquez la racine *val* qui se retrouve dans *aval, vallée, vallon*.

6. *alarme* : le mot est ici employé dans son sens étymologique, appeler *aux armes*.

7. *M⁰ᵉ Hollebecque* : voir page 78, note 7.

Les idées. — 1. Pourquoi la maman et la petite fille se hâtent-elles de si bon cœur?

2. Pourquoi l'arrivée des Prussiens produit-elle tant d'émoi?

3. Que faut-il empêcher ?
4. Quelle décision est prise tout de suite ?
5. Pourquoi la course de la petite Marie est-elle si pénible ? (*Trouvez plusieurs causes.*)
6. Quel service a-t-elle rendu aux soldats français ?
7. Ce service n'a-t-il pas été en même temps utile à la France ?... Comment ?

Exercice et sujet de devoir.

Exercice de grammaire. — Propositions principales et propositions subordonnées : *Dans les phrases suivantes, distinguez la proposition principale et la proposition subordonnée en expliquant pourquoi l'une est principale et l'autre subordonnée :* Écoutez l'histoire que je vais vous raconter. — Elle est si essoufflée qu'elle ne peut plus parler. — Sa mère l'a envoyée parce que c'était le devoir. — La petite fille qui marche là-bas a un petit chaperon bleu sur la tête.

Sujet de devoir écrit ou exercice oral. — *Si vous aviez été à la place de la petite Marie, quelles auraient été vos pensées... vos sentiments en courant au-devant des soldats ?*

PAYSAGE

Il est charmant ce paysage.
Peu compliqué, mais que veux-tu?
Ce n'est qu'une mer de feuillage[1],
Où, timide, à peine surnage
Un tout petit clocher pointu.

Au premier plan[2], toujours tranquille,
La Saône reluit au matin.
Par instants, de l'herbe immobile,
Un bœuf se détache et profile[3]
Ses cornes sur le ciel lointain.

Vis-à-vis, gardant ses ouailles[4],
Le nez penché sur un tricot,
Tandis qu'au loin chantent les cailles,
Une vieille compte ses mailles,
Rouge comme un coquelicot.

Et moi, distrait[5] à ma fenêtre,
Je regarde et n'ose parler.

A quoi je pense ? A rien peut-être.
Je regarde les vaches paître
Et la rivière s'écouler...

GABRIEL VICAIRE[6].
[*Les Émaux bressans. Fasquelle, édit.*]

Explications et questions.

Les mots. — 1. *mer de feuillage* : mer est au figuré : immensité verte, le mot *surnage* qui suit continue l'idée figurée. Expliquez *surnage* en le décomposant.

2. *Premier plan* : ce qui, dans un tableau ou dans un paysage, est près du spectateur.

3. *profile* : le contour des cornes se détache sur le ciel, — on les voit de *profil*.

4. *ses ouailles* : mis pour ses brebis.

5. *distrait* : son attention est détachée de tout ; il ne pense pas, il regarde vaguement des choses familières presque sans les voir.

6. *Gabriel Vicaire* : poète français, 1848-1900.

Les idées. — 1. Que voit d'abord le poète dans une sorte de vue d'ensemble? (1ʳᵉ strophe.)

2. Que voit-il au premier plan ?
3. Qu'y a-t-il « *vis à vis* » de la prairie où paissent les bœufs.
4. Comment est la vieille femme?
5. Croyez-vous que vraiment, le poète ne pense à rien.

Conseils pour la lecture et la récitation.

Cette poésie est à la fois gracieuse et familière. La 1ʳᵉ et la dernière strophes doivent être dites avec une fine bonhomie, la 2ᵉ et la 3ᵉ sont simplement descriptives. Il faut bien faire sentir la différence.

Dans la 1ʳᵉ strophe la mer immense de feuillage s'oppose au tout petit clocher qui, timide, surnage à peine. Bien détacher timide, à peine, tout petit. Liez: surnage un tout petit...; profile ses cornes.

Dans la 4ᵉ strophe : détacher distrait, je regarde, marquer l'interrogation et la faire suivre d'un temps d'arrêt. Laisser tomber: à rien peut-être et dire très simplement les deux derniers vers...

AU GRENIER EN JUILLET

Sous la haute toiture Louis XIII[1], dans toute la longueur de la maison, s'étendait un grenier immense, aux lucarnes[2]

toujours fermées, constamment obscur. Les vieilleries des
siècles passés, qui dormaient là, m'avaient attiré dès les
premiers jours ; puis, peu à peu, j'avais pris l'habitude d'y
monter clandestinement[3] avec mon Télémaque[4], après le
dîner de midi, sûr qu'on ne viendrait pas m'y chercher.
J'ouvrais sans bruit l'auvent[5] d'une des lucarnes, d'où

Les abeilles et les guêpes en mangeaient à discrétion.

jaillissait alors un flot éblouissant de lumière, puis m'avançant sur le toit, je m'accoudais contre les vieilles ardoises
chaudes, garnies de mousses dorées, et je me mettais à
lire. A portée de ma main, séchaient sur ce même toit des
milliers de prunes d'Agen, provisions d'hiver étalées sur des
claies en roseaux ; surchauffées au soleil, cuites et recuites,
elles étaient exquises ; elles embaumaient tout le grenier
de leur odeur ; et des abeilles, des guêpes, qui en mangeaient à discrétion, comme moi, tombaient alentour, les
pattes en l'air, pâmées[6] d'aise et de chaleur.

Et sur tous les toits centenaires[7] du voisinage, d'autres

claies semblables apparaissaient, couvertes des mêmes prunes, visitées par les mêmes bourdonnantes abeilles.

PIERRE LOTI[8].

(Roman d'un enfant. Calmann-Lévy, édit.)

Explications et questions.

Les mots. — 1. *toiture Louis XIII* : au toit très élevé et très en pente.

2. *lucarnes* : petites fenêtres ouvertes dans la toiture.

3. *clandestinement* : en cachette.

4. *Télémaque* : sorte de roman écrit par Fénelon pour l'éducation de son élève le duc de Bourgogne.

5. *auvent* : est mis ici pour volet ou *contre vent*.

6. *pâmer* : défaillir par l'effet d'une sensation trop vive. Elles avaient eu trop de plaisir.

7. *centenaires* : qui ont au moins cent ans.

8. *Pierre Loti* : romancier français contemporain.

Les idées. — 1. Pourquoi le grenier était-il toujours obscur?
2. Que vient faire cet enfant au grenier?
3. Se contente-t-il de lire Télémaque?... Que fait-il encore?
4. Que font les abeilles?
5. Que voit-il au loin sur les autres toits?
6. Quelle impression vous laisse cette lecture?

Exercices et sujet de devoir.

Exercices de grammaire. — Formation des mots. Noms, verbes, adjectifs. — 1° *Trouver les verbes formés avec les noms suivants:* habitude, jour, flot, main, provisions, hiver, soleil, voisinage. *Ex.: habitude, habituer.* — **2°** *Trouver les noms correspondants aux verbes suivants:* fermer, passer, monter, ouvrir, dorer, étaler, cuire, embaumer, tomber, apparaître. *Ex.: fermer, fermeture.* — **3°** *Trouver les adjectifs qualificatifs qui correspondent aux noms suivants:* longueur, obscurité, habitude, lumière, main, chaleur. *Ex.: longueur, long.*

Sujet de devoir. — *Notez* **1°** *ce que voit cet enfant de la fenêtre du grenier;* **2°** *ce qu'il touche;* **3°** *ce qu'il sent;* **4°** *ce qu'il goûte;* **5°** *ce qu'il entend.*

COURAGE DE DEUX ENFANTS

Lisez cette histoire, petits écoliers, et voyez comment, par leur courage, deux enfants de votre âge ont pu sauver la vie à trente soldats français.

Dans le département de la Meurthe-et-Moselle, un petit détachement français chargé de creuser pendant la nuit des tranchées avancées[1], se reposait pendant le jour dans une ferme isolée[2]. Une ancienne cave avait été aménagée pour les recevoir.

Un matin, vers dix heures, la fermière entend une troupe s'avancer sur le chemin. Elle court à la porte : ce sont les Allemands.

Tout de suite elle comprend qu'un grand danger la menace, elle et ses enfants : la petite Lise qui a huit ans et Jean qui en a dix.

Impossible de cacher que des soldats français ont séjourné dans la ferme ! Que répondre ! et surtout comment empêcher les deux enfants d'avouer que les Français sont là.

« Mes petits, dit la maman, les Prussiens arrivent. S'ils apprennent que nous cachons des soldats français, ils nous fusilleront tous, nous et les soldats.

— Maman, dit le petit Jean, je leur dirai que les Français sont partis vers les bois.

— Non, Jean, dit la mère, si nous les trompons, ils reviendront se venger.

« Écoutez, plus tôt. A toutes leurs questions je répondrai en patois, et vous ferez comme moi. Et toujours, nous répéterons en patois : « Je ne sais pas ce que vous voulez. » Ils ne comprendront pas, bien sûr. »

Mais voilà que les chevaux s'arrêtent devant la porte.

« Du courage, mes petits, dit la vaillante mère, du courage ! et nos chers soldats sont sauvés. »

A ce moment, un grand coup ébranle la porte et un officier entre suivi de quelques sous-officiers.

« Où sont les Français ? demande l'officier. »

La fermière répond en patois : « Je ne sais pas ce que vous voulez. »

— Ces enfants, dit l'officier, en désignant Jeanne et Lise, ils vont à l'école ; ils doivent savoir le français. »

Mais à toutes les questions, les enfants font la même réponse en patois lorrain, incompréhensible pour les Allemands.

Un des sous-officiers saisit la petite Lise par le bras :

« Où est ton père ? demande-t-il d'une voix rude. Où sont les Franzoses ? »

Lise leva ses yeux bleus vers ce soldat et toute tremblante répondit en patois : « Je ne sais pas... ce que... vous voulez. » Jean fit de même.

Les Allemands furieux soupçonnent une ruse ; ils fouillent toute la maison, mais l'entrée de la vieille cave est bien dissimulée sous des débris de paille et de bois.

« Nous allons vous fusiller, dit l'officier en colère, et il fait aussitôt placer Lise et Jean contre la muraille de la cour. »

Les pauvres petits se mirent à pleurer, mais dociles aux recommandations de leur maman, ils répétaient, à travers leurs sanglots et leurs larmes, toujours la même phrase en patois : « Je ne sais pas.. ce que... vous voulez. »

A la fin les Allemands ne pouvant supposer que des enfants si jeunes fussent capables d'un pareil courage finirent par croire que vraiment la fermière et les deux enfants ne comprenaient pas le français, et ils quittèrent la ferme.

Et voilà comment, par leur courage héroïque[3], Lise et Jean sauvèrent la vie aux trente soldats qui dormaient dans la vieille cave sans se douter du danger qui les menaçait.

***

Explications et questions.

Les mots. — *1. tranchées avancées :* situées en *avant* du front, près de l'ennemi.

2. isolée : loin de toute autre habitation.

3. héroïque : qui appartient aux héros, c'est-à-dire à ceux qui font preuve d'un courage extraordinaire.

Les idées. — 1. Pourquoi les soldats français étaient-ils couchés pendant le jour?

2. Où dormaient-ils?

3. Pourquoi Jean aurait-il eu tort de vouloir dire que les Français étaient partis vers le bois?

4. Que recommande la mère à ses deux enfants?

5. Pourquoi la mère et les enfants répondent-ils en patois lorrain?

6. Pourquoi les Allemands menacent-ils de fusiller les deux enfants?

7. Par qui furent sauvés les soldats français?

Exercices et sujet de devoir.

Exercices de grammaire. — L'adverbe: *1° Formez les adverbes en* ment *qui correspondent aux adjectifs suivants :* courageux, isolé, grand, petit, vaillante, chers, furieux, pauvre, docile, héroïque. *Ex.:* courageux, courageusement. — *2° Quels sont les adjectifs qui correspondent aux adverbes suivants :* vraiment, bravement, tristement, lentement, doucement,... *Ex. : vraiment, vrai.*

Sujet de devoir écrit ou exercice oral. — *Les soldats français furent sauvés par cette fermière et ses deux enfants. Montrez quelle fut dans cette belle action, la part de la mère, la part des enfants.*

LE CHANTEUR

Il y avait une fois un chanteur, célèbre à cent lieues à la ronde. Il vint dans une grande et belle ville où l'on donnait alors des fêtes magnifiques.

Il chanta devant le roi, la reine, le fils du roi, les dames et toute la cour, dans une vaste salle tendue de velours et de soie, toute reluisante d'or, étincelante de lumières.

Il chanta devant le roi et la cour; mais le roi n'écouta guère, mais la cour n'écouta pas. Chacun pensait à autre chose. Le roi pensait à sa couronne d'or, la reine à son collier de diamants, le fils du roi se disait: « Je serai roi un jour ! » Sous leurs manteaux d'hermine[1], les barons[2] pensaient à leurs baronnies; les chevaliers, sous leurs armures de fer, pensaient à leurs batailles; les belles dames pensaient à leurs riches atours[3]. Les ministres pensaient aux affaires de l'État, les échevins[4] à celles de la ville, les courtisans à leurs propres affaires.

Quand le chanteur eut fini, tous applaudirent comme

Il s'assit sur le rocher, en face du lac; et il chanta de toute son âme!

s'ils eussent écouté. Puis, on lui donna une coupe d'or dans un étui de velours.

Il s'inclina pour remercier, suspendit sa guitare[5] à son épaule, et sortit. Il passa la porte du palais, puis celle de la ville.

Et tout pensif, triste en lui-même, il s'en allait seul, à pied, par les chemins.

La nuit se faisait ; le chanteur s'arrêta au pied d'une tourelle, sur le bord d'un beau lac. Or, tandis qu'il regardait la lune briller au-dessus du lac et les grands arbres noirs se réfléter dans l'eau tranquille, une voix d'enfant l'appela du haut de la tourelle.

« Chanteur, mon beau chanteur, dis-moi, je t'en prie, une petite chanson ! Je suis seul ici, loin des miens, et j'ai le cœur plein d'ennui.

— Moi aussi, je suis triste, enfant, bel enfant aux cheveux blonds. Mais, puisque tu me le demandes si gracieusement, je veux dire pour toi ma plus belle chanson. »

Il s'assit sur le rocher, en face du lac ; il fit résonner les cordes de sa guitare. Alors il chanta. Il chanta de toute son âme, et son chant s'étendait au loin dans la nuit. Jamais il n'avait trouvé sa voix si forte et si pure ; jamais il n'avait tiré de son instrument des accords si doux et si pénétrants. — Et quand il eut fini sa chanson, il en dit une autre plus longue, puis une troisième, plus longue encore.

L'enfant écoutait, accoudé au balcon de la fenêtre, immobile, ravi, souriant et pleurant à la fois.

« O mon beau chanteur, s'écria-t-il, merci ! merci pour le bien que tu m'as fait ! Si j'avais une étoile du ciel, je te la donnerais ! Accepte au moins en souvenir cette rose du rosier de ma fenêtre ! »

Le chanteur prit la rose et envoya de la main un baiser à l'enfant. Puis il ouvrit l'écrin de velours, en ôta la coupe ; et, se dressant, il la lança au loin dans le lac.

Il mit la fleur à la place, et partit.

Quant à la morale de notre petite histoire, n'est-ce pas que le plus petit don offert avec grâce et de bon cœur a plus de prix pour une âme délicate que les plus riches présents ?

Ch. Delon.
[Lectures. Hachette et Cie, édit.]

Explications et questions.

Les mots. — 1. *hermine :* fourrure blanche de très grand prix.

2. *barons :* employé ici avec le sens de grands du royaume ; *baronnie :* deux sens : dignité ou seigneurie ; terres et domaines.

3. *atours :* tout ce qui sert à la parure des femmes.

4. *échevins :* magistrats chargés d'administrer une ville.

5. *guitare :* instrument de musique à six cordes qu'on pince avec les doigts.

6. *Charles Delon :* écrivain français contemporain.

Les idées. — 1. Le chanteur dont on a parlé était-il un chanteur ordinaire ?

2. Pourquoi ses auditeurs ne l'écoutaient-ils pas ?... Que pensez-vous des préoccupations de chacun ?... Ont-elles toutes la même valeur morale ?

3. Que lui donna-t-on comme récompense ?

4. Pourquoi était-il triste en s'en allant ?

5. L'enfant écouta-t-il le chanteur ?

6. Comment manifesta-t-il sa joie ?

7. Pourquoi le chanteur préféra-t-il la rose à la riche coupe d'or ?

8. Rappelez la morale de cette histoire.

Exercices et sujet de devoir.

Exercices de grammaire. — L'inversion : 1° *Rétablissez l'ordre direct dans les phrases suivantes du texte :* Sous leurs manteaux d'hermine... — Quand le chanteur eut fini... — Et tout pensif... — Moi aussi, je suis triste... — Et quand il eut fini sa chanson... — Si j'avais une étoile... — 2° *Construisez vous-même une phrase contenant une inversion.*

Sujet de devoir. — *Imaginez une autre histoire comportant la même morale.*

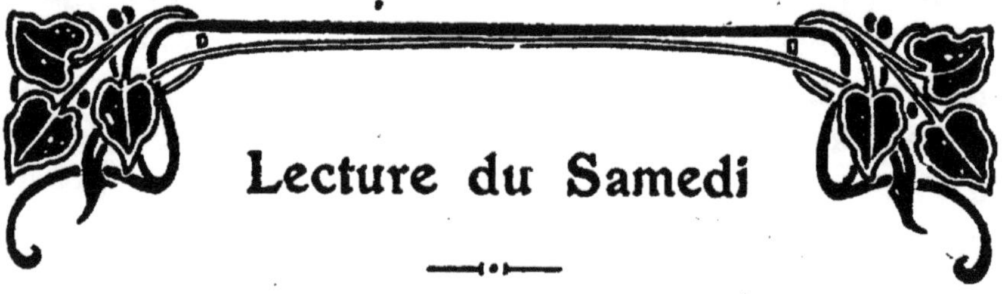

Lecture du Samedi

L'OURS QUI PARLE

La scène se passe dans un petit village d'Angleterre.

Par une chaude soirée d'automne, Peggy Mulliers, qui raccommodait, sur le seuil de sa cabane, une paire de bas, les jeta tout à coup de côté et s'avança vers le milieu de la rue pour voir où son voisin, Zoé Willis, courait si vite.

Or, elle aperçut bientôt une grande foule d'hommes, de femmes, d'enfants, qui venaient de l'autre bout du village, et, au milieu, un ours noir qui marchait nonchalamment, conduit par un bateleur[1]. Celui-ci portait une grande redingote blanche, dans laquelle il eût pu se renfermer deux fois; un gilet trop court, qui laissait passer une vieille chemise en lambeaux; des bottes à revers auxquelles il ne manquait que la semelle, et un chapeau gris depuis longtemps veuf[2] de sa bordure. Un jeune garçon frappait si vigoureusement sur un tambourin, que, seulement à l'entendre, tous les pieds battaient en mesure.

Arrivé devant le « Lion-Rouge », seule auberge du village de Hopfield, le bateleur s'arrêta ; il fit faire le cercle autour de lui, ordonna à Bruin, son ours, de se mettre debout; puis, brandissant son bâton sur la tête de l'animal, il commença à danser avec lui, prenant des poses que Bruin imitait de la manière la plus pittoresque. On pense si les villageois étaient heureux, et si la foule riait de bon cœur.

Un ventriloque[3] de joyeuse humeur, qui se trouvait alors au « Lion-Rouge », regardait par une fenêtre ce spectacle bouffon; l'idée lui vint de se servir de son adresse pour s'amuser aux dépens des curieux. Il descendit, s'avança et, profitant d'un moment où le tambourin se taisait:

« Votre ours parle, sans doute? » dit-il sérieusement au bateleur.

Celui-ci le regarda fixement, haussa les épaules, et répondit avec brusquerie:

« Ma foi, interrogez-le, et vous le saurez. »

C'est ce que le ventriloque attendait. Il fit un pas vers Bruin, mit ses deux mains dans ses goussets, comme un homme qui se prépare à faire le plaisant, et dit à l'ours d'une voix goguenarde[4] :

« Tu danses fort bien, et je t'en fais mon compliment. De quel pays es-tu, gentleman[5] ? »

Une voix qui semblait sortir de la gueule de l'ours répondit :

« Des Alpes, en Suisse. »

Nous n'essaierons point de dépeindre le saisissement de la foule ; chacun resta frappé d'étonnement et d'effroi ; mais la stupeur du bateleur était sans bornes.

Le ventriloque se détourna vers lui.

« Votre ours parle fort bien l'anglais, dit-il, et c'est à peine s'il lui reste un peu d'accent helvétique[6]. »

Puis s'adressant de nouveau à Bruin :

« Tu as l'air triste, observa-t-il avec intérêt.

— Les brouillards de l'Angleterre m'ont donné le spleen[7], » répliqua l'animal.

Ici, la foule commença à s'éloigner de quelques pas.

Le ventriloque continua :

« Y a-t-il longtemps que tu appartiens à ton maître !

— Assez longtemps pour que j'en sois ennuyé.

— Est-ce qu'il n'est point bon, avec toi, Bruin ?

— Oui ! bon comme un forgeron avec son enclume.

— Et que veux-tu faire pour te venger ?

— Un de ces matins, je le mangerai comme une rave à mon déjeuner. »

A ces mots, la foule, effrayée, laissa un large espace entre elle et l'ours. Le bateleur éperdu voulut tirer à lui la chaîne de Bruin ; mais l'animal, ennuyé, fit entendre un sourd grognement. Le ventriloque n'en attendit pas davantage : il enfonça son chapeau, tourna sur lui-même, et prit sa course vers l'auberge ; la foule, épouvantée, l'imita et se dispersa de tous côtés en courant comme si elle eût eu l'ours à ses trousses,

L'OURS QUI PARLE

... Que veux-tu faire pour te venger?
— Un de ces matins, je le mangerai comme une rave à mon déjeuner.

Le ventriloque, arrivé au « Lion-Rouge », regarda en riant les fuyards se perdre dans les différentes rues du village, tandis que la cause de tout ce désordre, Bruin, tranquillement assis sur son derrière, semblait jeter un regard insouciant sur toutes ces terreurs qui s'agitaient autour de lui.

Le soir même, le ventriloque, se trouvant à la porte de l'auberge, où beaucoup d'habitants s'étaient réunis, entendit causer de l'aventure du matin avec force commentaires ; il pensa que la plaisanterie avait été poussée assez loin, et expliqua en riant comment la chose s'était passée. On l'écouta d'abord avec curiosité ; mais, lorsqu'il eut fini, les anciens secouèrent la tête d'un air incrédule.

« Ceci est bon à faire croire à des enfants, murmura la vieille grand'mère Griffy, mais non à ceux qui ont de l'expérience. Ce n'est point la première fois que des animaux parlent, comme on peut le voir dans la Bible à propos de l'ânesse de Balaam[8]. Du reste, l'almanach avait prédit cet événement en annonçant que vers la mi-août, trois jours avant ou trois jours après celui-ci, il se passerait dans le monde quelque chose de merveilleux. »

Le ventriloque insista et voulut donner la preuve de ce qu'il avançait ; mais la foule s'éloigna avec défiance, persuadée qu'il voulait la tromper.

L'aubergiste, qui avait tout observé d'un œil rusé et avec un sourire narquois, s'approcha alors du mystificateur[9] déconcerté, et lui dit :

« Milord[10] ne devrait point s'étonner de ce qui arrive ; les contes sont toujours mieux accueillis de la foule que les réalités. Toutes les paroles ne pourront, maintenant, persuader les habitants de Hopfield que l'ours Bruin n'a pas parlé.

« Si milord voulait me permettre une réflexion, je lui dirais que ceci prouve une chose : c'est que, le plus souvent, il ne dépend plus de celui qui a répandu dans le public une opinion absurde ou dangereuse de la détruire, même en faisant connaître la vérité. »

ÉMILE SOUVESTRE [11].

Explications et questions.

Les mots. — 1. *bateleur* : celui qui amuse le public sur les places publiques par des tours de force ou d'adresse.

2. *veuf de...* : séparé de... ; ici, de sa bordure depuis longtemps perdue.

3. *ventriloque* : personne qui possède l'art de parler sans remuer les lèvres comme si sa voix venait du *ventre*.

4. *goguenard* : railleur, mauvais plaisant.

5. *gentleman* (mot anglais) : homme bien élevé et de bonne compagnie.

6. *helvétique* : propre à la Suisse (*Helvétie*).

7. *spleen* : mot anglais (splinn) tristesse, ennui invincible.

8. *ânesse de Balaam*, d'après la Bible, l'ânesse du prophète Balaam lui reprocha un jour sa dureté...

9. *mystificateur* : qui abuse de la crédulité de quelqu'un.

10. *milord* : mot anglais à peu près synonyme de monsieur.

11. *Émile Souvestre* : romancier français (1806-1854).

Les idées. — 1. Comment était vêtu le bateleur ?

2. Que pensez-vous de ces bottes « auxquelles il ne manquait que la semelle » ?

3. Comment le ventriloque voulut-il s'amuser aux dépens des curieux.

4. Croyez-vous que l'ours parlait réellement ?.... Expliquez...

5. Qu'est-ce qui effraya surtout le bateleur ?

6. Pourquoi les habitants ne voulaient-ils pas croire la vérité ?

7. Quelle réflexion fait l'hôtelier ?... N'est-ce pas la morale de l'histoire ?

Exercice et sujet de devoir.

Exercice de grammaire. — L'adverbe : 1° *Dites comment les adverbes suivants modifient le sens des verbes ou des adjectifs :* courant vite, marchait nonchalamment, trop court, regarda fixement, attendit davantage, s'était passée comment, toujours mieux accueillis. — 2° *Faites la liste des adverbes contenus dans le texte (il y en a une vingtaine) et classez-les en adverbes de manière, de lieu, de temps, de quantité, etc...*

Sujet de devoir. — *Faites le portrait de l'ours Bruin d'après la gravure.*

CEUX QUI RESTENT[1]

octobre 1915.

Ton nom, France, est si doux, qu'il me semble, à l'entendre,
Que l'air en est plus pur et le soleil plus beau ;
Nos mères l'ont appris à leurs fils au berceau,
Ce doux nom que nos fils aux leurs[2] sauront apprendre.

Des terres de l'Alsace aux plaines de la Flandre,
De la rive du Rhin jusqu'au bord de l'Escaut,
Autour des trois couleurs qui forment ton drapeau,
Tes enfants sont debout, France, pour te défendre !

Venus de la forêt, du mont et du labour,
Leurs cœurs en un seul cœur[3] battent d'un même amour ;
Un élan fraternel les emporte et les lie ;

Et tandis qu'à la gloire ils s'en vont en chantant,
Laisse-nous humblement, laisse-nous, ô Patrie,
Laver tes beaux pieds nus qui marchent dans le sang[4] !

HENRI DE RÉGNIER[5].

Explications et questions.

Les mots. — 1. *Ceux qui restent :* ceux qui ne vont pas au front : les femmes, les enfants, les vieillards.

2. *nos fils aux leurs :* nos fils à leurs fils.

3. *en un seul cœur :* comme un seul cœur.

4. *...dans le sang :* vers très beau. = Laisse, ô Patrie, ceux qui sont loin des combats te rendre tous les soins dont ils sont capables.

5. *Henri de Régnier :* Voir page 290, note 11.

Les idées. — 1. Le 1er quatrain est un acte d'amour pour la France.

2. Le 2e quatrain et le 1er tercet marquent l'union étroite de tous les Français pour la défense de la Patrie.

3. Le 2e tercet contient l'humble prière de ceux qui restent et qui voudraient tant être utiles eux aussi.

Conseils pour la lecture et la récitation.

L'expression est sincère et simple ; simple aussi et sincère est le sentiment d'amour patriotique qui anime la poésie : c'est dans cet esprit qu'elle doit être dite.

Dans le 1er quatrain faire ressortir Ton nom, France... si doux... ce doux nom... — Dans le second quatrain, dire très largement les 2 premiers vers et appuyer sur les mots debout et défendre du dernier.

Dans le dernier tercet, marquez bien : en chantant ; donnez toute sa valeur au 2e vers : laisse-nous... qui contient une pressante prière ; et appuyez sur beaux pieds nus... marchent dans le sang. Ces deux derniers vers doivent être dits avec émotion.

DEBOUT, LES MORTS !

C'était le 8 avril 1915, au Bois-Brûlé, près de Saint-Mihiel. Le sous-lieutenant d'infanterie Péricard et quelques soldats de sa section remettaient en état une partie de tranchée qui venait d'être conquise. L'extrémité à droite était fermée par un barrage de sacs de terre; deux guetteurs y faisaient bonne garde. Les autres soldats croyaient donc pouvoir travailler en toute sécurité. Le sous-lieutenant raconte ce qui se passa ensuite.

« Soudain, d'un boyau[1] que dissimulait un pli du terrain, une grêle de grenades[2] est lancée sur nos têtes. Avant que mes hommes puissent se ressaisir, dix sont couchés à terre morts ou blessés.

« Au moment où j'ouvrais la bouche pour commander « en avant! » un caillou arraché du parapet[3] par une bombe me frappe à la tête. Je tombe sans connaissance.

« Atteint à la main gauche par un éclat de grenade, la douleur dissipe peu à peu mon évanouissement, mais je reste étourdi. Pourtant, je puis ouvrir les yeux et j'aperçois, comme en rêve, les Boches sautant par-dessus le barrage[4] de sacs et envahissant notre tranchée.

« Ils sont une vingtaine, sans fusils, mais chacun porte un panier d'osier rempli de bombes.

« Je regarde à gauche, personne, la tranchée est vide. Autour de moi des blessés évanouis et des morts. Et les Boches avancent; quelques pas encore et ils sont sur moi.

« Un effort désespéré me remet sur pied et, de toute ma force, je crie :

« Debout, les morts !...

« A ce moment, un de mes hommes tombé à terre avec deux horribles blessures à la tête, le visage tout ruisselant de sang, se soulève, s'agenouille avec peine et saisissant un sac de grenades placé près de lui, il les lance avec fureur sur le tas des assaillants. Trois autres blessés se redressent : deux qui ont la jambe brisée prennent un fusil et commencent un feu rapide dont chaque coup abat un ennemi; le troisième dont le bras gauche pend inerte saisit une baïonnette de sa main droite et se glisse en rampant parmi ses camarades tombés.

« A ce moment, tout à fait revenu à moi, je vois que la

moitié du groupe ennemi est tombée, hors de combat, tandis que l'autre moitié se replie en désordre. Mais il reste encore, adossé au barrage de sacs et protégé par un

Le sous-officier allemand est abattu à son tour..., la tranchée est sauvée.

bouclier de fer, un énorme sous-officier allemand étouffant de rage, et qui, fort bravement, ma foi, tire dans notre direction des coups de revolver.

« Le héros qui le premier a commencé la résistance en

lançant des grenades sur les assaillants reçoit une balle en pleine figure et s'abat visage contre terre.

« Tout à coup, celui qui avait saisi la baïonnette et qui depuis quelques instants rampait de cadavre en cadavre, se dresse à quatre pas du sous-officier allemand, et, après avoir essuyé deux coups de revolver qui ne l'arrêtent pas, il lui plonge son arme dans la gorge. »

La tranchée est sauvée. Le mot sublime[5] avait ressuscité les morts!

***

(D'après le Bulletin des Armées de la République française.)

Explications et questions.

Les mots. — 1. *boyau :* étroite tranchée en zigzag qui relie une tranchée à l'arrière.

2. *grenade :* petite bombe qu'on lance à la main.

3. *parapet :* revêtement de terre placé sur le bord de la tranchée qui fait face à l'ennemi et qui protège les tireurs.

4. *barrage :* sorte de muraille faite avec des sacs pleins de terre et qui sépare la tranchée en deux tronçons.

5. *sublime :* très grand, très noble, et qui excite l'admiration de tous.

Les idées. — 1. À quoi étaient occupés les soldats dont il va être question?

2. Qui est-ce qui fait le récit?

3. Comment débute l'attaque allemande?

4. Qu'arriva-t-il au sous-lieutenant?

5. Que voit-il en revenant à lui?... Quel cri pousse-t-il?

6. Comment les soldats répondent-ils à cet appel?

7. Racontez la mort du sous-officier allemand.

8. Qu'est-ce qui fait la grande beauté de cette défense héroïque.

Exercice et sujet de devoir.

Exercice de grammaire. — Formation des mots : *Expliquez les mots suivants en les décomposant :* redresser, relever, revenir, replier, ressaisir, déplier, défaire, désordre, désobéissant, indocile, inapte, incertain, impoli. *Expliquez le sens de* re, *de* dé *ou* dés *et de* in *ou* im.

Sujet de devoir ou exercice oral de vocabulaire. — *Expliquez les mots suivants et faites-les entrer dans des phrases :* sous-lieutenant, soldats, compagnie, tranchée, boyau, barrage, sacs de terre, grenade, parapet, bombe, fusil, feu, baïonnette, ennemi, combat, replier, sous-officier, bouclier, revolver, balle, arme.

PREMIERS JOURS DE VACANCES

Les jours vinrent à moi[1] paisibles et purs. Leur cours semblait celui d'une eau tranquille où le ciel se reflète complaisamment; je ne savais que les regarder s'épandre[2] sur la maison et le jardin. Je traînais, le matin, un fauteuil d'osier sous les arbres et j'y demeurais, un livre inutile[3] sur les genoux, les yeux mi-clos, le regard vide, heureux de la fraîcheur de l'air sur mes bras nus dans une blouse de toile. Je ne laissais mon rêve que pour me déplacer avec l'ombre et me rendre à l'appel de Segonde[4], lorsque le déjeuner était servi. Des noms d'élèves vivaient encore en moi; il suffisait que ma somnolence[5] devînt plus forte pour qu'ils montassent à mes lèvres et que je fusse agité de leur souvenir. Les poules caquetaient dans le silence, la feuillée[6] bruissait comme une mer lointaine; sur les coteaux dormaient les belles couleuvres[7] que sont les routes tachées d'ombre. Le calme de l'heure m'apaisait.

Mes nuits étaient sereines. Je ne fermais pas la fenêtre, pour m'endormir en regardant les étoiles; l'air qui entrait sentait le foin, le chant des grillons vibrait à l'infini et, par instants, se détachait la note flûtée des crapauds d'été. Je m'éveillais aux fraîcheurs de l'aube, toute pépiante d'oiseaux.

André Lafon[8].
[*L'Élève Gilles.* Perrin et Cie, édit.]

Explications et questions.

Les mots. — 1. *les jours vinrent à moi* : ils viennent tout seuls, les jours de vacances, on n'a pas le temps de les attendre, ils passent vite !

2. *s'épandre* : ils couvraient la maison, et le jardin, de lumière et de ciel bleu.

3. *livre inutile* : un livre qu'on ne lit pas.

4. *Segonde* : la domestique.

5. *somnolence* : état qui tient

le milieu entre le sommeil et la veille.

6. *feuillée*: ensemble des feuillages de tous les arbres du jardin.

7. *les belles couleuvres* : avec leurs replis, les routes semblent dormir sur le penchant des collines comme des couleuvres.

8. *André Lafon* : voir page 5, note 13.

Les idées. — 1. De qui est-il question ?
2. Comment savez-vous qu'il s'agit d'un élève?
3. Comment passe-t-il la matinée?
4. Que voit-il?
5. Qu'entend-il autour de lui pendant le jour ?...
6. Qu'entend-il la nuit?...

Exercice et sujet de devoir.

Exercice de grammaire. — **La préposition**: *Indiquer le rôle des prépositions : à, d', de, sous, sur, dans qui se trouvent dans le texte.*

Sujet de devoir. — *Notez dans cette description ce qui frappe chacun des sens de cet enfant : 1º le toucher ; 2º la vue ; 3º l'ouïe ; 4º l'odorat.*

LE RETOUR DE LA GUERRE

Cette scène se passe en Russie, mais elle est de tous les pays, de toutes les époques, et de l'époque actuelle plus, peut-être, que de toutes les autres.

Au commencement de l'année mil huit cent six, Nicolas Rostow retourna chez lui en congé. Plus il approchait de sa maison, plus son impatience augmentait.

« Plus vite ! plus vite ! Oh ! ces rues interminables, ces magasins, ces lanternes ! se disait-il après avoir passé la barrière. Il se pencha en avant comme si, par ce mouvement, il pouvait augmenter la vitesse du traîneau[1]. « Marche ! Marche ! Trois roubles[2] de pourboire ! s'écria Rostow, qui, à quelques pas de chez lui, croyait ne jamais arriver. » Le traîneau prit sur la droite et s'arrêta devant le perron. Rostow s'élança hors du traîneau avant qu'il ne fût arrêté. Personne dans le vestibule ! « Mon Dieu, serait-il arrivé quelque chose ? » se dit Rostow avec un serrement de cœur.

en s'arrêtant une minute, et en reprenant sa course dans l'escalier aux marches usées qu'il connaissait si bien. Ne voulant pas se laisser devancer par le domestique, il jeta sa pelisse[3] et entra, en courant sur la pointe des pieds.

Rostow, s'élança hors du traîneau avant qu'il ne fût arrêté.

Il n'était pas arrivé au salon, qu'un ouragan[4] impétueux s'abattit sur lui d'une porte latérale, et le couvrit de baisers. Un second, un troisième l'enveloppèrent à leur tour. Ce ne fut plus qu'embrassements, exclamations et larmes de joie. Il ne savait lequel des trois était son père ; tous criaient, parlaient et l'embrassaient en même temps. Tous le serraient dans leurs bras à tour de rôle et les domestiques, entrant à la suite les uns des autres, y joignaient leurs exclamations. Un petit frère se cramponnait à ses jambes et criait : « Et moi donc, moi donc ! »

Tout à coup on entendit derrière la porte des pas si précipités, si rapides, qu'ils ne pouvaient être que ceux de la mère. Tous s'écartèrent[5], et elle s'élança à son cou. Elle tomba dans ses bras en sanglotant, sans avoir la force de relever la tête, elle se serrait contre lui, la figure appuyée contre les froids brandebourgs[6] de son uniforme.

LÉON TOLSTOÏ[7].
[*La guerre et la paix*. Stock, édit.]

Explications et questions.

Les mots. — 1. *traîneau* : pendant l'hiver, dans les pays froids, les voitures sont remplacées par des traîneaux ou véhicules supportés par des patins glissant sur la neige.

2. *rouble* : monnaie russe valant environ quatre francs.

3. *pelisse* : manteau garni de fourrure (vient de *peau*).

4. *ouragan* : employé au sens figuré ; il s'agit d'une personne de la famille qui se précipite comme un ouragan.

5. *tous s'écartèrent* : chacun pense que la mère a les premiers droits à l'affection de son fils.

6. *brandebourgs* : tresses de passementerie qui ornent certains uniformes militaires.

7. *Léon Tolstoï* : voir page 237, note 10.

Les idées. — 1. Pourquoi plus vite ! plus vite ?... Comment se manifeste encore l'impatience de Nicolas Rostow ?

2. Pourquoi craint-il qu'il soit arrivé quelque chose ?...

3. Comment est-il accueilli au salon ?

4. Racontez l'arrivée de la mère... Comment se marque son émotion ?

5. Qu'est-ce qui rend si touchants ces retours de la guerre ?

Exercices et sujet de devoir.

Exercices de grammaire. — La conjonction : 1° *Indiquer le rôle des conjonctions : et, si, qu', que, qu'on trouvera dans le texte lu.* — 2° *Faites entrer ces conjonctions dans des phrases et montrez qu'elles unissent toujours des mots qui jouent le même rôle grammatical dans la phrase, ou des propositions de même nature (aux conjonctions ci-dessus, ajouter : ou, car, ni).*

Sujet de devoir. — *Votre père, votre frère est revenu en permission après une très longue absence, ou bien, il est heureusement rentré à la maison la guerre terminée. Racontez son arrivée.*

Lecture du Samedi

LES DONNADES

Tou-rou-tou-tou !
Tou ! tou ! tou !...

C'est la trompette de Pastouret, le crieur du village :

« De la part de M. le maire, faisons assavoir à tout le monde que demain matin, au lever du soleil, on donnera l'entrée de la grande pointe du mas de Broussau ! »

« Vous avez entendu, mes enfants, dit notre mère, demain c'est la glane à Broussau. Zou[1] ! mangez vite, et sans plus de traînerie, à la paille[2], il faut que nous soyons matiniers... »

En arrivant à la terre qui était en *donnade*[3], on dételait les ânes, les chevaux des charretons qui restaient plantés, les uns les bras à terre, les autres les bras en l'air, tout le long de la lisière. Les bêtes s'attachaient un peu partout, aux troncs d'arbres, aux tamaris, toujours à un endroit où herbe et paturin fussent faciles à atteindre.

Puis chacun et chacune, après avoir donné un coup d'œil du côté du levant, en attendant que le soleil apparût, venaient s'asseoir ou s'étendre sur les talus des fossés, au milieu des autres glaneurs. Et il y en avait des gens et puis des gens !... Mon Dieu ! qu'il y en avait ! Le tour des quatre grandes haies du clos noircissait, et il en arrivait toujours...

« Mon beau garçon, me fit ma mère, où es-tu ? à quoi penses-tu ?... Vois, mon agneau, vois Golot, le tambour, qui vient de prendre ses baguettes ; l'élan se donnera bientôt ; allons, mon rossignolet, tiens-toi prêt. »

Ma mère n'avait pas fini de parler que le soleil pointait,

cependant que retentissait un grand roulement de tambour. C'était le signal de la donnade.

Les gens avec des cris de joie, s'en coururent du bord des fossés vers le mitan[1] de la terre; ils voulaient tous avoir la fleur de la donnade et tous, en courant, ramassaient. Qui d'une main, qui des deux, goulus de tout, ils vous mettaient cela de tête et de queue[2]. Personne n'arrangeait les épis.

« Mes enfants, nous disait ma mère, ne faisons pas comme eux. Laissons-les courir. Allez, ce n'est pas en emportant force paille à la maison que l'on amène le plus de grain. Faites comme moi; appliquez-vous à dresser vos poignées d'épis; je les joindrai aux miennes, et vous verrez que j'en ferai de belles javelles[3]. »

Ma mère était tellement bonne, tellement douce et vous savait tellement bien dire les choses que, encore que vous n'en eussiez pas envie, vous étiez obligé de faire ce qu'elle vous commandait

Nous nous tenions à son entour, comme une couvée de poulets; et zou! l'un après l'autre, à ses côtés, nous ramassions de ces beaux épis dorés, qui, rien qu'à les voir, vous faisaient joie. Nous en ramassions encore; et zou! les belles javelles d'épis, leur barbe bien égalisée, allaient là-bas croître le tas. Quand l'un de nous mollissait :

« Je crois bien, nous disait ma mère, que, de mes trois beaux hommes, il y en a un qui ne fait rien. Allons, Catarinet, passe un caillou à ton frère Claude qui regarde voler les oiseaux. »

Il y en avait assez pour ramener le Claude au travail.

Au bout d'un peu, si, à mou tour, je m'arrêtais, en s'adressant à ma sœur, elle disait :

« Tu ne crois pas, ma fille, que ton frère Brisquimi ferait un bon garde?

— Pourquoi, ma mère?

LES DONNADES

Nous nous tenions à son entour, comme une courée de poulets.

— Eh! tu ne vois pas comme il regarde si les raisins poussent? »

Si Jacquet bâillait de sommeil :

« Mon Dieu! mon Dieu! que je suis malheureuse, disait-elle.

— Pourquoi? que vous arrive-t-il, mère?

— Ce qui m'arrive, mes enfants? Comment?... Vous n'avez point d'yeux alors? Regardez là-devant notre homme d'affaires qui a envie de dormir. Il n'en peut plus pécaïre[1]! Portez-lui une botte de paille, pour qu'il fasse son lit, le pauvre. »

Nous autres, nous riions; mais Jacquet se fâchait, poussait des « aïe! » en jetant ses coudes.

« Tu as raison, mon beau garçonnet... Et pourquoi riez-vous de lui, vous autres? Vous allez voir si vous feriez ça comme il va le faire. Tiens, Jacquelet, mon joli dernier, va-t-en vite porter cette javelle au tas. »

Et mon frère Jacquet y allait en courant...

C'est ainsi que s'y prenait ma mère pour nous faire travailler...

« Té, » s'écriait-elle, les gens des charretons qui s'entournent au village.

Et c'était vrai. Du même biais qu'ils étaient venus, les uns après les autres, les glaneurs quittaient la terre.

« Zou! Allons, mes enfants, faisons encore quelques javelles; après nous ferons comme eux, nous tirerons devers la maison. »

Mais nous autres, d'entendre partir les gens qui nous hélaient : « Ben, qué[2], Bernette, tu ne viens pas encore? » nous en perdions tout courage.

Lors, notre mère :

« Ne les regardez pas, n'y faites pas attention, mes enfants. Laissez-les, qu'ils s'en aillent. Songez que chaque javelle que nous amassons est un pain que nous avons de plus pour quand il fera froid. Songez que de cette heure, votre père est là-bas, planté dans la vase d'un canal, et qu'à la nuit il sera bien content quand vous lui montrerez ce que nous avons fait. Mon pauvre Salumé! il me semble que je le vois quand vous lui direz en l'embrassant : « Père, vois, aussi nous, nous avons bien travaillé. » Comme il va être fier, mon pauvre homme! Bon Dieu, mes enfants, vous pouvez préparer vos joues. Qu'il va être heureux, votre père! »

Vite, vite, nous nous mettions à l'œuvre et cela durait toute une passade⁹.

Puis ma mère se rapprochait de Catarinet. Elle lui parlait à la chat-chat¹⁰; puis, tout haut elle disait :

« Ah! pour sûr — se mettait-elle à dire — pour sûr que, quand viendra la foire, nous vous habillerons tous de neuf. Votre père ne me parle plus que de ça. »

Elle avait pas fini sa phrase que, tout à coup, Catarinet se mettait à courir dans les sillons en criant : « Les perdreaux! les perdreaux! » Ce disant, elle se baissait, envoyait les mains à terre, comme si elle avait voulu les attraper. Ma mère, elle aussi, faisait semblant de leur courir après, nous nous élancions vers cet endroit avec les yeux hors de la tête. Nous courions dans les piquants et les centaurées épineuses; et, dès qu'à terre nous voyions une forme d'oiseau, nous nous précipitions dessus, la couvrions de notre chapeau, puis, doucettement, d'un coin nous soulevions les ailes du chapeau, glissions la main dessous : rien! Oh! les monstres, ils avaient échappé. Et zou, fouille que tu fouilleras sous les touffes. Ah! oui, il n'y avait point d'oiseaux.

« Aussi vous n'êtes pas venus assez vite, faisait ma mère. Il ne vaut rien d'être Jean-la-Paresse, vous le voyez; vous vouliez attraper les perdreaux, et il se trouve que c'est vous qui êtes attrapés.

— C'est égal, s'ils revenaient, à ce coup vous pouvez croire qu'ils ne nous échapperaient pas.

— Ils reviendront bien !...

— Vous croyez, mère ?

— Si je le crois !... Tenez, vous voulez que nous les prenions ?... Si vous le voulez, ce ne sera pas long. Vous n'avez qu'à vous tenir à mon côté, à glaner, sans rien dire, et vous verrez qu'ils seront vite de nouveau ici. »

De cette façon nous nous mettions encore à ramasser.

« Il ne semble pas possible que de petits perdreaux pareils soient si malins, disait ma mère toujours baissée. Ils ne viennent pas... Qu'en dites-vous, mes petits, nous nous en allons ou nous les attendons un peu plus ?

— Oh ! allons-nous-en, mère ! faisons-nous tous ensemble.

— Allons, zou ! vous avez raison, il se fait tard, le soleil brûle, et les perdreaux doivent être à l'ombre. Faisons comme eux. »

Nous partions chargés comme des abeilles. Que de gémissements, que de soupirs, que de haltes en chemin, avant d'arriver à la maison ! Et quand nous y arrivions, tout coulants de sueur et que nous déchargions nos faix pour nous mettre à table, quel bonheur !...

Il est difficile de rendre dans toute leur simplesse les heures que nous passions près de cette chère mère, au temps des moissons, sous un ciel pur, un soleil qui montait, de plus en plus majestueux, au-dessus de nos têtes.

Batisto Bonnet[4].
(Traduction d'Alphonse Daudet. *Vie d'enfant.*)

Explications et questions.

Les mots. — 1. *zou* : interjection provençale signifiant à peu près « allons ! ».

2. *à la pa[ille]* : terme familier pour au lit, sur la *paillasse*.

3. *en donnade* : pour laquelle était *donnée* la permission de ramasser les épis qui restent sur les sillons après l'enlèvement des gerbes (glaner).

4. *milan* : milieu ; ce mot vient sans doute de *mi-temps*, la moitié du temps, il est employé ici par extension pour désigner la

moitié de l'espace.

5. *de tête et de queue* : les épis tantôt en haut tantôt en bas.

6. *javelle* : petite gerbe.

7. *pécaïre* : le pauvre, même sens que péchère, déjà vu, page 287, note 3.

8. *Ben, qué* : Eh bien ! quoi !

9. *une passade* : un petit moment vite *passé*.

10. *à la chat-chat* : à voix basse, on dit aussi à la chut-chut, d'où *chuchoter*.

11. *Batisto Bonnet* : écrivain contemporain : ses principales œuvres sont écrites en provençal.

Les idées. — 1. Qu'est-ce que les donnades ?

2. Que font les gens au signal du tambour ?... Que fait cette mère avec ses enfants ?

3. Commen* s'y prend-elle pour encourager ses enfants ?... Pourquoi leur parle-t-elle de leur père ?

4. Racontez l'histoire des perdreaux ?

5. Y avait-il vraiment des perdreaux ?... Pourquoi la mère et Catarinet couraient-elles après ?

6. Quelle joie avait-on à rentrer à la maison ?

Exercices et sujet de devoir.

Exercices de grammaire. — I. L'interjection. — II. L'analyse :

I. *Relevez les interjections qui se trouvent dans le texte. — Distinguez celles qui sont de simples cris comme* oh ! *et celles qui remplacent une proposition comme :* courage ! (ayez du courage).

II. *Indiquez la fonction grammaticale de chacun des mots des propositions suivantes :* Nous ramassions ces beaux épis dorés. — Le crieur du village donna le signal aux glaneurs.

Sujet de devoir ou exercice oral. — *Notez les divers moyens employés par cette mère pour encourager ses enfants au travail.*

INGRATITUDE

Un vieux garçon d'humeur bizarre, M. Platon-Tarrade, vient de mourir. On suppose qu'il a déshérité sa sœur, Mme Viersol. Aucune trace de testament, mais un papier par lequel il déclare avoir caché sa petite fortune. Le clerc du notaire, Quertier, est *chargé de diriger les recherches. Après plusieurs jours d'infructueux efforts, le clerc fait, seul, une dernière tentative.*

Il ne restait qu'un établi de menuisier avec ses outils, et par terre un petit guéridon d'acajou vide. Quertier remua les outils, les soupesa, en essuya la poussière sur sa manche. Il se rappela que le commissaire-priseur[1] avait noté combien ils étaient fins et soignés, « de vrais outils d'ébéniste parisien ».

« Tiens, fit-il, mais c'est vrai. Tarrade dit quelque part dans son agenda[2] que ce qui jadis l'avait sauvé de la misère, après la ruine de ses parents, c'était d'avoir pu travailler chez un fabricant de meubles. Alors, ce guéridon, c'est peut-être lui qui l'a fait... Oui, c'est certain, car voici des morceaux d'acajou massif, et le guéridon est trop lourd pour n'être pas... »

Tout à coup, il eut une inspiration : « Le trésor est là, la cachette est dans l'épaisseur du bois ! »

Aussitôt, saisissant le petit meuble, il le posa sur l'appui de la fenêtre. Avec un ciseau d'acier, l commence à le tapoter. Mais en toutes ses parties le meuble rend le même son mat[3] et sourd.

« Diable ! fait Quertier, qui se mord les lèvres. Eh bien, tant pis, l'héritière ne saura pas que j'ai abîmé son guéridon... Je vais détacher les moulures, les pièces rapportées. Nous en aurons le cœur net. »

La première moulure tenait solidement, et dessous, rien n'indiquait la moindre cachette : il en fut de même de la seconde moulure ; mais la troisième se détacha sans effort, et alors, par-dessous, le clerc vit, distinctement, deux raies parallèles distantes d'un centimètre. Au milieu, un trou très petit, un vrai trou de ver à bois, mais un peu éraflé au bord.

Vivement Quertier saisit une épingle, en tord un peu la pointe en crochet, l'introduit dans le trou et tire. Un morceau creux se détache, glisse. C'est bien la cachette. Couchés à plat, bien serrés, dorment là des billets de banque, de beaux billets de mille francs. Quertier a d'abord sauté de joie ; puis il s'est mis à étaler les billets sur l'établi — il y en a vingt-sept ! — et il les contemple tout frémissant.

Puis il les plie, les met dans sa poche d'habit. Il éprouve un vrai plaisir à les palper à travers l'étoffe, à les sentir répondre mollement à la pression du doigt.

« Sacrédié, fait-il, si elle n'est pas contente, la femme Viersot, qu'est-ce qu'il lui faut ?

« Comme c'est drôle, tout de même, la vie ! car enfin, je parie que l'acheteur du guéridon ne se serait, de long-temps, douté de rien... Et cependant, lui, plus tard, aurait eu le droit de garder la moitié du trésor...

« Bien mal faite une loi qui n'attribue rien, à moi, sous pré-texte que je suis chargé des recherches... Quelle injustice !

« Et l'héritière est une femme que son frère détestait ! Ah ! s'il était ici, Platon Tarrade, à qui donnerait-il son argent ? A sa chipie de sœur ou à moi ? Je suis sûr que c'est à moi.

« Eh bien, alors. Qu'est-ce qui m'oblige à remettre cet argent à sa sœur ? Personne ne m'a vu, et, quand j'aurai tout remis en place, nul ne s'apercevra de rien ! Dans quelques heures ce mobilier sera éparpillé partout... Oh ! ma foi, oui, il n'y a que ça à faire ; je ne cours aucun risque, en tout cas. La vente va durer jusqu'à six heures, et, comme je suis là pour la surveiller, je ne reparaîtrai à l'étude que demain matin. J'ai donc le temps de réfléchir. »

.....Déjà le jour paraît ! Il va falloir s'habiller pour aller à l'étude. Quertier est tout pâle.

« Eh bien, non, décidément, non, je ne me salirai pas d'un vol... Je remettrai le trésor au patron, les vingt-sept mille francs. Bah, je n'y perdrai pas tout... Maître Vas-selot a promis de me faire obtenir une jolie gratifica-tion... »

***

La femme Viersot et Pierre, son mari, sont dans le cabinet du notaire. Ils ont l'air bien contents, tous les deux ; seulement ils ont demandé qu'on leur change les billets

« Eh bien, combien laissez-vous au brave garçon qui remet fidèlement toute cette fortune ? »

contre des rouleaux d'or, et ils les soupèsent, les défont, les recomptent. Oui, il y en a bien vingt-sept.

Alors, maître Vasselot :

« Eh bien, combien laissez-vous au brave garçon qui remet fidèlement toute cette fortune ? »

Les époux se regardent. Ils froncent le sourcil, mais ne répondent pas. Le notaire insiste. Il a promis, dit-il, avant les recherches, il est engagé envers son clerc...

Alors la femme, durement :

« Eh bien, vous en donnerez du vôtre[5] si vous voulez, mais nous, non !

— Oh ! c'est mal, c'est très mal, ce que vous faites là ! »

Alors elle, furieuse :

« Et les billets qu'il a peut-être bien... gardés, votre clerc ! »

Le notaire la regarde, stupéfait :

« Pardi, c'est-y un compte, ça, *vingt-sept !* »

MASSON-FORESTIER[6].

[*Angoisses de juge.* Librairie A. Colin.]

Explications et questions.

Les mots. — 1. *commissaire-priseur :* celui qui dans les ventes publiques fixe la valeur ou le *prix* des objets.

2. *agenda :* carnet où l'on inscrit jour par jour ce que l'on doit faire.

3. *son mat :* qui ne résonne pas.

4. *chipie :* femme acariâtre, qui fait la difficile sur toute chose.

5. *du vôtre :* de votre argent.

6. *Masson-Forestier :* écrivain français contemporain.

Les idées. — 1. Que fait Quertier dans l'ancienne habitation de Tarrade ?

2. Quelles raisons lui font supposer que la fortune est cachée dans le guéridon ? (refaites son raisonnement.)

3. Où étaient cachés les billets ?

4. Quelles raisons invoque Quertier pour les garder ?

5. Quelle raison l'oblige à les rendre ?

6. Pourquoi les Viersot refusent-ils toute gratification à Quertier ? .....se contentent-ils de refuser la gratification ?

7. De quels défauts font-ils preuve ?

Exercices et sujet de devoir.

Exercices de grammaire. — I. Familles des mots. — II. Analyse :
I. 1° *Expliquez les mots suivants en montrant qu'ils sont de la même famille que le mot* CŒUR: écœurer, cordial (2 sens), cordialité, courage, accord, désaccord, concorde, discorde, miséricorde. 2° *Trouver les mots de la même famille que :* mal, or, courir.

II. a. Distinguez les propositions contenues dans les trois phrases qui forment l'alinéa : La femme Viersot et Pierre... (en haut de la page 338) et dites la nature de chacune d'elles. — b. Analysez ensuite chaque proposition.

Sujet de devoir écrit ou oral. — De quelles qualités a fait preuve ce clerc de notaire ?... Expliquez son moment de faiblesse ?... Quelles durent être ses pensées après le brutal refus des époux Viersot ?

Lecture du Samedi

CLOCHES D'ALSACE

1915.

Baldi[1], ce matin, a décroché son panier et, d'un air tout innocent[2], il a dit à sa mère : « Je vais aux champignons. » Et sa mère l'a embrassé sur ses joues fraîches en répondant : « Reviens pour midi. »

Son panier au bras, Baldi trotte dans le bois. Très haut, sur sa tête, l'or des bouleaux[3] se mêle à la sombre verdure des sapins. Mais pour l'instant, il n'a pas envie de jouer avec les couleurs. Il reste courbé et ses yeux vont et viennent et courent et furètent[4] parmi la mousse tachée de feuilles mortes.

J'aime mieux vous le dire tout de suite... Baldi n'est pas venu au bois pour les champignons... Vous haussez les épaules ?... Et pourtant c'est tel que je vous le dis.

Tenez, regardez-le. Voici qu'il grimpe sur une roche et tend l'oreille vers l'ouest... Quelque chose roule et gronde dans l'espace.

« Un orage lointain peut-être ! » Non, c'est le canon ; c'est le duo terrible du 75 français avec son éclatement sec et du 77 allemand qui s'étire en un miaulement lugubre.

Maintenant, vous avez compris...

Tant qu'on pouvait le voir du village, Baldi a grimpé en cueillant de-ci, de-là, les mains alertes. Mais l'esprit n'y était pas. On a beau aimer les champignons, l'odeur sauvage des bois et la rouille des arbres⁵, cela ne pèse pas lourd quand la vallée tremble au fracas de la lutte et à l'appel de la liberté. Aujourd'hui, peut-être, le drapeau tricolore sera planté sur ce sommet des Vosges qui s'arrondit tout proche dans la vapeur bleue.

Là-bas, à Massevaux, à Thann, à Saint-Amarin⁶, une nouvelle Alsace vient de se refaire. Figurez-vous... elle s'est levée un matin — chaînes rompues, prison détruite, — libre ! Et elle a chanté dans la lumière de l'aube grandissante. Maintenant, c'est au tour de son village. On ne peut plus attendre. Sûrement, la France viendra aujourd'hui, et il s'en va à sa rencontre.

Il monte, foulant dans les prés les dernières colchiques et les digitales⁷ pourprées... Il monte, et le voici dans cet humble village de la Vosge d'où sa vallée, les arbres, les troupeaux et les bourgs ressemblent à ces jouets naïfs taillés au couteau pour les enfants. Il entre dans l'église. . Vous croyez peut-être qu'il va s'asseoir sur un banc, face aux images, et se tenir bien sagement comme les enfants des légendes. Ah oui ! Il ne prend pas seulement le temps de regarder le bénitier ni de tirer son bonnet et, à grands coups de souliers à clous⁸, il grimpe jusqu'au clocher.

Dans ce clocher, il y a trois cloches : la *Grondeuse* qui, de sa grande voix sombre et lourde, tonne par-dessus la vallée comme un éternel reproche ; la *Villageoise* prêchant, avec son timbre calme et profond, la douceur résignée, et la *Française* qui pimpante et claire et gaie, jette des chansons et des rires par l'espace entier. Matin et soir, la *Villa-*

geoise sonne les offices; la *Grondeuse* se met en branle pour les fêtes très solennelles; mais la *Française* n'a plus le droit de chanter, car le bedeau se méfie de son humeur fûtée, de sa gaité primesautière[9] et de ce petit refrain excitant sur la liberté dont elle remplit l'espace.

Baldi s'avance vers une des larges baies du clocher. Voici toute l'Alsace, étalée dans sa splendeur féconde, avec ses villes aux cheminées géantes, aux vieilles maisons à pignons et ses villages où les fermes ont de grands toits inclinés rabattus comme des chapeaux à larges bords... et là-bas, luisant et mat le fleuve rapide qui, bientôt peut-être, retracera les frontières françaises — comme un bandeau d'argent couronne un front précieux.

Vraiment, d'ici, on entend bien le canon. Et, sur les pentes du mont le plus proche, on distingue la grande animation tragique des hommes et des choses.

Baldi a posé son panier — et il regarde. Il voudrait avoir des yeux démesurés pour saisir toute l'action. Il est là, contre la balustrade, penché sur le vide, avec son petit cœur affolé qui lui remonte à la gorge. Il voudrait crier et les mots se perdent dans le vent avec ses sanglots: « Courage, mes Français, oh! courage. » Et parfois il ferme les yeux pour ne pas voir tomber les hommes.

C'est un petit garçon comme les autres. Dans la vie ordinaire, il est vif, batailleur et désobéissant. Mais pour l'amour de son pays, vous pourriez lui demander tous les sacrifices; il ne faiblirait pas, et vous ne le verriez guère marchander le prix de sa petite vie. En ce moment il se dit que si ces hommes qui montent à l'assaut atteignent le sommet, c'est d'un seul coup toute la vallée délivrée. Lui-même, ce soir, il sera Français, frère de ces grands qui, là-bas, se battent pour la liberté. Alors il lèvera fièrement la tête et il s'en ira, par le monde, dire à quel pays il appartient.

Comme la poussée d'un flot que rien n'arrête, les hommes

CLOCHES D'ALSACE

Baldi s'avance vers une des larges baies du clocher.

se ruent vers le sommet : bouches qui crient et poings qui frappent. Et tout à coup un chef, dressé à la pointe, en fine silhouette, agite le drapeau.

Alors Baldi sent sa petite âme se dilater[10] de joie et battre aux parois de son corps. Il voudrait pleurer et rire tout ensemble et s'agiter pour clamer la victoire. Il se retourne et voit les cloches. — Fi de la *Grondeuse* avec sa voix de menace, et fi de la *Villageoise* avec sa plainte énervante. Elles n'ont rien à dire aujourd'hui. Mais l'heure est venue pour la plus gaie de chanter. Et follement, avec ses petites mains en délire, il anime le battant sonore. Et, parmi monts et vallées, dans le grand espace reconquis, la *Française* chante le vieux chant allègre[11] de la liberté qu'elle n'a pas redit depuis quarante-quatre ans.

MARIE HOLLEBECQUE[12].

(Inédit.)

Explications et questions.

Les mots. — 1. *Baldi :* diminutif familier de Thiébaud. Saint Thibaud est le patron de la ville de Thann.

2. *innocent :* qui ignore le mal.

3. *l'or des bouleaux :* les feuilles des bouleaux qu'octobre a jaunies.

4. *furètent :* cherchent avec diligence et dans tous les coins comme le fait un *furet*.

5. *rouille des arbres :* la couleur rouge que les feuilles de beaucoup d'arbres prennent en automne.

6. *Masseraux, etc... :* villes et villages d'Alsace qui furent les premiers réoccupés par les Français.

7. *colchiques et digitales :* fleurs d'automne : les colchiques croissent dans les prés, elles n'ont pas de feuilles. — Les digitales croissent sur les talus ; elles ont de grandes fleurs bleues en forme de *doigt* de gant. — Colchiques et digitales sont très vénéneuses.

8. *coups de souliers à clous :* cette montée est bien caractérisée par ce qu'on entend : le choc des souliers sur les marches de l'escalier.

9. *primesautière :* qui se produit tout de suite, spontanément.

10. *se dilater : sens propre :* augmenter de volume. Ici, *sens figuré :* il semble en effet que le cœur est gonflé par la joie et que la poitrine devient trop petite pour le contenir.

11. *allègre :* vif et joyeux (songez à allégresse).

12. *M⁰ᵉ Marie Hollebecque :* voir page 78, note 7.

Les idées. — 1. Pourquoi Baldi a-t-il annoncé qu'il allait aux champignons ?

2 Que fait-il quand il est sous bois ?

3. Qu'entend-t-il au loin ?
4. Où monte-t-il ?... Pourquoi ?
5. Pourquoi le bedeau allemand ne sonne-t-il jamais la *Française* ?
6. Dites ce que voit Baldi : 1° dans la plaine d'Alsace ; 2° dans les Vosges.
7. Pourquoi sonne-t-il la cloche de si bon cœur ?

Exercice et sujet de devoir.

Exercice de grammaire. — *Sens propre et sens figuré. Les mots ou expressions suivantes sont employés au sens figuré ; expliquez-les en parlant du sens propre : l'or des bouleaux ; ses yeux courent ; tachée de feuilles mortes ; la rouille des arbres ; drapeau planté ; l'Alsace s'est levée ; chaînes rompues ; prison détruite.* La France viendra ; la gaieté de la cloche ; le prix de sa vie. *Exemple (voir ci-dessus, note 10, page 344 l'explication de son âme se dilate).*

Sujet de devoir. — *Auriez-vous aimé être à la place de ce petit Alsacien ?.., Pourquoi ?*

TABLE MÉTHODIQUE

I. — Récits, contes et nouvelles.

II. — Morale.

A. — *La Famille.*

B. — L'École.

C. — Qualités et défauts.

D. — Les Autres.

E. — La Patrie.

F. — Les Animaux.

III. — Histoire.

IV. — Géographie.

TABLE DES MATIERES

4626-1-17. — Paris. — Imp. Hemmerlé et Cie.